国家社科基金
GUOJIA SHEKE JIJIN HOUQI ZIZHU XIANGMU
后期资助项目

约翰·塞尔
的意义理论研究

A study on John Rogers Searle's meaning theory

胡光远　著

九州出版社　全国百佳图书出版单位
JIUZHOUPRESS

图书在版编目（CIP）数据

约翰·塞尔的意义理论研究 / 胡光远著. —— 北京：
九州出版社，2019.12
ISBN 978-7-5108-8969-1

Ⅰ．①约… Ⅱ．①胡… Ⅲ．①约翰·塞尔－语言哲学
－研究 Ⅳ．①B712.59②H0-05

中国版本图书馆CIP数据核字(2020)第019420号

约翰·塞尔的意义理论研究

作　　者	胡光远　著	
出版发行	九州出版社	
地　　址	北京市西城区阜外大街甲 35 号（100037）	
发行电话	(010)68992190/3/5/6	
网　　址	www.jiuzhoupress.com	
电子信箱	jiuzhou@jiuzhoupress.com	
印　　刷	北京九州迅驰传媒文化有限公司	
开　　本	720 毫米 ×1020 毫米　16 开	
印　　张	14.5	
字　　数	240 千字	
版　　次	2020 年 3 月第 1 版	
印　　次	2020 年 3 月第 1 次印刷	
书　　号	ISBN 978-7-5108-8969-1	
定　　价	58.00 元	

目　录

概论

　　约翰·塞尔（J.R. Searle）的意义理论起步于奥斯汀（J.L. Austin）的研究成果，修改、整合了奥斯汀的言语行为理论、格赖斯的意向性理论，融入了他本人对意向性和社会实在的建构理论，形成了独特的意义理论体系，这种理论体系涉及"可以被视为各门社会科学的基础的问题"，但"在社会科学中还一直没有得到令人满意的回答"。

　　奥斯汀把语句划分为性质不同的记述句和施为句两种，但很快取消了这种划分，最终从功能结构上把话语划分为：以言表意行为，以言行事行为和以言取效行为。塞尔认为奥斯汀的以言表意行为和以言行事行为是纠缠在一起的，因为语力上以言表意行为并不是中性的，已经包含了语力。例如，"祝贺你赢得比赛"。塞尔对奥斯汀的划分做了改动，用命题行为取代以言表意行为。笔者认为，在言语行为的逻辑结构划分上，为了避免奥斯汀用间接引语既表示以言表意，又表示以言行事的混乱，引入命题行为是适当的，但因此取消以言表意行为是不适当的。以言表意行为本身具有来源于句法、语词等句子成分的约定力量，这种约定力量不同于以言行事的力量，它决定了语句的意义。以言行事的力量在以言表意的基础上还需要满足奥斯汀的六个条件，是要受到语言之外的社会制度约束的，具有塞尔所说的将"满足条件"赋予"满足条件"的结果。

　　以言行事行为是言语行为的核心。塞尔区分了命题内容 P 和以言行事力量 F。在塞尔看来，以言行事力量具有一些参数，如，以言行事的要旨，语词同世界的适应方向、表现出来的心理状态等。根据这些参数，塞尔把奥斯汀的以言行事类型，即裁决、施权、承诺、行为和阐释，重新划分为：断定式、指令式、承诺式、表态式和宣告式。塞尔的工作使得言语行为理论变得更加精致，但同时没有避免一些如交叉、重叠的问题。

　　语句与言语的意义既有区别又相互联系。在论述字面意义时，塞尔认为，如果我们从语词的字面意义来追求语句的意思，可能产生对背景的无穷追溯。笔者指出，在分析中，塞尔混淆了作为能力的背景与作为能力产物的意向性网络，进而导致了他对说话者意义与语句意义的混淆。

从言语行为的角度研究语句是研究意义的一个新进路。任何具体的言语行为，都对应具体的语言成分，这些语言成分的意义就是说出它们所做出的那种言语行为。塞尔认为，语句意义和说话者意义的区别在于说话者意义代表了说话者的特殊意向而非一般意向，而句子的意义表达句子的一般意向。塞尔对语句意义与意向性关系做出进一步说明，区分了内在意向性和导出的意向性。塞尔关于意义的意向性解释并不充分，笔者认为，如果把语句意义看作语言共同体所具有的公共知识——集体意向性的共同体约定或具有更为具体的满足条件，这样的解释会更有说服力。这是塞尔的意义理论有待完善之处。

言语行为是如何产生出意义的？塞尔引入、讨论了一个更大的范畴——行动，将言语行为与行动关联起来，从人类行动的角度对言语行为做出说明。言语行为是人类行动的一个子类，对言语行为的理解离不开对行动的理解。首先，任何行动都有产生的理由（reason）或原因(cause)，人类行动的理由和行动之间不是物理的因果关系。引起人类行动的信念、渴求（desire）尽管是导致行动的理由，但不是行动的充分条件。其次，行动中意向和行动之间在因果链条上存在间隙——自由意志。自由意志是区别行动和非行动（pseudo action）之间的关键。最后，言语行为和其他类型行动的区别在于，言语行为有交流意向，而后者没有。据塞尔分析，一个成功的言语行为不但要求说话者具备交流意向，而且还要求说话者具备让听话者认出交流意向的意向，以及说话者具有使用约定方式达到这种效果的意向。

意向性是具有"关于"和"指向"的一种心理状态。塞尔认为，不具有"指向"或"关于"性的心理状态不是意向性状态，例如莫名的紧张和恐惧。他把这种意向性的心理状态称为意向性状态。塞尔的意向性（意向性状态）类似于一种表征模型，由内容和心理模式两部分组成，可形式化为 S(r)。意向性或意向性状态不同于意向，意向（intention）同信念、渴求一样只是意向性的一种具体类型，不同类型的意向性具有不同的心理模式，不同的心理模式具有不同的心灵同世界的适应方向，因而具有不同的满足条件。塞尔用意向性的不同解释言语行为的不同。

在对意向性的分析中，塞尔触碰到意向性的表征内容与意向性的心理模式之间的核心问题，即，意向性的表征内容或满足条件自身具有适应方向。如果将意向性的表征内容视为表达了事态的满足条件，那么塞尔就必须承认意向性的表征内容已经具有了适应方向。表征内容的适应方向反映的是表征内容与理想之间的关系，总是由人们在认知过程中形成的理想世界或事物的理想状态指向表征内容。而心理模式的适应方向反映的是表征内容与现实世界的关系，可以由表征内容指向现实世界，也可能由现实世界指向表征内容。可惜塞尔没有意识到这一问题。塞尔认为从意向性到言语行为实施需要三个不同条件：首先，需要具有将自己意向性状态外化的手段，使他人能够认识这些意向性状态；其次，任何一种言语行为不仅仅在表达说话者的真诚条件，重要的是要用于语言之外的社会目的，例如，以言语行为为手段进行的诈骗。最后，外化意向性状态时，必须引入约定步骤。

塞尔对于制度的界定相当严格。制度不仅是"能让我们创立制度性事实的被集体接受的规则系统（步骤、实践）"，具有"在背景 C 中，X 被视为 Y"的逻辑形式，还要具备最基本的要件，即地位功能和道义权力。塞尔将制度性事实分为语言的制度性事实 (linguistic institutional facts) 和语言外制度性事实，并把建立制度的常设宣告句（standing declaration）分为语言的宣告句和语言外的宣告句，分别用于解释语言的制度性事实和语言外制度性事实。笔者基本同意塞尔对于语言外制度性事实的宣告式说明，但对语言内的制度性事实持保留意见。因为这种解释不仅没有从根本上避开用语言解释语言的循环[①]，也遗漏了地位功能何以在语言制度中缺失的解释。

塞尔将语言从制度当中分离出来，区分了语言自身的满足条件与制度性事实的满足条件。塞尔说："仅仅有意地产生出一个话语与产生出一个话语并以此意指某事物，……这两种情形中，说话者都有说出一个话语的意图，但是，如果这话语是具有意义的，那么说话者就想要话语本身还有进一步的满足条件。"[②] 笔者认为，塞尔的这种做法不但是多余的，而且是错误的，因为塞尔"将满足条件赋予满足条件"的结果，剥夺了语言作为一种制度的依据。说出话语的意图并不是话语的充分条件，加上具有承诺性质的约定，才能成为构成语言或话语的充分条件。

意义是逻辑的还是心理的？塞尔没有给出直接回答，但给出了两个具体观点：（1）意义处于头脑之中，（2）所有的从物信念都可化归为从言信念。笔者认为，如果仅把意义理解为说话者意义，观点（1）尚可接受，但是，除了说话者意义外，意义还包含不同于说话者意义的语句意义，因

---

① 如果诸如承诺、命令等类型的言语行为，是由语言宣告句建立的，那么，以言语行为为依据解释语言的意义要么是同语反复的，要么是循环的。

② 塞尔著，文学平译．人类文明的结构．北京：中国人民大学出版社，2015，p.78.

此"语句意义必在说话者的头脑之中"的观点是值得商榷的。虽然语句意义来源于人的意向性，但是通过约定之后，它就作为一种机制而存在（或许构成了塞尔所说的背景的一部分），未必处于说话者的头脑之中。塞尔得出观点（2）的主要原因是，他把意义等同于意向性，把从言信念和从物信念都理解为人的意向性状态，用意向性内容的满足条件来解释对从物信念的取消。塞尔的失误在于，他没有区分"内在的意向性"和"导出的意向性"，意义只可能是导出的意向性而不可能是内在的意向性。内在的意向性属于"私人语言"，而私人语言是不存在的。虽然塞尔的意义意向为讨论指称问题提供了便利，但并不能推翻奎因对从言、从物命题的区分。

塞尔认为，专名指称对象并不像单称限定描述语那样描述对象的特征，而是像悬挂着识别对象描述语的挂钩。专名的历史因果论者使用外在链条来解释专名的指称，而内在意向论者认为这种链条上传递的不是别的而是意向，这些意向在传递过程中不是一成不变的，例如"马达加斯加"就是在传递过程中意向发生变化的一个例子。专名传递着人的意向，意义是意向性的一种外在表现形式，所以专名不可能没有含义。

在单称限定描述语（简称限定描述语）的指称问题上，塞尔既批评罗素又批评唐奈兰。塞尔认为，罗素关于描述语的谓词公式不但无法适用于各种言语行为，即使对具有断定力量的记述句，也存在无法区分"内部假"和"外部假"的困境。对于唐奈兰把限定描述语分为指称性使用和归属性使用，塞尔认为，没有归属性使用，只有指称性使用。在指称性用法的基础上，塞尔进一步提出指称的主要方面和次要方面。笔者在辨析罗素、唐奈兰和塞尔理论的基础上，对塞尔的指称理论进行了调整，提出了处理限定描述语的一种新方案。

奥斯汀对真理符合论的解释虽然存在问题，但他在解释方式上存在的问题并不能证伪真理符合论。塞尔对真理符合论给予了辩护。他认为，一个陈述是真的，当且仅当它与事实相符合。事实不是世界上的事态或事物，而是存在于世界中的满足条件。他用修改后的 T 语句来解释真理符合论。T 语句的去引号标准右侧并不必然代表事实，之所以存在永远代表事实的误解，是因为我们让语词"事实"做了一些不可能的工作，形成了哲学上的混乱。

20 世纪 90 年代中期，塞尔出版了《社会实在的建构》一书，事隔 20 多年，塞尔又写出《人类文明的结构》。笔者认为，《建构》和《结构》的出版，都可视为对 20 世纪 70 年代末《语言哲学：言语行为论》中语言的补充与扩展。这些著作为我们从制度的角度加强对言语与语言的研究提供了新依据，为我们从更广的视域研究意义提供了思想源泉。但是，在这些著作当中，塞尔对语言和言语的讨论是松散的。意义的意向性因素挥之不去，约定维度又时隐时现。笔者认为，从约定、制度的角度分析塞尔的意义理论是研究塞尔意义理论中需要走完的最后一里路，当然要走完这一里路，必然离不开对塞尔的形而上学观以及方法论的全面解析与思考。

引论：以多维度的视域研究塞尔的意义理论

塞尔其人

约翰·罗杰斯·塞尔 (John Rogers Searle) 是当今世界最著名、最有影响的分析哲学家之一，现为美国加州大学伯克利分校的威廉斯与斯拉瑟荣誉教授，被誉为世界上"50 位最具影响力的在世哲学家"。[1] 塞尔 1932 年 7 月出生于美国科罗拉多州丹佛市，父亲是一名电气工程师，母亲是一名内科医生。早年的他就读于杜威（John Dewey）实验中学，后转入威斯康星州的舒尔伍德（Shorewood）中学。1949 年高中毕业后，塞尔就读于威斯康星大学 (University of Wisconsin)，在大三的时候，即 1952 年秋，塞尔获得了罗兹奖学金（Rhodes Scholarship）因而入牛津大学学习，1955 年获牛津大学文学学士学位，1959 年获牛津大学博士学位。在牛津，塞尔有机会从学于当时最优秀的一批名师，包括约翰·奥斯汀、彼特·斯特劳森和吉姆·厄姆森等。七年留学生涯不但使塞尔获得了牛津大学的哲学博士学位，而且铸就了他的分析哲学精神。在老师奥斯汀的帮助下，塞尔获得了美国加州大学伯克利分校的助理教授职位。此后，塞尔凭借卓越的科研能力和令人注目的学术成就，于 1967 年被聘为该校正式教授，两年之后又担任了加州大学学术自由参议院委员会主席。因其在心灵哲学和认知哲学上的杰出贡献，2000 年塞尔被法国政府授予尼确奖（Jean Nicod Prize）[2]，2004 年获美国政府"国家人文奖"，2006 年获得"心 & 脑奖"[3]。塞尔被许多大学聘为客座教授，例如，丹麦的奥胡斯大学、奥地利的格拉茨大学、巴黎的法兰西学院、意大利的威尼斯大学、德国柏林的自由大学、加拿大多伦多大学的多伦多国际符号学研究所等。[4] 我国的清华大学也于

---

[1] https://mp.weixin.qq.com/s/Ysig9T-ouxV4A9RwXx9rYQ.

[2] 用来表彰杰出的哲学家或哲学倾向的认知科学家的奖项。

[3] 2003 年设立的用于表彰认知科学领域取得杰出成就学者的奖项。

[4] http://www.cpra.com.cn/Html/Article/55320070729042529.html.

2007 年在学校主楼接待厅为塞尔举行了客座教授的聘任仪式。

塞尔的学术成果丰厚，其成就很难用一段话甚至一篇文章说清楚，这一点可从他发表的学术著作窥见一斑。截止到 2018 年，塞尔发表的各种文字材料 300 多篇，其中有著作 17 部，他的论文或著作被翻译成多国文字供人们研究。[①] 塞尔的视域广阔，兴趣广泛，研究领域遍及语言哲学、心灵哲学和社会哲学。不仅如此，他在不同领域的研究论题还彼此勾连，相互说明，形成一个连续的庞大的理论体系，这使得任何企图对他的学术成果进行整理的人，都不得不将内容丰富的主题协调一致地梳理到一块；任何企图对他的一个论题进行讨论的人，如果不系统了解那些与主题相关的哲学立场，就不能准确地评价塞尔的结论。顺便指出，目前国内研究塞尔的人不少，但往往囿于自己关注的具体问题，而对与之关联的其分领域论题重视不够，这严重影响了对塞尔观点的全面理解。有鉴于此，笔者在试图研究塞尔的意义论题时，不仅考察了他的言语行为理论，璨重要的，还考察了与他的与意义具有密切关系的意向性、行动（action）以及社会制度理论，目的就是克服上述研究的不足。研究中，笔者发现，面对问题，塞尔始终保持敏捷的思维，不为原有的哲学研究方法所束缚。对待传统的哲学问题，他总能敏锐地捕捉到问题的症结，另辟蹊径，给出一种独具启发性的灼见，例如，他对真理符合论的辩护。

塞尔不仅学术风格独特，还是一个心直口利的人，福森（Nick Fotion）说他是一位炮手（straight shooter）。[②] 要说什么，塞尔总是清晰坦率地把它说出来，对待与他不同的观点，批判总是不加掩饰，毫不留情，有时甚至使人难以接受。这种风格导致有些读者，特别是那些不理解他的人，可能只注意到塞尔的对抗性风格，而忽视了他所说的内容。福森说："我无法记得我听到过多少次哲学家和非哲学家指责他不仅仅是在反驳，而且还对他们进行了侮辱。"[③] 塞尔的文章清晰，充满挑衅性，频频挑战那些否认人们日常经验的哲学家。在塞尔看来，促使人们采用那些与人们的行为经验或生活实际相一致的科学标准是常识（common sense）。人们的常识加上新颖的说理方法是塞尔说明和解决哲学问题的惯常方式。当常识和神秘晦涩的哲学教条产生冲突时，他总毫不犹豫地选择常识。

---

① http://socrates.berkeley.edu/~jsearle/biblio-2009.pdf.

② John Searle, *Nick Fotion*, Teddington: Acumen Publishing Limited, 2002, p.2.

③ John Searle, *Nick Fotion*, Teddington: Acumen Publishing Limited, 2002, p.2.

研究问题

　　逻辑哲学和语言哲学研究的一个重要内容是语言的意义问题。言语行为理论是意义语用理论的一个重要分支，在国内外产生了巨大影响，并且直到今天国内外学者对这一领域成果的研究依然兴趣不减。

　　言语行为理论由奥斯汀在 20 世纪五十年代创立，可以看作后期维特根斯坦"语言游戏论"思想的继续发展。奥斯汀把人们说出的话语分为三个逻辑层次：以言表意行为，以言行事行为和以言取效行为。三者之中，以言行事最为重要，是"说话即做事"的核心。根据奥斯汀的观点，以言行事分为裁决、施权、承诺、行为和阐释五种类型。[①]

　　虽然奥斯汀对言语行为的处理看起来相当完整，但他的工作只能被视为言语行为意义理论的一个起步，作为一个理论体系，还有相当多的问题需要解决。首先，言语行为既然是一种行动，那么何谓行动，言语行为在哪些方面区别于其他类型的行动？其次，既然语言的意义就是做出的那种言语行为，那么为了说明语言的意义，在解释言语行为时就不应当再引入语言的意义或以言表意这样的概念，否则这种对意义的说明就是循环的。奥斯汀在言语行为三个逻辑层次中的第一层使用了"以言表意"，这就等于说，在言语行为之前已经存在意义。所以，奥斯汀的言语行为意义理论要么是循环的，要么就需要像塞尔后来所做的那样，区分出语句的字面意义和使用意义（说话者意义），从更深层次上解释意义。第三，奥斯汀没有像塞尔那样回答话语的意义究竟是如何产生的。从以上几点来看，塞尔的意义理论不仅仅是从技术上对奥斯汀理论做了部分改动，更是对奥斯汀言语行为理论的一次生发，塞尔对什么是意向性、行动、制度和言语行为，言语行为是如何产生出意义的问题，都做了进一步构建与说明。但是，塞尔对奥斯汀言语行为理论的完善也不是没有问题。奥斯汀提出，一个适当的言语行为要满足六个条件。之所以如此，是因为言语行为的恰当执行涉及后来塞尔提出的地位职能。因此，在奥斯汀那里，任何一种适当的言语行为都将是塞尔的一种制度性实在。而在塞尔对奥斯汀的言语行为论述里，言语行为不具有地位功能，具有同语言的语句一样的地位，也就不能称之为一种制度性实在。

　　人类的举动（behaviors）可以分为单纯的举动（mere behaviors）和行动（action）两种。行动不是类似于人们受到惊吓而跳起来的一种身体运

---

　　① 奥斯汀（Austin, J.L.）. 如何以言行事. 北京：外语教学与研究出版社，2011, pp,153-164.

动（movement），而是一种有意向性参与的身体举动。行动又分为理性行动和非理性行动，理性行动和意向是一种辩护性关系，非理性的行动和意向是一种因果决定论关系，在塞尔的研究中二者有着本质的区别。

言语行为不同于其他类型的行动，它是一种有复杂意向性参与并且要求以约定方式实现的表征与施事行动。例如，两句相同的话语，甲说"琼斯回家了"，乙纯粹模仿甲说"琼斯回家了"，前者是一种言语行为而后者不是，因为后者没有传达"琼斯回家了"的交流意向。与此类似，鹦鹉学舌式的话语也不是言语行为。不仅如此，言语行为和其他行动还有实现方式上的差异。例如以下两种情况：（A）比尔用缠着绷带的腿回应打垒球的邀请。（B）在回应打垒球的邀请时，比尔说："我的腿打了绷带。"虽然（A）和（B）在传递信息上能达到同样的效果，但人们却倾向于说与（B）不同，（A）中的行动不是言语行为，它不是以约定的方式实现那种交流意向。①

语言意义的产生离不开言语行为，那么言语行为是如何产生意义的呢？塞尔认为，语句（发自人类之口的声音，或者人们在纸上所作的记号）和其他对象一样都只是世界上的对象，它们的表征能力不是固有的，而是源自心灵的意向性。②

意向性是我们心理状态的一种，但不是所有的心理状态都是意向性的心理状态。分辨心理状态是不是意向性的标准是分析那心理状态有没有"关于"或"指向"的性质。例如，信念"天正在下雨"是指向或关于天气状况的，所以该信念是意向性的。莫名的紧张不指向或关于任何对象或事态，所以不是意向性的心理状态。注意，意向性不同于意向，意向同渴求、厌恶一样，是意向性的一种心理模式，与意向相类似的心理模式还有懊悔、羡慕、喜爱、困惑、害怕等。

人类具有各种功能不同的意向性，例如，表征意向性（intentionality of representation）、感知意向性（intentionality of perception）和行为意向性（intentionality of acts）等。语言的意向性属于表征意向性，表征意向性既规定了意向性内容和它的心理模式，又规定了它的满足条件。表征意向性派生出言语行为，不同的言语行为对应不同的表征意向性。表征意向性

① 约定指一种习俗或具有形如"X 在情景 C 中算作 Y"的规则。在不同于"X 在情景 C 中算作 Y"的意义上"出示打了绷带的腿"不是在以约定的方式拒绝别人的邀请，因为它可以有多种用途。约定的方式应当排除凭借物理因果关系而实现施事的方式。这种方式在没有事前唯一规定用于做什么的情况下，不可能被人正确地理解。

② 约翰·塞尔著，刘叶涛译. 意向性：论心灵哲学. 上海：上海人民出版社，2007, p.1.

由意向性内容 r 和心理模式 S 组成，表达式为 S(r)，以区别于言语行为形式 F(p)。在言语行为中，p 表示言语行为中的命题内容，F 表示言语行为的力量类型，不同类型的言语行为，力量 F 具有不同的世界到语词或语词到世界的适应方向。例如，"小张这次考试得了一百分"。话语有断定的力量，F 的方向是从语词指向世界。同言语行为结构类似，塞尔用 r 表示表征意向性"关于"或"指向"的对象或事态，用 S 表示表征意向性的心理模式类型，心理模式 S 具有世界到心灵或心灵到世界的适应方向。[①] 例如，信念（belief）的表征意向对应断定的言语行为，渴求的表征意向对应命令或请求的言语行为，意向的表征意向对应承诺的言语行为。信念的心理模式总是从心灵指向世界，渴求和意向的心理模式从世界指向语词。概言之，考察言语行为的意义理论，不仅需要考察言语行为自身，还必须研究心理的意向性。

表征意向性的行动手段不仅是话语，还有其他可能的行动方式。例如，画图、打手势等。广义上讲，这些不同的表征行动都是言语行为，在这个意义上说，语言的意向性就是表征的意向性。

从意向性的角度说明言语行为，是研究塞尔意义理论的基本前提。塞尔说："我本来计划把讨论这个问题的一章（意向性）[②] 放在《表达式与意义》里面，但当我这样去做的时候，这一章却独立成书了。"[③] 在塞尔看来，言语行为表征世界上对象与事态的能力，是生物学上更加基础的心灵能力的延伸，这种能力通过信念、渴求（desire）这样的心理状态，特别是通过感知和行动，把生物体与世界关联起来。由于言语行为是人类行为中的一种，而且，由于言语表征对象和事态的能力是心灵将生物体与世界关联的这种更一般能力的组成部分，所以，对言语和语言的任何一种完整说明都需要说明心灵是如何把生物体和实在相关联的。[④]

注意，本文不打算全面讨论各种心理的意向性，只重点关注那些与言语行为相关的意向性，以达到充分说明意义的目的。

本文对意义的研究不仅仅是对语言如何产生意义的哲学问题研究，还包括对意义与指称、意义与真理辨析，语言与制度关系的认识论问题研究，以及对塞尔研究意义的方法论研究。例如，名称是否有含义？名称是

① s 和 p 实际上具有 4 种不同的适应情况，另两种分别是双适应方向或无适应方向，这里强调的是适应方向的类型。

② 括号内容为笔者注。

③ 约翰·塞尔著，刘叶涛译 . 意向性：论心灵哲学 . 上海：上海人民出版社，2007，p.2.

④ Searle, *Intentionality*, Cambridge: Cambridge University Press, 1983, p.vii.

如何实现对对象指称的？塞尔对语言与语言外的制度之间关系解释是不是充分的？弗雷格（G.Frege）认为存在像意义、命题这样客观的第三域实体，一切名称都有含义（sinn），名称通过含义指称对象。但是，众所周知，弗雷格的描述论立场在解释专名的含义时受到了挑战，因为我们有时很难给出某个人名或地名具体又确定的含义。

塞尔支持弗雷格的观点，认为描述论并没有被那些所谓的挑战驳倒，他给出一种新的为描述论辩护的进路。与弗雷格把意义看作客观存在的第三域不同，塞尔把意义看作意向性的派生物，并且意向性是客观存在的。不同于弗雷格的解释方式，塞尔的结论有很多具有突破性，例如，意义不在头脑之外而在头脑之中，不存在不可还原为从言信念的从物信念等。

塞尔对专名与含义的说明，分为前后两个时期。在前期，塞尔通过把"专名是否有含义"划分为两个不同问题，回答专名与含义的关系（即专名并不是被用来描述或刻画对象特征的，而是逻辑地同它的指称对象特征相关联）。前期的塞尔偏重于阐明两者之间的关系，"他似乎只是在通过回答第二个问题来回答第一个问题"①。后期的塞尔对专名如何实现指称的回答，较前期存在一次明显跨越，这种跨越表现为，从指称的描述语解释转变为指称的意向性解释。

塞尔指出，"识别性描述语"并不意指"用话语"，它意味着充分确认对象的意向性内容，包括背景（background）和网络（network），这些意向性内容可能用话语表征也可能不用话语表征。我们使用名称指称对象时，对象不会先于我们的表征系统（system of representation）。在使用语词之前，我们已经对对象进行了划分，而如何进行划分又取决于我们自己，取决于我们的表征系统。之所以能够使用专名或知悉专名代表了那个对象，是因为我们具有独立于专名之外的对该对象的其他表征。②就成功的指称而言，说话者必须具有充分的意向性内容先来固定指称。由于言语指称总是依赖于或本身就是心理指称的一种形式，并且心理指称总是凭借背景和网络的意向性内容的功效，所以专名一定以某种方式依赖于意向性内容。

真理符合论几乎作为一种常识被人们不假思索地接受。一个命题是真的，当且仅当它符合事实。真理符合论最早可追溯到古希腊哲学家亚里士多德，并于20世纪二十年代被罗素（B.Russele）和早期的维特根斯坦（L.Wittgenstein）正式提出。到了20世纪中叶，奥斯汀接受了这一思想，

---

① 刘叶涛. 专名的意向性理论探析. 世界哲学，2012年，第4期，pp.140—148, pp143.

② John R. Searle, *Intentionality*, Cambridge: Cambridge University Press, 1983, p.231.

并在《真理》一文中对其做了细致解释。① 但是，由于斯特劳森对奥斯汀针锋相对的反驳、批判，使得符合论的可接受性大受质疑。作为奥斯汀的学生，塞尔也持真理符合论立场。塞尔认为，尽管奥斯汀对符合论的某些解释是错误的，斯特劳森对其相关论题的反驳的确也是合理的，但奥斯汀在解释方式上的错误并没有证伪真理符合论。他通过对真、事实等概念的词源学考察，和对斯特劳森反驳的逐一回应，构建了一种更为温和的符合论解释，尽管这种回应的形上层面预设与他持有的概念相对主义有相抵牾的可能。

目前，国内学者对言语行为理论或言语行为的意义理论研究多停留在对奥斯汀理论或塞尔对奥斯汀言语行为理论的技术改进上，少有人把塞尔的意向性理论、行动理论同语言的意义结合起来考察，少有人从逻辑哲学层上对塞尔的意义、指称和真理、制度做出系统研究。作者觉得，这恰恰是解释言语行为理论的重要组成部分，不研究这一论题，对塞尔本人的意义理论研究或者健全的言语行为理论的意义研究都是不全面的，难以把握言语行为视域下的意义本质。

我们生活在制度的海洋中，所有的制度性事实毫无例外地与语言相关联，"都是语言性地被创立和语言性地被构建并维持的"。语言的基本功能在于以言行事（illocution）。以言行事与制度性事实的关系是什么？塞尔通过对语言前动物的考察认为，语言是一种最基本的制度，制度性事实分为语言的制度性事实（linguistic institutional facts）和语言外制度性事实。虽然两者都是语言的，但语言仅仅建立了像承诺、命令等语言的制度性事实，而建立像婚姻、战争、休会等语言外制度性事实，还需借助于语言之外的满足条件。笔者通过分析认为，我们没有必要将语言的制度性事实与其他的制度性事实区别对待，进而将语言作为最基本的制度性事实（基于方便的考虑除外）。只不过，"在背景 C 下，X 被视为 Y"的基本逻辑结构，经过了迭代使用后，X 已不是最初的原始直观的客观对象，它有可能是由人类使用这种逻辑结构新创造出的功能 Y。当塞尔宣称"一切制度性事实都是由语言性表征建立并维持"时，从基本的逻辑结构看，其中的 X 已经是制度性事实 Y 的递归应用了。

研究意义和现状

塞尔的研究既是广泛的，又是系统的。说其广泛，因为他的研究领域

---

① J. L. Austin, Truth, *Proceedings of the Aristotelian Society*, Supplementary Volumes, Vol. 24, Physical Research, Ethics and Logic (1950), pp.111-128.

涵盖了语言哲学、心灵哲学、社会哲学和认知哲学。一般认为，塞尔的言语行为理论属于语言哲学，意向性属于心灵哲学，社会实在与文明的结构属于社会哲学，心、脑与行动理性属于认知哲学。说其系统，是因为他的基本概念，如意向性、行动、规则、言语行为、地位功能，彼此关联，依次衍生，使得以这些概念的对应领域彼此交叉，相互勾连，形成了一个庞大的综合体。

人们对塞尔理论的研究兴趣不仅源自其思想的独创性，还因为塞尔的研究视域几乎触及了社会科学的各个分支。我们注意到塞尔在每个领域的研究往往能够敏锐地抓住关键问题，运用清晰的哲学分析对这些问题给出一个独具新意的观点。例如，他的"中文屋论证"颠覆了人们以往对人工智能可以取代人脑的乐观看法，他的字面意义论述开启了人们对存在清晰固定的字面意义的争论。当然，要对这些研究给出一个终结性的结论是有争议的，但是，塞尔的见解与分析往往能激起人们进一步研究的兴趣。正因此，国内外学者对塞尔的研究非常普遍，就某个具体问题同塞尔展开的论争既激烈又常见。

国外对塞尔的研究分可为三类（以下例子只包括书著，不算散篇）。第一类是研究塞尔在某个问题上的观点、思想。如：①《塞尔论会话》（Herman Parrret and Jef Vershueren (eds), (On) *Searle on Conversation*, Amsterdam/ Philadelphia: John Benjamins, 1992.），②《对中文屋的看法，关于塞尔和人工智能的新论文》（John Preston and Mark Bishop (eds), *Views into the Chinese Room, New Essayson Searle and Artificial Intelligence*, Oxford/New York: Oxford University Press, 2002），③《塞尔和福柯论真理》（G. Prado, *Searle and Foucault on Truth*, Cambridge: Cambridge University Press, 2006），④《思维的计算机和虚似的人》（Eric Dietrich (ed.), *Thinking Computers and Virtual Persons*, San Diego: Academic Press. 1994），⑤《约翰·塞尔的社会实在思想：延伸，批判与重构》（David Richard Koepsell, Laurence S. Moss, *John Searle's Ideas About Social Reality: Extensions, Criticisms and Reconstructions*, Oxford/Malden MA: BlackwellPublishing, 2003）等。第二类是对塞尔的系统研究，如：①《约翰·塞尔和他的批评》（Ernest Lepore and Robert van Gulick (eds), *John Searle and His Critics*, Oxford/Cambridge, Mass.: Blackwell, 1991.），②福森的《约翰·塞尔》（Nick Fotion, *John Searle*, Princeton/Oxford: Princeton University Press, 2000），③《论塞尔》（William Hirstein, *On Searle*, Belmont, CA: Wadsworth, 2001），④巴利·史密斯的《约翰·塞尔》，Barry Smith, (ed.), *John Searle*, Cambridge/New York: Cambridge

University Press, 2003），④约书亚·拉斯特的《约翰·塞尔》(Joshua Rust, *John Searle*, Continuum international publishing Group, 2009）等。第三类是将塞尔的哲学概念综合起来考察，但偏重于对塞尔的某个论题进行研究。如：①《塞尔的语言哲学，力量、意义和心灵》(Savas L.Tsohatzidis (ed.), *John Searle's Philosophy of Language*: *Force, Meaning and Mind*, Cambridge: Cambridge University Press, 2007.），②《塞尔的哲学与中国哲学》(Bo Mou (ed.)Leiden, *Searle's Philosophy and Chinese Philosophy*, Constructive Engagement, Boston: Brill, 2008），③《塞尔社会哲学的经济学影响》(*The Journal of Economic Methodology*, Vol. 9. No.1,March 2002），④意向性行为与制度性事实，Intentional Acts and Institutional Facts (Savas Tsohatzidis, ed.; 2007）等，笔者对塞尔的研究就属于这一种。

国内对塞尔的译介与研究开始于 20 世纪 80 年代初，且历久不衰。一般来说，国内学者对塞尔的研究集中在某个专题上（包括对其思想专题的翻译），而且这类研究又往往只侧重于对塞尔某领域研究成果的介绍。这些研究基本上归属为上述对塞尔研究划分的第一种类型。

目前，我国已译成中文的塞尔独著有八部，分别是：①刘叶涛 译《意向性：论心灵哲学》（上海人民出版社，2007），②李步楼 译《心灵、语言与社会：实在世界中的哲学》（上海译文出版社，2006）和③《社会实在的建构》（上海人民出版社，2008），④王巍 译《心灵的再发现》（中国人民大学出版社，2012），⑤杨音莱 译《心、脑与科学》（上海译文出版社，2006），⑥刘敏 译《自由与神经生物学》（人民大学出版社，2005），⑦徐英瑾 译《心灵导论》（上海人民出版社，2008），⑧文学平、盈俐 译《人类文明的结构》（中国人民大学出版社，2015）。

翻译成中文的塞尔的论文主要有：①冯庆译《虚构话语的逻辑地位》（南京社会科学，2012，第 6 期），②江怡译《什么是言语行为》（陈波、韩林合主编的《逻辑与语言》，东方出版社，2005），③崔树义译《当代美国哲学》（哲学译丛，2001 年第 2 期），④杨音莱译《间接言语行为》，⑤牟博译《专名》，⑥梁骏译《隐喻》（马蒂尼奇编《语言哲学》，商务印书馆，1998），⑥成素梅译《现象学的局限性》（哲学分析 2015 年第 5 期）。

介绍塞尔的言语行为理论的语言哲学或逻辑哲学著作主要有：①涂纪亮著《英美语言哲学概论》（人民出版社，1988），②车铭洲编《现代西方语言哲学》（四川人民出版社，1989），③周昌忠著《西方现代语言哲学》（上海人民出版社，1992），④周礼全著《逻辑——正确思维和有效交际的理论》（人民出版社，1994），⑤陈波著《逻辑哲学》（北京大学出版社，

2005）等。

研究塞尔的专著主要有：①蔡曙山著《言语行为和语用逻辑》（中国社会科学出版，1998），②柳海涛2009年的博士学位论文《社会的语言结构——塞尔社会哲学研究》，③文学平2009年的博士论文《集体意向性与制度性事实》，④孔慧2012年的博士学位论文《塞尔言语行为理论探要》，⑤赵亮英2013年的博士论文《塞尔的意向性语言哲学研究》等。

针对塞尔某个问题发表的中文期刊论文很多，主要有：①何莲珍《论塞尔的言语行为理论》（浙江大学学报，1996，04期），②蔡曙山《哲学家如何理解人工智能——塞尔的"中文房间争论"及其意义》（自然辩证法研究，2001，11期），③贾青、王媛《塞尔的言语行为理论研究——论以言行事的构建》（理论界，2011，06期），④赵亮英、陈晓平《语境、意向与意义——兼评塞尔的意向性意义理论》（逻辑学研究，2012，02期），⑤孔慧《言语行动：言语行为理论的一种续写》（科学技术哲学研究，2016年第4期）等。

内容提纲

本书是以塞尔的"意义"理论为对象的研究，是一本侧重于认识论的外国哲学著作，属于前述对塞尔研究分类的第三种。内容上，本著作不仅讨论了塞尔的言语行为理论，还包含对他的如下论题的研究，即言语行为与行动的关系，言语行为的意向性解释，语言与制度的生成与相互关系，意义、指称与真理的专题讨论以及塞尔的形上思想探析等。本书的章节安排如下：

第一章，从技术层面上论述言语行为理论及其同意义的关系。本章主要涉及奥斯汀对言语行为理论的基础性工作和塞尔对它的修改，塞尔对字面意义的论述及他对意义的分析等。第二章论述塞尔视域下的行动是什么，言语行为与其他行动的区别是什么，以及识别言语行为的条件等。第三章是言语行为的意向性解释，内容包括什么是意向性，什么是心理模式、行动意向、感知意向，重点论述什么是意义意向和言语行为的意向。第四章讨论制度性实在是如何生成的，它的逻辑结构分析以及语言在其中的作用等。第五章是对塞尔的意义理论的相关专题讨论，考察塞尔视域下与意义相关的逻辑哲学问题。具体包括三个论题，分四节讨论，分别是塞尔对意义的两个论断、专名与单称限定描述语的指称问题以及真理论。第六章论证了塞尔思想中的形上基础，主要分析并指出塞尔本体论中的原子论倾向与方法论中存在的问题。

第一章　言语行为的意义论

第一节　从奥斯汀的工作谈起

奥斯汀创立的言语行为理论（speech acts theory）滥觞或可追溯到亚里士多德。亚里士多德在《解释篇》中曾说："每个句子都是有意义的……但并非每一个语句都是具有真假值的陈述语句，如下的这些句子既不真也不假：一句祷告既不真也不假，目前的研究只处理做陈述的语句，放弃另外那种语句，因为对它们的考虑属于修辞和诗歌。"[①] 弗雷格认为语言不仅可以用于描述，而且可以用于下定义、提问题、讲故事，[②] 后期的维特根斯坦也改变了前期《逻辑哲学论》中的"语言是世界图像"，提出了语言游戏论观点。所有这些不仅可以视为言语行为理论诞生前的思想启蒙，也表明语言在用于认知和信息交流上的长期二分。奥斯汀的言语行为理论第一次较为系统地融合了以前对语言研究的长期二分，以一种崭新的进路把语言和人的行为联系在一起，为语言哲学、逻辑哲学甚至心灵哲学对意义的研究开启了新的视野。奥斯汀对语言的研究是从话语中的施为句（performatives）和记述句（constatives）开始的。

施为句

奥斯汀最先注意到，有些貌似陈述的语句并不是在做一个真假的陈述（它们是伪陈述），如"我赌六美元天将下雨""我退出""我向你道歉"。这些话语实质上是在做出一种行为，在做事。例如，话语"我向你道歉"并不是在做道歉的陈述，而是表明态度，请求对方谅解。还有一种伦理

---

① 转引：A. Burkhardt, ed., Speech Acts, Meanings and Intentions. *Critical Approaches to the Philosophy of John R. Searle*, Berlin/New York: de Gruyter (1990), p.29.

② 涂纪亮. 英美语言哲学概论. 北京：人民出版社，1988, p.343.

命题，也属于"伪陈述"的话语，例如"我们不应当杀人"。这两类用于行事的话语被奥斯汀称为"施为句"（performatives），以区别于具有真假性质的"记述句"（constatives）——按照奥斯汀早期的看法，记述句相当于哲学家常说的陈述句，或真或假；施为句没有真假之分，只有"恰当"（happy）或"不恰当"（unhappy）的区别。

一个施为句"恰当"或"不恰当"，取决于施为句完成行为的"适当"（felicity）或"不适当"（infelicity）。需要指出的是，恰当/不恰当是施为句的性质，适当/不适当是对实施行为的评价。一个施为句是恰当的，当且仅当满足以下六个条件：①

（A.1）一定存在着具有某种约定效果（conventional effect）的已被接受的约定流程（conventional procedure），该流程包括在特定场境下由特定的人说出的指定话语。并且

（A.2）在给定的事件中，具体的人和环境一定要适合那种被引用的特定流程（procedure）。

（B.1）这种流程一定要由所有的参与者正确地执行，并且是

（B.2）彻底地执行。

（Γ.1）通常，这个流程专门提供给具有某些思想或感情的人使用，或者为参加者举行某种重大的仪式而设计。所以，参与并使用该流程的人实际上必须具有这些思想和感情，并且参与者必须打算如此行事，而且

（Γ.2）接下来必须确实如此行事。

如果以上的一个或多个条件没有满足，施为行为就是不适当的，施为话语也是不恰当的。换言之，不恰当的施为句所执行的行为是无效的。施为行为的"适当/不适当"与施为句的"恰当/不恰当"间的关系是：一个施为句是"恰当"的，当且仅当它执行的行为是"适当的"。奥斯汀指出："A、B 合在一起的四个规则和 Γ 的两个规则之间有一个明显区别（所以使用不同于希腊字符的罗马字符）。如果我们违反了前者（A 和 B 的规则）——例如，如果我们不正确地说话，或者没有资格而做了这种行为，比如因为已婚，或者是轮船的事务长而不是船长在主持这个仪式，那么这种（言语）② 行为就没有得到实施。如上例，结婚尤法成功进行，婚姻关系也不能实现。而在 Γ 的两种情况中，尽管在 A、B 这种情况下完成了该行为，但由于当时我们是不真诚的，该行为仍是对这种流程的滥用

---

① 奥斯汀（Austin, J.L.）. 如何以言行事 . 北京：外语教学与研究出版社，2011, pp.14-15.
② 括号中文字为译者加。

(abuse)。"①

在奥斯汀看来，施为句除了事实上以言语的方式实施行为之外，还有它的形式特征，即施为句可以分为显性施为句（explicit performatives）和隐性施为句（implicit performatives）。他说："我所列举的施为话语都是非常完备的情况，通过与隐性施为句对比后，我们称这种施为句为显性施为句。也就是说，它们都包含了某些非常重要、毫无歧义的表达式，或者它们以这种表达式作为开头。例如'我打赌''我承诺''我遗赠'。在说话的时候，这些表达式通常总是用来命名我正在做的行为，像打赌、承诺、遗赠等。"②奥斯汀把像"打赌""许诺"和"遗赠"等标明行为的动词称为施为动词（performative verbs）。奥斯汀强调，尽管没有施为动词，有些话语也是施为句，属于隐性施为句。例如，相对于显性施为句"我建议你本周去北京"，我们可以使用隐性施为句"如果我是你，我本周去北京"表达，"我命令你走开"也可以用"走开"来表达。

后来，奥斯汀发现他对记述句和施为句的区分存在问题。首先，记述句同施为句一样也有施为动词，如"我断定××"或"我预测××"，由于它们是在做出断定或预测的行为，所以也是一种施为句。记述句"雪是白的"相当于显性施为句"我断定雪是白的"。其次，同施为句一样，所谓的记述句也有"恰当""不恰当"区分。例如，如果此时此刻我不知道隔壁房间里有几个人，我就不能对隔壁房间此时此刻的人数做出断定。如果我说"我断定此时此刻隔壁房间有10个人"，那么这个断定就是不适当的。试想记述句"约翰的所有孩子都是秃顶的"，如果约翰没有孩子，这句话就是不恰当的。第三，不仅记述句有真假之分，施为句也有真假之分。例如"我声明小张是我失散多年的儿子"，如果说出此话的情形是适当的，该行为也是适当的，但事实上它也涉及了小张是否是我失散多年孩子的真假问题。奥斯汀说："总之，我们面临'我断言……'（I state that）这样的语句，它好像既满足施为句的条件，也构成了陈述（statement），具有真假值。"③因此，记述句和施为句的区分不复存在，奥斯汀认为："是时候重新开始这一问题了。"④

————————

① 奥斯汀（Austin, J.L.）. 如何以言行事. 北京：外语教学与研究出版社，2011, pp.15-16.

② 奥斯汀（Austin, J.L.）. 如何以言行事. 北京：外语教学与研究出版社，2011, p.32.

③ 奥斯汀（Austin, J.L.）. 如何以言行事. 北京：外语教学与研究出版社，2011, p.91.

④ 奥斯汀（Austin, J.L.）. 如何以言行事. 北京：外语教学与研究出版社，2011, p.91.

言语行为

奥斯对先前记述句和施为句的分类并不满意，因为即便像"天正在下雨"这样的记述句也可以用"施为句"的方式理解。如果你告诉我"天正在下雨"，既是"你断定天正在下雨"，也是你正在向我传达天气信息的一种行为。一句话同时包含了两类用法。于是，奥斯汀取消了这种分法，把所有的话语都归类成施为句，记述句只是施为句的一个子类。注意，在奥斯汀那里，研究语言的意义就是研究话语的意义，而话语的意义就是话语要做的事情。无论说出"施为句"还是"记述句"，都是在以言行事，统称言语行为。接下来，奥斯汀用"以言行事"作为基本手段开始了他的语言研究。 概而言之，奥斯汀"以言行事"的根本思想就是"说话就是做事"（saying something is doing something）。

在放弃了施为句和记述句的区分之后，奥斯汀将施为句划分为三个层次，这三个层次分别代表三种不同的逻辑功能，它们分别是：（1）以言表意行为（the locutionary act），说话人说出带有确定意义的话语。（2）以言行事行为（the illocutionary act），说话人说出带有某种力量的话语，话语具有的力量被称为"以言行事的力量"（illocutionary force）。以言行事行为是说话者在说出话语时执行的行为。（3）以言取效行为（the perlocutionary act），是指说话者通过说出话语在听者身上取得的效果。例如，使某人生气。根据这种分类，如果 A 说"向她射击"（shoot her），那么，A 用 shoot 意指射击，用 her 意指向她。这是在执行"向她射击"的以言表意行为。但是，如果 A 以命令、建议或请求的力量说出这句话，这些动词指明了话语的力量因而也指明了我在话语中执行的以言行事行为。巴赫（Bach）认为以（显性）施为句的方式执行的行为就是奥斯汀意义上的以言行事行为。[①] 如果说话人说服了听话人，说服就是在听话人身上产生的效果，就是以言取效行为。[②] 与以言行事和以言取效行为不同，说话者只用以言表意行为表达思想，不涉及做事或在听者身上取得效果，也许最为明显的情况是自言自语。以言表意行为、以言行事行为和以言取效行为只是对言语行为功能的逻辑抽象，奥斯汀本人没有进 步给出区分这三个层次的形式方法。

针对以言表意行为，奥斯汀又区分了三种行为：发音行为（phonetic

---

① Kent Bach, Speech Acts and Pragmatics, in *The Blackwell Guide to The Philosophy of Language*, edited by Michael Devitt and Richard Hanley, Blackwell, 2006, p.149.

② 奥斯汀（Austin, J.L.）. 如何以言行事 . 北京：外语教学与研究出版社，2011, pp.101-102..

act)、发话行为（phatic act）和表意行为（rhetic act）。发音行为就是说话时发出的声音，发出的声音称为音素（phone）。发话行为是指发出符合某种语言规则或习惯的音节或语句，这样的音节或语句称为语素（pheme）。注意，发话行为并非人类所独有，鹦鹉学舌也是一种发话行为，并不表意。表意行为则强调"说出了带有意义"的语素，产生了被称为意素（rheme）的东西。根据奥斯汀的看法，发话行为包含发音行为，因为发话行为一定是发音行为，发音行为不一定是发话行为。例如，猴子说的"去"与我们说"去"听起来可能没有区别，但猴子的行为是发音行为而不是发话行为。[①] 至于发话行为和表意行为的区分，奥斯汀说："语素是语言单位（a unit of language），其典型缺陷是没有含义——无意义，但是意素是话语单位（a unit of speech），它的典型缺陷是模糊、歧义或晦涩等等。"[②] 发话行为侧重于语言的形式层面，强调的是符合语言习惯的音节或语句，表意行为侧重于话语的功用，强调的是话语的意义。奥斯汀说："重要的是要记住：相同的语素，即相同类型（type）的个例（token），例如语句，用在不同的话语场合可以有不同的含义和指称（sense and reference），因此是不同的意素。"[③]

至于以言表意行为和以言行事行为的区别，奥斯汀认为：以言表意行为是"说事的行为"（performance of an act of saying something），以言行事行为是"在说事中实施的行为"（performance of an act in saying something）。"我们可以说，执行以言表意行为总是在本质上执行了以言行事行为。"[④] 以言表意和以言行事行为之间的区别很模糊，"我们总能用'意义'来表示以言行事的力量——某人用它意指命令等——但我认为，意义相当于'含义和指称'（sense and reference），而力量不同于意义（meaning）"。[⑤] 基于上述思想，奥斯汀给出了以言表意行为和以言行事行为的一般表现形式：以言表意行为是直接引语，以言行事行为是带有 that 从句的间接引语。[⑥] 奥斯汀的这种区分和形式标准遭到后来者的批评，稍后我们将说明塞尔对此的看法及其对言语行为的重新划分。

以言行事行为和以言取效行为的区别相对比较明显，相对于在听者身上产生举动（behavor）的以言取效行为来说，以言行事行为在言语行为

---

① 奥斯汀（Austin, J.L.）. 如何以言行事. 北京：外语教学与研究出版社，2011, p.96.

② 奥斯汀（Austin, J.L.）. 如何以言行事. 北京：外语教学与研究出版社，2011, p.98.

③ 奥斯汀（Austin, J.L.）. 如何以言行事. 北京：外语教学与研究出版社，2011, pp.97-98.

④ 奥斯汀（Austin, J.L.）. 如何以言行事. 北京：外语教学与研究出版社，2011, p.98.

⑤ 奥斯汀（Austin, J.L.）. 如何以言行事. 北京：外语教学与研究出版社，2011, p.100.

⑥ 奥斯汀（Austin, J.L.）. 如何以言行事. 北京：外语教学与研究出版社，2011, pp101-102.

中的作用更为根本。从辞源上看，"以言行事的"和"以言取效的"分别来自于"il-locutionary"（il 通 in）和"per-locutionary"（per 通 by），以言行事行为意味着在说话中（in saying something）执行的行为，以言取效行为意味着凭借说话（by saying something）所取得的效果。这种效果或许是说话人以言取效的理想效果，或许是以言取效的实际效果。奥斯汀希望用这两个自造的词（即 illocutionary 和 perlocutionary）显示二者之间的区别。例如，警告属于以言行事行为，是说话者在说话中执行的行为，而通过警告令听者产生吃惊或信念则属于以言取效行为。以言取效行为与所说的话语及说话本身没有直接关系，它是说出话语引起的结果或造成的实际影响。"以言行事行为是约定的，以言取效行为不是约定的。"①

奥斯汀按照以言行事的力量把话语或施为动词分成五类：裁决式（verdictives）、施权式（exercitives）、承诺式（commissives）、行为式（behabitives）和阐释式（expositives）。他说，"裁决式，顾名思义，一般由法官、仲裁人或裁判所给出的裁决"；"施权式，是对权力、权利或影响力的运用"；"承诺式，具有承诺或承担的特征"；"行为式多种多样，必须与态度、社交举动（social behavior）有关，其例子是道歉、恭贺、称赞……"；"阐释式，不易定义，它用于说明我们的话语是如何用于我们的论证和对话的、我们是以什么样的方式在使用语词的，……这种类型的例子有'我回答''我承认''我想象''我假设''我假定'"。②奥斯汀对言语行为类型开创性的划分无疑极具启发性，但我们认为，这种分类存有如下问题：1.分类的标准不明确，主观随意性较大；例如，裁决式与施权式之间，划分标准无法被清晰界定。2.分类不严密，不同类别之间有严重的重叠。③仔细研读《如何以言行事》第十二章不难验证以上问题，例如，话语"我认为你是勤奋的"，属于"称赞"呢？还是"回答"呢？奥斯汀本人承认，后两种划分存在着分类不清和交叉困难，甚至需要引入新的分类。④尽管如此，奥斯汀对言语行为的创造性工作为塞尔后来的研究奠定了基础，也为塞尔对言语行为的重新分类提供了一个基本架构。

奥斯汀的言语行为思想可概括如下：

言语行为	内容	例子

---

① 奥斯汀（Austin, J.L.）. 如何以言行事. 北京：外语教学与研究出版社，2011, p.121.
② 奥斯汀（Austin, J.L.）. 如何以言行事. 北京：外语教学与研究出版社，2011, pp.151-152.
③ 张韧弦. 形式语用学导论. 上海：复旦大学出版社，2008, p.128.
④ 奥斯汀（Austin, J.L.）. 如何以言行事. 北京：外语教学与研究出版社，2011, p.152.

1. 以言表意行为　　以言表意　"猫在垫子上。"
　a. 发音行为　　　音素　　"猫""在""垫""子""上"的声音
　b. 发话行为　　　语素　　"猫在垫子上"，符合句法音节或语句
　c. 表意行为　　　意素　　"猫在垫子上"的含义和所指
2. 以言行事行为　　以言行事　"我断定猫在垫子上"
3. 以言取效行为　　以言取效　"我断定猫在垫子上"引起的结果
　　　　　　　　　　　　　意料中：听者相信
　　　　　　　　　　　　　意料外：听者不相信

塞尔对言语行为划分的质疑与调整

塞尔在牛津大学做学生时发现，奥斯汀对以言表意行为的描述似乎存在矛盾。[①] 例如，在区分以言表意行为与以言行事行为时，奥斯汀给出的例子如下：

以言表意：他对我说："向她射击"（"shoot her"）。这里"shoot"意指射击，"her"指称她。

以言行事：他催促（建议或命令等）我向她射击（He urges me to shoot her）。

以言表意：他对我说："你不能做它"（"you can't do that"）。

以言行事：他反对我做它（He protested against my doing it）。[②]

但在解释以言表意中的发音行为、发话行为和表意行为时，奥斯汀再一次采用了相同的形式[③]：

他说"我将在那儿"（发话的），他说他将在那儿（表意的）。

他说"出去"（发话的），他要我出去（表意的）。

前一处，奥斯汀用直接引语来确认以言表意行为，用间接引语确认以言行事行为，后一处，他又用直接引语和间接引语分别来区分以言表意行为中的发话部分和表意部分，这种区分形式似乎是相互矛盾的。[④]

再者，根据奥斯汀的看法，说出带有意义的某个句子就是执行了相应的以言表意行为；说出带有力量的某个句子，就是执行了相应的以言行事

① John R. Searle, *J.L. Austin, From a Companion to Analytic Philosophy*, ed by A.P. Martinich, David Sosa, Blackwell,2001,pp.218-230.

② 奥斯汀（Austin, J.L.）. 如何以言行事. 北京：外语教学与研究出版社，2011, pp. 01-102].

③ 奥斯汀（Austin, J.L.）. 如何以言行事. 北京：外语教学与研究出版社，2011,p.95.

④ John R. Searle, Austin on Locutionary and Illocutionary Acts, *The Philosophical Review*, Vol. 77, No. 4 (Oct., 1968), pp. 405-424, p.411.

行为。但是，至少对于有些句子而言，句子的力量包含在它的意义之中，因此意义决定了句子的力量，这样的句子可能没有两种不同的力量，而只是相同力量的不同标签。例如，"我将去那儿"在任何以言行事的力量中都有相同的字面意义，"我承诺我将去那儿"的字面意义本身就表示了承诺，尽管有时它也可能带有其他以言行事的力量，但至少它必然是一句承诺，它的意义决定了它的力量。

从以言表意和以言行事行为中，我们发现存在很大一类句子，动词的意义都涉及以言行事的施为用法，如"承诺""建议""祝贺"等。对它们来说，不考虑它的以言行事，就不能抽象出它的以言表意；抽象出话语的意义必然抽象出话语以言行事的力量。所以，塞尔认为"并不存在不是以言行事行为的表意行为"。[①]

在塞尔看来，在分析言语行为之前我们必须接受三个前提：[②]

1. 可表达性原则。一切被意指的东西都可以被说出。[③]

2. 句子的意义由具有意义的组成成分的意义决定。

3. 话语的以言行事力量或多或少是具体的，存在着区分以言行事行为类型的不同区分原则。

所谓可表达性原则，就是指，因为我们不知道某些语词，或者语言中根本没有我们打算意思的语词时，虽然目前无法表达所意味的东西，但原则上总能通过丰富我们关于语言的知识或语言表达手段，最终表达出我们所意味的东西（"思想所想到的不会没有表达它的语言"也许更能说明可表达性原则）。塞尔认为，一种语言的语词和句法是有限的，但是要丰富它们没有界限，"用给定的语言或某种语言不能表达思想只是一种偶然事实，不是必然真理"。[④]

意义的所有组成成分，不但包括语词和语词顺序，而且包括句子的深层结构和话语的重音和语调。话语以言行事力量的确定可以从四个主要方面做出区分：①行为的要旨或目的，例如，疑问和陈述的要旨不同；②说话者和听话者的地位关系，例如命令和请求在社会或职业地位上具有差别；

① John R. Searle, Austin on Locutionary and Illocutionary Acts, *The Philosophical Review*, Vol. 77, No. 4 (Oct., 1968), pp. 405-424, p.412.

② John R. Searle, Austin on Locutionary and Illocutionary Acts, *The Philosophical Review*, Vol. 77, No. 4 (Oct., 1968), pp. 405-424, p.415.

③ 在 *Speech Acts : An Essay in The Philosophy of Language* 第 20 页塞尔还将之表达为：对于任何意义 X 和任何说话者 S，当 S 意味 X 时（打算用话语表达，希望用话语交流），总可能存在着一个表述 E 使得 E 准确表述了 X。

④ John R. Searle, *Speech Acts: an Essay in The Philosophy of Language*, Cambridge University Press,1969, p.20.

③承诺的强度（the degree of commitment），例如，表达意向和表达承诺之间有区别；④会话或行为的作用，例如对某个话语的回答有别于对它的反对。①

塞尔分析了以言行事行为和以言行事动词之间的区别，认识到不能用以言行事动词来枚举以言行事行为。奥斯汀在《如何以言行事》中曾经说可以列举出 10^3 个以言行事动词②，塞尔认为这种列举应当放弃，因为这些表示以言行事的具体动词表示的要旨在何处开始、在何处结束不能被清晰界定，并且动词表示的以言行事行为也不是互斥的；再者，不同的语言有不同的以言行事动词，以言行事动词是个偶然事实，不同语言下的这些动词相互之间也不是对等的。③ 例如，中文的建议和英语中的"advice"的要旨不会完全相同，"advice"和"suggest"在表达建议时其要旨既不完全相同，也不完全互斥。在相似的意义上以言表意的动词同以言行事的动词情况类似。

塞尔多次强调，以言行事行为是句子意义的功能。在恰当的背景下说出某个有严格字面意义的句子就是在做那个行为。④ 根据可表达性原理，人们要表达带有力量的任何句子都是可能的，即说出带有力量的字面意义的句子是可能的。因此，研究句子的意义和研究以言行事行为不是两个完全不同的研究。奥斯汀把表意行为看作句子的含义和指称，似乎忽视了句子意义中表达以言行事力量的成分，如语调和重音。如果一个人把句子的意义只看作含义和指称，那么他就是把句子的意义看成了语词或短语的意义，而忽视了决定句子意义或力量的其他成分。

需要注意的是，塞尔并没有反对奥斯汀对以言表意和以言行事的划分，他只是认为这种处理方式在实际操作中存在瑕疵。他赞成奥斯汀的如下观点："对于记述式话语（constative utterance），从言语行为的以言行事方面抽取，我们集中在以言表意上……这是在所有环境下被正确说出的思想，……对于施为式话语（performative utterance），我们尽可能关心话语以言行事的力量，从与事实相符合的层面抽取。"⑤ 但是，塞尔认为，以言

---

① John R. Searle, Austin on Locutionary and Illocutionary Acts, *The Philosophical Review*, Vol. 77, No. 4 (Oct., 1968), pp. 405-424, p.416.

② 奥斯汀（Austin, J.L.）. 如何以言行事. 北京：外语教学与研究出版社，2011, p.149.

③ John R. Searle, Austin on Locutionary and Illocutionary Acts, *The Philosophical Review*, Vol. 77, No. 4 (Oct., 1968), pp. 405-424, p.147.

④ John R. Searle, Austin on Locutionary and Illocutionary Acts, *The Philosophical Review*, Vol. 77, No. 4 (Oct., 1968), pp. 405-424, pp.407,412.

⑤ 奥斯汀（Austin, J.L.）. 如何以言行事. 北京：外语教学与研究出版社，2011, pp.144-145.

表意和以言行事的区别，仅仅是以言行事行为的内容和这种行为的力量之间的区别。因此，他建议把以言行事的内容称为命题，把以命题为内容的说话行为称为命题行为。塞尔强调，命题行为不是由整个句子给出的，而是由不包括以言行事力量的那部分句子给出的。"假如指称表达式的意义相同，任何两个包含相同指称和述谓的以言行事行为，我会说它们表达了相同的命题。"[①] 例如，话语"汤姆习惯性抽烟吗？"和"汤姆，请习惯性抽烟！"可以表达相同的命题"汤姆习惯性抽烟"。命题行为实质上是从整个以言行事行为中抽象出来的。塞尔说："相同的命题可以出现在各种以言行事行为中。"[②]

如果用 F 表达所有可能的以言行事行为的力量，p 表示以言行事行为的内容（命题内容），则以言行事行为的形式可刻画为 F(p)。

现在我们可以把塞尔对奥斯汀改进后的观点概括如下：

言语行为	内容	例子
1.发音行为	音素	"我""将""到""那""儿"的声音
2.发话行为	语素	"我将到那儿"的话语
3.命题行为	命题	我将到那儿
	{ 指称 述谓	我 将到那儿 }
4.以言行事行为	以言行事	我承诺我将到那儿
	{ 以言行事力量 命题内容	承诺 我将到那儿 }
5.以言取效行为	以言取效	我承诺我将到那儿
	{ 打算的效果：承诺 意外的效果：威胁	

---

① John R. Searle, *Speech Acts: An Essay in The Philosophy of Language*, Cambridge University Press, 1969, p.20.

② John R. Searle, Austin on Locutionary and Illocutionary Acts, *The Philosophical Review*, Vol. 77, No. 4 (Oct., 1968), pp. 405-424, p,420.

对塞尔划分依据的评论

在纠正奥斯汀对言语行为的逻辑划分时，同奥斯汀一样，塞尔使用了还原话语功能的"还原论"方法，抽离出以言表意中的命题行为，以更加清晰的方式避免了以言表意与以言行事之间存在的混淆，这是值得肯定的。但是，他的上述还原论方法与他的意义整体论思想之间的矛盾也清楚暴露出来。这种矛盾可以从以下两个方面加以说明。

首先，在诊断奥斯汀对言语行为划分之前，塞尔自信地为此给出了三个前提，排在第一位的就是可表达性原则，即一切被意指的东西都可以被说出。但是，波兰尼（M.Plolany）的默会知识很早就告诉我们，"我们能知道的多于我们能言说的"[①]。换言之，在波兰尼看来，只有明述知识才符合塞尔的可表达性原则，而对于诸如游泳、骑车等默会技能，我们既使知道它，却无法用语言表述它。笔者赞同波兰尼的意见，当然，塞尔可表达性原则的错误并没有真正削弱他对言语行为的重新划分，因为这个原则对于"命题行为"的提出，除了画蛇添足之外，实在看不出它起到何种支持作用。

其次，在新著《人类文明的结构》中，塞尔指出，他追随弗雷格，在意义上持整体论立场。"此刻，我看到一个电脑屏幕在我面前，我绝不可能看到我前面的屏幕而看不到我前面有一个屏幕存在。……我看到这个物体，也看到整个事态。"[②]换言之，言语行为或语句的离散性由意识统一起来，并且"我们把名词短语和动词短语看作从整个的句子派生出来的，而不是整个句子看作由名词短语或动词短语的结合而得到的"[③]。但是，他在《奥斯汀论以言表意与以言行事行为》中，把"句子的意义由具有意义的组成成分的意义决定"作为诊断奥斯汀时坚持的第二个前提，并以此为依据指出，言语行为在逻辑上先有命题行为，然后才有表意行为。这里显然存在前后矛盾。如果依据弗雷格的整体论原则，不是命题行为是表意行为的必要条件，而是表意行为是命题行为的必要条件。如果依据塞尔的前提2，虽然可以为塞尔的言语行为新分类做出辩护，但这种"原子论"思想又明显与"整体论"思想相抵牾。

---

① M.Polanyi, *The Tacit Dimension*, London:Routledge & Kegan Paul,1966, p.4.
② 约翰·塞尔 著，文学平、盈俐译．人类文明的建构．北京：中国人民大学出版社，2015，p.74.
③ 约翰·塞尔 著，文学平、盈俐译．人类文明的建构．北京：中国人民大学出版社，2015，p.81.

笔者认为，这种矛盾的出现，触及说话者意义与语句意义之间存在的差别。说话者意义与语句意义不像塞尔认为的那样，"不是两个不同的研究"，而是两个不完全重合的概念。间接言语行为和隐喻的意义不同于语句的意义，就是明证。作为外在表征，说话者意义属于说话者意向性的外在表征的一个子集——主体意向性的表征方式并非都是语言的，也可以以物理因果的方式实现（例如，如果我命令你留下，你不使用任何言语行为，只是以愤然而去作为对我的回答）。

从说话者意义的角度看，意向性与言语行为之间不仅具有内在与外在表征关系，还有前者对后者的因果关系。人的意向性具有"整体性"特征，言语行为也具有"整体性"特征，但是语言自身是离散的。不过"意识却直接解决了它"。而从语词、语序、结构的角度看，语句意义不是言语行为，契合了塞尔的前提2原则。语句意义来自语言离散成分的组合约定，这些约定具有自身的满足条件，同言语行为的满足条件是有区别的。在分析语言意义的问题时，塞尔不加区别地把对"言语行为"研究同"语言意义"的研究等而视之，不能不说是塞尔后来分析制度性事实出现问题的一个基本根源。

奥斯汀提出，一个适当的言语行为要满足六个条件（见前述）。之所以如此，是因为言语行为的恰当执行涉及后来塞尔提出的地位职能——一名政府官员并不能有效地去教堂主持一场婚礼。因此，在奥斯汀那里，任何一种适当的言语行为都将是塞尔的一种制度性实在。而在塞尔对奥斯汀的言语行为论述里，言语行为不具有地位功能，具有同语言的语句一样的地位，不能称之为一种制度性实在。所以，塞尔很自然地将"言语行为"的研究与"语言研究"对等起来。不能不说，塞尔的这种处理方式已经悄悄地改变了奥斯汀的初衷。

笔者认为，在言语行为的逻辑结构划分上，为了避免奥斯汀用间接引语既表示以言表意，又表示以言行事的混乱，引入命题行为是适当的，但因此取消以言表意行为，并把以言表意同以言行事等同起来，是不适当的。记住这一点非常重要，在第二章中我们还需要用到以言表意。以言表意行为本身具有来源自于句法、语词等句子成分的约定力量，这种约定力量不同于以言行事的力量，它决定了语句的意义。以言行事的力量在以言表意的基础上还需要满足奥斯汀的六个条件，是要受到语言之外的社会制度约束的。只受语言规则约束、不受语言外制度约束，这样的满足条件是以言表意的满足条件，不是以言行事的满足条件。以言行事的满足条件需要在以言表意的基础上，再加上来自社会制度的满足条件。塞尔在最近的著作

《人类文明的结构》中间接地表明了这一点。他说："语言由句法、语义和包含超语言的语用的音韵（phonology）构成，这种标准教科书对语言的解释漏掉了某种东西。从根本上讲，其漏掉的是包含在具有一套约定工具之中的承诺的根本成分，这种约定工具对满足条件赋予满足条件进行了编码。"① 换言之，塞尔认为，以言表意的满足条件 A 由句法、语义和音韵构成，以言行事的满足条件 B 由①约定工具中的根本成分具有的满足条件 C，以及②约定工具将满足满足条件 C 赋予了满足条件 A，两部分构成。而满足条件 C 与其说源自约定，勿宁说源自社会制度。

第二节　塞尔论以言行事行为

正如在第一节中介绍的那样，言语行为具有 F(p) 的形式，其中 F 指以言行事的力量，p 代表命题内容，相同的命题内容可以带有不同的以言行事力量。例如：话语"你将要离开房间"和"你离开房间！"有相同的命题内容，前者有预言的力量，后者有命令的力量；相同的以言行事力量也可以带有不同的命题内容，例如，"你要去看电影吗？"和"你什么时候去见约翰？"两者都有疑问的力量，但表达了不同的命题内容。以言行事行为的特征在于以言行事的力量和它所表达的命题内容。

以言行事行为的分类主要根据 F(p) 中的力量 F，而且，力量 F 有时也会对 p 产生一定的要求。塞尔在《以言行事逻辑的基础》（*Foundations of Illocutionary Logic*）中给出了确定以言行事力量的七个因素，并且根据这七个因素对以言行事行为进行了分类，以此简化在前期《表述和意义：言语行为理论研究》② 中给出的对以言行事分类的十二条标准。③ 本节打算先用塞尔前期的十二个标准，说明他对以言行事的分类，然后对其提炼，说明以言行事力量的七个因素。注意，由于命题行为只是以言行事行为的一部分，它的出现必然伴随以言行事行为。④

---

① John R. Searle, *Making the Social World: The Structure of Human Civilization*, Oxford University Press, 2010, p.87.

② 英语的 acts 通常指具体的行为，action 对应着汉语中的行动，表达的是行为的抽象。所以我认为 Expression and meaning: studies in the theory of speech acts 中的 acts 译为行为更合理。

③ John R. Searle. 表述和意义：言语行为研究. 外语教学和研究出版社，剑桥大学出版社，2001,pp.2-8.

④ John R. Searle, *Speech Acts: An Essay in The Philosophy of Language*, Cambridge University Press, 1969, p.29.

以言行事的 12 条分类标准

1. 行为的目的（purpose）或要旨（point）不同。[①]

顾名思义，行为的目的或要旨就是指以言行事行为的根本目的，塞尔把它统称为以言行事的要旨（illocutionary point）。命令的要旨是想让听者做某事，承诺的要旨是说话者承担做某事的责任。以言行事行为有五种以言行事的要旨，它们分别是：Ⅰ. 断定的要旨（⊢）（the assertive illocutionary point），意指说话者把一个命题描述为话语世界中的一个事态；Ⅱ. 承诺的要旨（C）（the commissive illocutionary point），意指说话者让自己承担由命题内容表征的行动；Ⅲ. 指令的要旨（!）（the directive illocutionary point），意指说话者试图使听者执行由命题内容表征的行动；Ⅴ. 宣告的要旨（D）（the declarative illocutionary point），意指说话者凭借自己言语行为的成功执行，实现由命题内容表征的事态；Ⅵ. 表态的要旨（E）（the expressive illocutionary point），意指说话者的命题内容表征的事态，表达某种心理态度，[②] 例如，"恭喜你比赛夺冠！"注意，虽然行事的要旨是以言行事分类的主要条件，但它只是众多条件中的一个。要精准区分不同的以言行事力量，区分出不同的以言行事行为，仅仅凭借以言行事的要旨是不够的。例如，命令和恳求具有相同的以言行事要旨，目的都是使听者做某事，但两种行为在力量上存在明显差别。

2. 语词和世界的适应方向（direction of fit）不同。[③]

适应方向是指以言行事的力量把命题内容和现实世界联系起来的方式。以言行事力量的适应方向有四种情况，它们是：Ⅰ. 语词到世界的适应方向，要求以言行事行为的命题内容适应外部世界已存在的事实，记为 F↓。Ⅱ. 世界到语词的适应方向，要求改变外部世界以适应以言行事的命题内容表征的事态，记为 F↑。Ⅲ. 双适应方向：一方面，以言行事的命题内容要适应世界正在发生的事态，另一方面正在发生着的事态要适应话语表达的命题内容，记为 F↕。Ⅴ. 无适应（零适应）方向，这种以言行事的力量同适应方向无关，记为 FØ。根据适应方向的类型，我们很容易看出，"陈述"话语的力量具有语词到世界的适应方向，"承诺"话语的

---

① John R. Searle. 表述和意义：言语行为研究. 外语教学和研究出版社，剑桥大学出版社，2001, p.2。

② John R. Searle, Daniel Vanderveken, *Foundations of Illocutionary Logic*, Cambridge, Cambridge University Press,1985, pp.37-38.

③ John R. Searle. 表述和意义：言语行为研究. 外语教学和研究出版社，剑桥大学出版社，2001, p.3.

力量具有世界到语词的适应方向，"任命"话语的力量具有双向的适应方向，"感谢"话语的力量无适应方向。

3. 表现出来的心理状态（psychological states）不同。[①]

一般来说，说话者在说出带有命题内容的以言行事行为时，总是带有对待命题内容的态度、心情等，例如"恭喜你赢得比赛"表现了说话者高兴的心理状态，"我断定救人的无名英雄是小张"表现出来的心理状态是信念，"为中华之崛起而读书"表现了说话者做某事的意愿。塞尔把话语表现出来的这类心理状态称为以言行事的真诚性条件，真诚性条件总依赖于以言行事的力量[②]，换言之，话语表现出的心理状态是以言行事力量所固有的。具有"信念"心理状态的话语类型有：陈述、断定、评论、解释、假设（postulations）、宣告、推理（deductions）和论辩（arguments）；具有"意向"（intention）心理状态的话语类型有：承诺、起誓、威胁和保证；具有"渴求"（desire）或"想要"（want）心理状态的话语有：请求、恳求、乞求；表现出高兴心理状态的话语有：祝贺、欢迎等。[③]

以上三个方面是划分以言行事行为 F(p) 的主要依据。除此之外，以言行事还有以下 9 个方面上的差别：

4. 以言行事的要旨具有的强度（strength）不同。[④]

大部分以言行事行为可以用不同的力量强度实现。例如，"我建议咱们去看电影"与"我坚持咱们去看电影"具有相同的以言行事要旨，但具有不同的强度；"我猜是比尔偷了钱"和"我郑重担保比尔偷了钱"具有相同的要旨，但前者比后者的强度要弱。

5. 说话者与听话者的地位不同，使得话语的以言行事力量产生的影响不同。[⑤]

例如，士兵请将军把房间整理一下可能是建议，不会是命令，而将军请士兵把房间整理一下则很可能是命令。我们也可以将（5）反过来理解，认为有些以言行事行为预设了说话者与听话者的地位。当然，这两种说法

---

① John R. Searle. 表述和意义：言语行为研究. 外语教学和研究出版社，剑桥大学出版社，2001, p.4.

② John R. Searle, Daniel Vanderveken, *Foundations of Illocutionary Logic*, Cambridge, Cambridge Uuniversity Press, 1985,p.45.

③ John R. Searle. 表述和意义：言语行为研究. 外语教学和研究出版社，剑桥大学出版社，2001, p.5.

④ John R. Searle. 表述和意义：言语行为研究. 外语教学和研究出版社，剑桥大学出版社，2001, p.5.

⑤ John R. Searle. 表述和意义：言语行为研究. 外语教学和研究出版社，剑桥大学出版社，2001, p.5.

之间的侧重点是不同的，稍后我们将在介绍第十条时再次说到这一点。

6. 话语同说话者和听话者利益关联的方式不同。[①]

例如，恭喜、道贺的关注点在于听话者，而命令、请求的关注点似乎更偏向于说话者。我们能够轻易判断出人们在说出炫耀和吊唁两种话语时，前者的关注点在于说话者，后者的关注点在于听话者。

7. 与其他话语（discourse）的关系不同。

有些施为表述用于将自己的话语和其他话语相关联。例如，"我反对××""我答复××"，能够体现这种关系的还有"但是""因此""此处"等类似的连词或索引词。

8. 以言行事力量指示手段（illocutionary force indicating devices）决定的命题内容不同。[②]

在许多情况下，以言行事的力量 F 对命题内容 p 施加着某些条件。例如，当说话者承诺时，承诺的内容一定是说话者在将来做出某个行为，任何人都不能为过去的行为做承诺，也不能对别人的行为加以承诺。同样的，说话者道歉必须是为过去的事情道歉。

9. 一定始终是言语行为和不一定是言语行为的区别。[③]

塞尔认为，有些情况下，我们虽可做出言语行为但并非一定要做出言语行为。[④] 例如，为了将事物归类，我们可以用言语行为"我把 x 归为 A 类，y 归为 B 类"来执行，也可以不用言语行为而直接把 x 放入 A 盒子，把 y 放入 B 盒子。但与上例不同，"我承诺爱你到白头"似乎只有通过言语行为才能表达。

10. 要求语言外的制度与不要求语言外的制度上的区别。[⑤]

有些话语在完成以言行事时需要语言外的制度，制度规定了说话者和听话者具有某种特殊地位（关于制度的地位职能将在本书第四章详细讲述）。例如，逐出教会、宣布有罪、判发点球、宣战等。这一条同第五条的区别在于，如果话语不具备某些语言外的条件，该以言行事行为是不成

---

① John R. Searle. 表述和意义：言语行为研究 . 外语教学和研究出版社，剑桥大学出版社，2001, p.6.

② John R. Searle. 表述和意义：言语行为研究 . 外语教学和研究出版社，剑桥大学出版社，2001, p.6.

③ John R. Searle. 表述和意义：言语行为研究 . 外语教学和研究出版社，剑桥大学出版社，2001, p.6.

④ John R. Searle. 表述和意义：言语行为研究 . 外语教学和研究出版社，剑桥大学出版社，2001, p.7.

⑤ John R. Searle. 表述和意义：言语行为研究 . 外语教学和研究出版社，剑桥大学出版社，2001, p.7.

功的。例如，牧师可以对教徒说"我解除你的教籍"，但教徒不可对牧师说出同样的话。第五条中所指地位上的差别，只是影响以言行事行为产生的效果，而不是实施以言行事行为的前提。例如，话语"请您整理一下您的房间"既可以由牧师向教徒说出，也可以由教徒向牧师说出。塞尔指出，并非所有的身份或地位都来自社会制度，例如，武装抢劫犯要求受害者举起手来，这时的言语行为具有的地位就不来自制度，仅仅凭借歹徒手中有枪。这种情况说明，在完成言语行为时，有些物理性的因果关系在完成以言行事行为时也是必要的，有关行动因果关系的说明，见第二章第一节的行动和理由。

11. 相应的以言行事动词具有施为用法（performative use）和不具有施为用法的区别。①

大多数以言行事动词都有施为用法，但也有些以言行事动词没有施为用法。例如"命令""请求"具有施为用法，"威胁"和"炫耀"就没有施为用法。用来表示威胁和炫耀的以言行事行为，只能以隐性的方式表达，不能将"威胁"和"炫耀"这样的动词直接用在对应的言语行为中，否则看上去会很奇怪。

12. 执行以言行事方式上的区别。②

有些以言行事动词只作为以言行事执行方式的标识，在以言行事要旨和命题内容上没有任何区别。如公开声明和私下透露。由此我们也可看出，虽然以言行事类型是用以言行事动词表述的，但和以言行事动词本身要区分开来。

以言行事行为的类型

参照以上 12 条标准，塞尔把以言行事分成了如下五种类型：③

1. 断定式言语行为（Assertives）

这种类型的以言行事要旨是断定，即说话者承诺被表达命题对应着世界上的一个事态，它的真、假在命题内容与事实相符合的意义上是可评价的。④ 断定式行为的适应方向是从语词指向世界，表达的心理状态是信念

---

① John R. Searle. 表述和意义：言语行为研究. 外语教学和研究出版社，剑桥大学出版社，2001, p.7.

② John R. Searle. 表述和意义：言语行为研究. 外语教学和研究出版社，剑桥大学出版社，2001, p.8.

③ John R. Searle. 表述和意义：言语行为研究. 外语教学和研究出版社，剑桥大学出版社，2001, pp.12-20.

④ 详细分析见：第四章第四节，"真理：对塞尔符合论的再思考"。

(belief)。可以符号化为├↓ B（p）。[1] 塞尔强调，断定式话语在真、假层面上是可确定的，像建议（suggest）、陈述、作证（testify），虽然这些施为动词的信念度不同——作证的信念度高，建议的信念度低，但是，就和疑问的区别而言，它们是一样的。检测断定式最简单的方式是：本质上你可以把它刻画成真的或假的。[2]

2. 指令式言语行为（Directives）

这类以言行事的要旨是指令，适应方向是从世界到语词，心理状态是想要（want）（希望或渴求），命题内容总是听话者在将来做出行为 A。这种类型的以言行事行为可以用符号！↑ W(H does A) 表示。塞尔认为，疑问也属于指令类型，因为说话者想让听话者执行的言语行为是做出回答。

3. 承诺式言语行为（Commissives）

这类以言行事的要旨是承诺，适应方向是从世界到语词，心理状态是意图（intention），表达的命题内容总是说话者将来做出某个行为。这种类型的以言行事行为可以用符号表示为 C ↑ I (S does A)。塞尔提醒我们注意，承诺式行为与指令式行为的区别在于前者的以言行事要旨是说话者负责做某事，后者的要旨是让听话者做某事。

4. 表态式言语行为（Expressives）

这类行为的要旨是表达对命题内容所指事态的心理状态，表态式行为没有适应方向，因为这类行为已经预设了命题内容为真，例如，"我为踩了你的脚道歉"，"恭喜你赢得了这场比赛"，命题内容"我踩了你的脚"和"你赢得了这场比赛"的真都是被预设的。塞尔指出，表态式行为的命题内容所指事态必须和说话人或听话人相关。例如，我可以恭喜你取得的成绩，甚至也可以恭喜你漂亮的容颜，但不能向你恭喜牛顿第一运动定律。我们用 P 来表示表态式要旨各种可能的心理状态，这种以言行事行为被符号化为 E∅(P)(S/H + property)。

5. 宣告式言语行为（Declarations）

执行宣告式行为的典型特征就是连接、实现命题内容和现实的对应关系。如果我成功地执行了宣告"任命你为主席"，那么你就是主席。塞尔指出，宣告句要被成功执行，除了语言的构成规则之外，还需要我们以上讨论的语言外的制度（另一种构成规则）——在这种制度下，说话者和听话者要拥有某些特殊的地位。仅掌握那些语言的构成规则对于成功执行这

---

① B 代表信念。

② John R. Searle. 表述和意义：言语行为研究. 外语教学和研究出版社，剑桥大学出版社，2001, p.13.

种言语行为来说是不充分的。例如，逐出教会、宣判有罪、判发点球、宣战等（执行这些言语行为需具有社会公认的社会地位）。这类行为的要旨是宣告，具有双向适应方向。由于宣告式行为对心理特征不作要求，所以该形式中的心理状态未用表示。宣告式符号化为 $D\updownarrow\varnothing(p)$。

塞尔对宣告式行为的分析非常细致，他在《表述和意义：言语行为理论研究》中给出了两种特殊的宣告式行为。一种是具有超自然力的宣告，如：上帝说"出现光"于是有了光；另一种是只涉及语言自身的宣告，例如，我把 A 定义为 B，我把 ** 缩写为 ××，这两种行为都没有涉及社会制度。

此外，塞尔指出，宣告式行为与断定式行为出现了交叉。例如，裁判或法官在宣判时，不仅仅是在宣告，也是在做断定。他把这种特殊的宣告式称为断定式的宣告。断定式的宣告特殊性在于：它是为了结束关于争议为真的辩论，继续进行解决实际问题的制度流程（institutional steps），因此，我们需要用宣告的力量表达出这种断定。塞尔把断定式的宣告符号化为 $D_a\downarrow\updownarrow B(p)$。

塞尔审慎的研究态度和细微的分析方式值得肯定，但笔者认为，他区别的两种特殊宣告式值得进一步分析。因为，根据奥斯汀的标准，话语成为施为句的前提是存在着一个已被接受的约定流程，并且说话者正确地执行了这个流程。[①] 对于超自然的宣告来说，例如上帝说"出现光"，于是有了光，话语"出现光"和"产生光"之间不存在约定流程，"产生光"是靠上帝超自然的力量实现的，这种行为不符合奥斯汀为以言行事给出的条件。人类不是上帝，没有超自然的力量，无法凭借宣告"煮熟鸡蛋"就可以让鸡蛋蹦进锅里。物理层面上发生或存在的事情，包括受科学定律支配的事情，塞尔称为"无情性事实"brute facts，如：地球表面上充满了水，万有引力的反平反定律，这块石头紧挨那块石头等。[②] 言语行为只能依赖约定做事。我们可以把"煮熟鸡蛋"视为一个指令式的言语行为，决不能视为一个宣告句。宣告句不会产生无情性事实。有关无情性事实和制度性事实（institutional facts）的论题将在第四章展开。

对于只涉及语言自身的宣告，笔者认为没有必要单独把它隔离出来。例如"我们把亚太经合组织简称为 APEC"，这种宣告句的确属于宣告式行为，但它也并非像外表看上去的那样只涉及语言。事实上，和其他宣告句一样，这样的宣告句也渗透着语言外的社会制度（不太明显），它是一

① 参见本章第一节，"从奥斯汀谈起"。

② 塞尔. 言语行为：语言哲学论 [M]. 北京：外语教学与研究出版社,2001,p.50.

种允许我们利用语言制定新规则的制度,这和语言自身的规则是有区别的。塞尔所谓的特殊的宣告式完全符合我们对宣告式行为的一般说明。

塞尔认为宣告式和断定式产生了交叉,固然不错,它们都具有从语词向世界的适应方向。但是,塞尔区分出断定式的宣告的结果,很自然使我们认为,除此之外,还存在着不含断定的宣告式,这显然是一种误导。此外,塞尔还说,"认为所有的施为句都是宣告句是正确的"[①]。这一点笔者也不能同意,因为这句话就等于说,所有的言语行为都是宣告句,如此,宣告式作为一种独立的以言行事的类型便没有必要了。笔者认为,所有宣告句都毫无例外地表达有断定的力量,这一点我们可以从宣告的符号表达中代表双适应方向的向下箭头看出来。例如,一个成功的宣告句"张三为上海市市长",双适应方向中向下箭头(语词到世界)就表达了对张三当市长的断定。众所周知,以言行事行为的必要条件是以言行事必须符合已有的约定,不同类型的以言行事行为实质上反映着它们各自的约定(x 在背景 c 下被视为 y),我们固然可以像塞尔那样把所有的施为句都看作宣告式,接受这样的约定,但是如此一来会导致一种极其讨厌的结果,即宣告句和其他类型的以言行事产生无穷交叉。塞尔自己也说:"……把'我宣告'看作执行宣告句的前缀的情况如何呢,是在做出一个宣告的宣告吗?这样的后退究竟能走多远呢?"[②]因此,笔者认为,我们不需要再区分什么"宣告式的断定",也不需要把所有的施为句看作宣告句,只需要回到塞尔对宣告句的最初说明就够了。

与奥斯汀对以言行事的分类相比,塞尔的分类更细致、更深入。但是,我们也看到,塞尔给出的 12 条标准中,只有 1、2、3、6、8、10 六条标准真正用在了以言行事行为的分类上,4、5 两条标准只是说明同一种以言行事行为存在力量上的差别,剩下的 7、9、11、12 四条标准和分类更没有关系,仅仅为了促进我们对以言行事行为的理解。以上的 12 条标准固然有助于我们厘清什么是以言行事行为以及它的分类,但是这些标准稍显繁杂,相比而言,以塞尔和凡德威克在 1985 年出版的《以言行事逻辑的基础》中给出的以言行事力量的七个因素来确定以言行事的类型更好,但即使如此,对于以言行事行为类型的划分,下文中的 B 和 G 仍然是多余的。

① John R. Searle, How Performatives Work, *Linguistics and Philosophy*, Vol. 12, No. 5 (Oct., 1989), p.541.

② John R. Searle, How Performatives Work, *Linguistics and Philosophy*, Vol. 12, No. 5 (Oct., 1989), p.541.

塞尔认为构成以言行事力量的七个因素分别是：[①]

A.以言行事的要旨，其定义同上文的标准1。

B.以言行事要旨的强度，指两个以言行事要旨相同情况下，要旨在实现强度上的差别，基本同标准4。

C.实现模式，意指实现有些以言行事要旨所必需的特殊条件。例如实现一个命令的要旨，实现模式要求说话者比听话者拥有更高的权力地位。这有些类似于标准10。

D.命题的内容条件，指以言行事的力量 F 对命题内容 p 施加的限制。基本同标准8。

E.预备条件，即说话者在执行以言行事行为时拥有的预设。有时这种预设是以言行事的力量所固有的。例如，说话者道歉时预设了说话者对某事负有责任，并且该事件对听话者来说是坏事。有时这种预设是命题内容所固有的。例如，"我命令你停止殴打你的妻子"预设了你有妻子并且一直在殴打她。这一点在上文的标准里找不到对应。

F.真诚条件，其定义同上文的标准3。

G.真诚条件强度，如同以言行事要旨可以有强度上的差别，真诚条件也可以表现出不同的强弱。例如，同样具有渴求心理的以言行事行为，乞求的真诚条件强度大于恳求，恳求的大于请求。

注意，塞尔虽然没有明确把命题内容和世界的适应方向归入以言行事力量的以上因素中，但是适应方向应当是以言行事要旨的应有之意。只有以言行事的要旨具备了适应方向，各种类型的以言行事行为才可能产生相应的满足条件，才能判断一个断定是真的还是假的，一句承诺是否得到了遵守，一个命令得没得到执行。

概言之，无论是依据以言行事分类时给出的 12 条标准，还是以言行事力量的七个因素，我们都可以充分地把以言行事行为分为五个类型。但是，从更系统、更有条理的层面上，笔者更青睐后者。事实上，塞尔和范德威克正是运用后者并借助于集合论知识，创建了以言行事的逻辑系统。这种逻辑系统的可靠性和完全性，业已由我国学者蔡曙山先生证出。

---

① John R. Searle, Daniel Vanderveken, *Foundations of Illocutionary Logic*, Cambridge, Cambridge University Press,1985, pp.13-20.

第三节　论字面意义

在塞尔之前，人们很少质疑语句的字面意义，认为语句当然具有字面意义[①]，不曾想到，塞尔的《字面意义》一文掀开了学者们对字面意义的激烈争论。在字面意义的问题上，哲学家、语言学家甚至心理学家对待字面意义的态度逐渐分成两派：一派认为存在字面意义，如卡茨（Jerrold J. Katz）[②]和戴斯卡尔（Marcelo Dascal）[③]；一派认为不存在字面意义，如克纳普（Steven Knapp）和迈克尔斯（Walter Benn Michaels）[④]。塞尔本人不否认存在字面意义，但是他认为："这种语义内容只在一种由文化的和生物的技能构成的背景之下才起作用，正是这种背景性技能才使得我们能够理解字面意义。"[⑤,p.151]本节的主要目的不在于得出一个判决性结论，而是要探究塞尔对字面意义所做的具有启发性的分析以及他从意向性角度为字面意义给出的解释。

不简单的字面意义

人们一般倾向于认为，语句具有字面意义，语句的字面意义由语句的组成成分语词和组合它的句法规则所决定。语句的意义不同于表述它的说话者意义，因为说话者意义可能以各种不同的方式偏离语句的字面意义。例如，在隐喻话语中，说话者意义不等于语句意义（例如，人生的"舞台"）；在反讽话语中，说话者意义和语句意义完全相反；在间接言语行为中，说话者传达出比语句意义更多的意义。只有在部分情形下，说话者意义才完全等于语句意义（例如，"猫在垫子上"通常意味有一只猫在垫子上）。

或许有人会认为，讨论"语句的字面意义"是多余的，因为反讽意义、隐喻意义和间接言语行为根本不是语句的性质，而是话语的性质。但是，由于字面意义对于构成形式语义和语用语义都非常重要，所以对它的研究

[①] 摩尔、维特根斯坦后期等日常语言学派虽然强调从使用角度考察语词或语句的意义，但都没有明确分析字面意义。

[②] Jerrold J. Katz, Literal Meaning and Logical Theory, *The Journal of Philosophy*, Vol.78, No.4(Apr., 1981).

[③] Marcelo Dascal, Defend Literal Meaning, *Cognitive Science 11*, 259-281 (1987).

[④] Steven Knapp and Walter Benn Michaels，Reply to John Searle, *New literary History*, Vol. 25, NO. 3. 25th anniversary Issue(part 1) (Summer, 1994).

[⑤] 约翰·塞尔著，刘叶涛译 . 意向性——论心灵哲学 . 上海：上海世纪出版社，2005.

并不是无关紧要的。

按照弗雷格的传统，一个陈述句的意义就是该语句的成真条件，知道它的意义就是知道它的成真条件。在很多时候，语句的成真条件会随着话语的语境发生变化，例如，"我饿了"由某个人在某种情况下说出是真的，而由另一个人或由同一人在另一个场合下说出是假的。和陈述"雪是白的"不同，所有带"索引词"或"具象反身词"（token reflexive）的语句都带有语境依赖，前者的真值条件一般不会随语境的变化而变化。虽然存在语境干扰的种种情况，但语句的字面意义似乎是"语境无关的"（context free），因为即使在索引句中，字面意义也没有随语境的变化而变化。时间的变迁也许会产生意义的变化，但在这种情况下，语句的意义也是语境无关的。概而言之，虽然语境影响语句的真值条件，但它并没有影响到字面意义。塞尔部分赞成这种观点，但是拒斥行为主义的替代观点（behavioristic surrogates）。[①] 行为主义认为，意义不完全是经验的，它们应当用说话者和听话者的刺激、反应模式加以说明。

塞尔认为，尽管以上勾画的意义理论在很大程度上是正确的，特别是在刻画语句意义和说话者意义的区别上是正确的，但是，将语句意义看作与语境无关却是错误的。[②] 因为语句意义只相对于一组背景假设（hypothesis of the background）才有意义，这些背景假设不会也不可能在句子的语义结构中被认出，如同预设和语句真值条件的索引依赖不可能在语句的语义结构中被认出一样。

我们以语句"猫在垫子上"为例说明塞尔的思想。乍一看，"猫在垫子上"具有独立于任何语境的字面意义。然而当它被用于做出一个陈述时，人们可能会问，哪只猫在哪张垫子上以及什么时间什么地点猫在垫子上。一般而言，我们不会对像"猫在垫子上"这样的话语发出疑问，因为我们理解的意义包含了它依赖的语境，并且，如果说话者认为这句话的意义不够清楚时，通常都会增加一些句子的索引成分，例如，这只猫此时此刻在这张垫子上，或这只猫半小时之前在这张垫子上。我们甚至可以用具体的时空坐标来完全替代句中的"这只""那张"等这样的索引词。例如，具有如此特征的猫在某个时间处于某个位置上。索引成分的作用是将句子的恒定意义固定在话语的具体语境下，但是，这种不变的意义是什么呢？塞尔用下图表述了"猫在垫子上"的意义。

---

① John R. Searle. 表述和意义：言语行为研究 . 外语教学和研究出版社，2001, p.119.

② John R. Searle. 表述和意义：言语行为研究 . 外语教学和研究出版社，2001, p.120.

图 1–1

一般认为，"猫在垫子上"表达的意思是猫和垫子处于图 1–1 所示的关系中。尽管如此，语句意义同图 1–1 显示的也不完全一样。例如，该语句的真值条件还可能是猫站在或坐在垫子上，同时它的脸朝向另一个方向。塞尔设想，即使我们承认该语句具有模糊性，忽略猫有一半在垫子上，一半不在垫子上的情况，如果猫和垫子完全处在上图所示的关系中但它们是自由漂浮在外太空中（例如在银河系中），由于没有一个东西在另一个东西上面这样的重力场，猫还在垫子上吗？图 1–1 描述的内容包括了地球的引力场了吗？就猫和垫子自由漂浮在太空中而言，如果没有进一步的假设，我们倾向于认为那种情况也不是语句"猫在垫子上"的清楚、正确的使用。可见，尽管图画并没描述出地球的重力场，它也只是相对于背景假设而言的。

塞尔提出，既然语句的字面意义背后是一套背景假设，那么为什么不把这些假设当作语句真值条件的一部分呢？[①] 如同"当今法国国王是秃子"中的"是秃子"只适用于存在着法国国王的情形一样，"猫在垫子上"描述的意义也只适用于地球或类似于像地球这样具有重力场的天体附近。也就是说，我们把假设也看作句子意义的一部分。但是，塞尔认为，这也不能解决我们的困难。首先，"猫在垫子上"的字面使用并非总要求重力场，我们很容易构造出一些反例。例如，我们被固定在外太空的宇宙飞船里，看到一对对的猫和垫子在我们身边漂过，这时不论我们把猫和垫子的关系描述为图 1–1 的情况，还是它的颠倒，如果我问，猫在哪儿，听话者说"猫在垫子上"，那么这句话完全表达了它的字面意义了吗？再者，即使我们把所有有关重力场的假设都表征为该语句内容的一部分，我们还要面对其他一些语境假设。例如，空间关系如图 1–1 的猫和垫子，发生在地球表面，但是它们都被一条条错综复杂的看不见的细线拴着，虽然猫轻轻地接

---

① John R. Searle. 表述和意义：言语行为研究. 外语教学和研究出版社，2001, p.123.

触垫子，但一点力也没有施加，那么猫还在垫子上吗？因此，"猫在垫子上"不适用于这种语境假设，此时的"猫在垫子上"也没有明确的真值条件。为了使语句的意义清楚明白，我们往往要为它提供更多的语境说明，例如，猫和垫子用在舞台表演中，拉线是为了方便道具的快速移动，让猫从椅子上到垫子上再到桌子上，导演喊"猫在哪儿"，助理说"猫在垫子上"。语句字面意义的语境依赖的复杂性由此可见一斑。

或许有人认为，以上反例的确说明语句字面意义的应用依赖着背景假设，但是，数学语句的意义不依赖于背景假设。例如，语句"3+4=7"，它的字面意义的应用不依赖任何语境。即便如此，像加号这样的算术运算符也需要一些背景假设，例如 A=3，B=4，我们不能用如下方式解释 A+B=5。（如图 1–2）

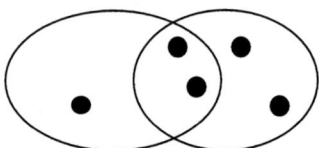

图 1–2

因此，塞尔断言：很多像"猫在垫子上"这样毫不模糊的语句，只相对于一组背景假设才适用于字面意义。[①]绝对语境无关的字面意义一般不适用于语句。[②]总之，塞尔没有放弃字面意义，认为字面意义依赖于背景如同物体的运动依赖于坐标系（亦可称为参照系），与引入坐标系并不是在否认物体有运动一样，引入背景也不是在否认语句的字面意义，语句的字面意义只相对于一组背景假设。注意，语句的字面意义不同于说话者意义，在说话者意义中起作用的是话语的语境，而在字面意义中起作用的是背景假设。[③]

意向性状态和背景

从某种意义上讲，我们有很多心理状态是指向世界上的对象和事态的。例如，如果我有一个信念，则一定是关于事情是如此这般的信念，如果我有一个希望或渴求，则一定是希望或渴求做某事，如果我害怕，则一定是害怕某事或发生某事，塞尔把心理状态中的这种指向性特征称为意向性。[④]

---

① John R. Searle. 表述和意义：言语行为研究 . 外语教学和研究出版社，2001, p.125.
② John R. Searle. 表述和意义：言语行为研究 . 外语教学和研究出版社，2001, p.132.
③ John R. Searle. 表述和意义：言语行为研究 . 外语教学和研究出版社，2001, p.134.
④ John R. Searle, What is Intentional State, *Mind, New Series*, Vol. 88, No. 349(Jan., 1979).

意向性状态（intentional state）就是具有意向性的心理状态，是一种特殊的心理状态。并非所有的心理状态都是意向性状态，例如莫名的烦躁，它在上述意义上不指向外部世界。意向性状态也不同于意识状态，例如，虽然我相信"地球是圆的"，但它与我当下的意向可能全不相关；有些意识状态也不是意向性状态，例如疼痛。

意向性状态有两部分组成。一部分是具有表征的可能事态或满足条件的表征内容，可能事态或表征内容使意向性陈述（intentional statement）"关于"事物成为可能。另一部分是表征内容的心理模式，心理模式决定着外部世界与表征内容的关系。[1] 意向性状态的结构类似以言行事行为的结构，同以言行事行为一样，意向性状态具有不同的适应方向。例如，信念（belief）具有"心灵到世界"的适应方向，意向（intention）或渴求具有"世界到心灵"的适应方向，也有些意向性状态没有适应方向，像难过和高兴。类似于以言行事行为，意向性状态也有满足条件，例如，一个信念被满足，当且仅当事情是信念中的那个样子，一个渴求被满足，当且仅当它们被实现，一个意图被满足，当且仅当它们由主体所执行。仿照以言行事行为的符号化形式 F(p)，塞尔将意向性状态符号化为 S(r)，其中 S 代表心理模式，r 代表意向性状态的表征内容。[2] 顺便指出，以上意向性状态与言语行为的相似性并不说明两者是一种平行关系，塞尔认为，言语行为中的话语和世界上的其他对象一样，它们的表征能力不是内在的，它源自心灵的意向性，因此，语言哲学是心灵哲学的一个分支。[3]

人类有很多意向性状态，彼此之间相互交织，形成一个网络，并且网络中的每一种意向性状态都不是在以相互独立的原子方式发挥作用。[4] 例如，一个意图竞选美国总统的人，一般而言，他有如下信念：美国实行的是共和制，总统定期选举，在选举中由两个政党的候选人角逐总统职位；除此之外，一般他还会有如下渴求：更多的人效力于他的竞选提名，选民投他的选票等，在这样的意向性状态网络中我们无法知道哪一个才是该行为主体的根本意图。不仅如此，以上这些信念和渴求还只是更大更加复杂的心理状态的一部分。例如，他可能具有希望、担心、焦虑和期盼等附属的意向性状态，还可能有挫败、满足的情感等。如果想进一步理清这种网络中各种意向性状态彼此之间的头绪，以及对每一种意向性状态做详细

---

[1] 对意向性状态的详细分析见第二章，p.74。

[2] John R. Searle, What is Intentional State, *Mind, New Series*, Vol. 88, No. 349(Jan., 1979), p.76.

[3] 约翰·塞尔著，刘叶涛译. 意向性——论心灵哲学. 上海：上海世纪出版社，2005, p.1.

[4] John R. Searle, *Intentionality*, New York, Cambridge University Press,1983, p.141.

说明，我们发现这几乎是不可能的，因为，首先网络中的很多意向性状态是无意识的，我们不知道如何才能把它提取出来。其次，网络中的意向性状态不是单独的，例如，我们无法脱离已有的知识背景而理出一个完全独立的信念。第三，如果我们要把各种信念列出一个清单，将这些信念放入一个命题集，我们很快会发现这个命题集中的很多命题是很可疑的，因为它们是如此基本，以至于无法被视为信念（哪怕是无意识的信念）。例如选举总统时的信念：选举要在地球表面举行，人们脚下踩的一般是固体物质，人们清醒时才能投票，物体对触摸和按压有阻力等。这些信念和美国每四年进行一次总统选举、较大的州比较小的州有更多的选票等信念彼此关联。一个人可能不会意识到"较大的州比较小的州有更多的选票"这样的信念，但要说此时他怀有"我工作的桌子对触摸产生阻力"这样的信念显然不妥，我们并不是说这些信念是错的，只是说主体不必另外考虑这些东西。

如果我们尽力厘清网络中的各种意向性状态，我们必然会发现意向性状态背后的心理能力，心理能力（mental ability）自身不是意向性状态，却是形成意向性状态的先在条件。塞尔把这种形成意向性的先在条件称作背景（background）。① 塞尔的背景是拥有意向性动物的一类特有能力，完全不同于人们常说的语境（context）。

背景是一组非表征性的心理能力的集合，它能使所有的表征发生。② 意向性状态仅仅相对于背景才有它们自己的满足条件。一个人要有意向性状态，必须要有某些技能或默会知识（knowing how），如知道事物是什么样子，知道如何做事等。但是，这些技能并不是以命题知识（knowing that）或明述知识的形式出现的。例如，要形成如下一个意图：去冰箱拿瓶啤酒喝。为了完成这项任务，我们使用的生物的和文化的资源大得惊人：站起来、行走、开门、关门、操作瓶子、杯子、冰箱、倒出、喝。这些能力的使用会涉及呈现（presentations）和表征（representations）③，例如，要开门我必须看见门，但是识别门和开门的能力自身并不是表征，这种能力构成了背景。

塞尔把背景分为深层背景（deep background）和局部背景（local background）。④ 深层背景包括人类凭借其生物性构造所共有的能力，例如，

---

　① John R. Searle, *Intentionality*, New York, Cambridge University Press,1983, p.143.

　② John R. Searle, *Intentionality*, New York, Cambridge University Press,1983, p.143.

　③ 对表征的说明见本章第四节。

　④ John R. Searle, *Intentionality*, New York, Cambridge University Press,1983, pp.143-144.

行走、吃饭、理解、感觉、识别的能力，以及那些解释确凿事物（solidity of things），独立于人或对象的前意向立场（preintentional stance）。局部背景包括诸如开门，从瓶子里喝到啤酒以及面对像金钱、汽车、冰箱等事物时采取的前意向立场。局部背景也称为局部文化实践（local cultural practises）。换言之，塞尔认为，深层背景是以人的自然或生理属性为基础的感知、应对自然环境的生物性能力。说是能力，事实上这种能力包含的不仅有表现为固有的生物性技能或默会知识，还有已经形成的各种明述知识或已具有的知识网络；所谓局部背景，就是在当下时空场境下，在场的人应对环境时表现的能力，这种能力不仅包含当下表现的生物性技能或正在使用的默会知识，还包含正在当下使用的明述知识或知识网络。塞尔强调，无论在深层背景内还是局部背景内，我们都要区分"事物是如何的"和"事情如何做"两个不同方面。例如，认识到"香蕉和汽车的硬度不同"属于"事物是如何的"方面。认识到"我们不能剥汽车而能剥香蕉"属于"事情如何做方面"。在这两类前意向性立场中，我们的后一类前意向性立场不可能独立于前一类前意向性立场。[①] 塞尔强调，要为这两个不同方面划分一条泾渭分明的界线是很难的。

笔者认为，在塞尔深层背景与局部背景的划分中有两点需要予以强调或澄清：首先，深层背景与局部背景不是一种互斥关系，而是一种包含关系，不存在后者独立于前者的问题；局部背景是深层背景的一部分。其次，当塞尔说背景是一种能力时，他没能区分出能力与能力结果两个不同概念。不论默会知识（knowing how）还是明述知识（knowing that），都不是能力本身，而是作为能力的结果而存在的。塞尔把能力与能力结果搅在一块，直接导致他把背景能力与意向性网络混在一块。背景能力是人的大脑属性和功能，而意向性网络是大脑功能应对外部世界时产生的结果，具有"关于"性，但大脑的功能本身不等于这种关于性。

对字面意义的解释

接下来我们把关于意向性状态和背景的理论用于解释语句的字面意义。塞尔认为语句真值条件只能相对于前意向性背景（preintentional background）才能确定，如果我们改变了前意向性背景，具有相同字面意义的句子将会有不同的真值条件或满足条件。因此，语句的字面意义不是语境无关的，它只能适用于一系列相对的前意向性背景和实践。[②]

---

① Searle, John R. , *Intentionality*, Cambridge University Press, 1983, p.144.

② John R. Searle, *Intentionality*, New York, Cambridge University Press,1983, p.145.

塞尔并没有对前意向性背景做更多说明，据笔者理解，塞尔的前意向性背景是指在表征或实践没有发生前的行为人所具有的各种意向性状态，这种意向性状态最终表现为明述知识和默会知识。根据前文我们对塞尔背景的澄清说明，以及塞尔对前意向性背景在说明字面意义中的作用，笔者对塞尔的概念更正如下：所谓的前意向性背景，专指在人具有意向性能力（背景能力）的前提和作用下，已经产生的默会知识和明述知识系统。显然，塞尔对前意向背景的理解，包括塞尔前面所定义的背景，与我们平常对这些词的直观理解是有距离的——背景不是背景能力的缩写，它通常与语境通用。从这个层面上讲，塞尔对背景的使用具有天生的含混性。一定要注意在日常使用中，背景与背景能力之间的这种区别。如果我们对塞尔的理解是正确的，我们需要注意，塞尔在使用前意向性背景的地方，有的指具有背景能力下的人已经存在的一系列没有得到表征的意向性网络，有的是指背景能力本身。清楚这一点，对于理解塞尔对字面意义的说明是相当重要的。

为了说明字面意义问题，塞尔给出了如下具体案例分析。以下每一个句子都是对语句"X opened Y"中的 X、Y 的替换例：

Tom opened（打开）the door

Sally opened（打开）her eyes

The carpenters opened（打开）the wall

Sam opened（打开）his book to page 37

The surgeon opened（打开）the wound

上面五个例句中的 open 有相同的字面意义，不然就必须承认语词"open"的意义是模糊的。我们也可以列举带有"open"的其他例子：

The chairman opened the meeting

The artillery opened fire

Bill opened a restaurant

在第一组中，"open"具有相同的语义（打开），但是，每一句的真值条件或满足条件却各不相同。例如，打开伤口的真值条件不同于打开书的真值条件，打开门的满足条件也不是要在门的上面用手术刀切开一个口子。有时，我们或许完全理解句子成分的意义和组合规则，却不理解整个句子的意义。例如，下面三个语句的语法都是正确的并且每个语词都有意义，但我们却不知道如何解释这些句子：

Bill opened the mountain

Sally opened the grass

Sam opened the sun

我们知道"mountain"是什么意思，也知道"open"的意思，但不知道"open the mountain"是什么意思。如果有人命令我们"open the mountain"，我们会不知道如何行动。当然，如果我们有可能创制出一种新的理解，但那未必是这些语词的字面意义。

现在的问题是，在第一组例句中，我们是如何以不同的方式理解相同的字面意义的？在最后一组例句中，尽管知道语句成分的字面意义，我们为何不理解语句的意思？之所以理解第一组语句，是因为我们处在一套意向性状态的网络下，并且依赖于能力和社会实践，知道如何打开门、书、眼、伤口和墙，意向性状态的网络和背景使我们给出了对相同动词（打开）的不同理解，但我们完全没有打开山、草地或太阳的共同实践。也许此时我们感到疑惑，既然相关的背景是语义内容的一部分，那么，为什么不能以规定的方式让它们成为语义内容的一部分呢？如果背景是表征的先在条件（不管是语言表征还是其他形式的表征，如图画），背景自身为什么不是由意向性状态构成的呢？问题是，如果我们把背景的相关部分看作表达了语义内容的语句集，就要对成为意义的那部分相关背景再做进一步的理解，而要做进一步的理解，又需要更进一步的更多背景。如此一来，如果试图把背景当作语义内容的一部分，我们将无法知道这样的背景在哪里结束。塞尔认为，背景不能由意向性状态构成的原因如下：如果表征预设了背景，背景自身成为表征将会导致无穷的倒退，对孤立存在的语义内容的理解不会有终结。所以，语义内容仅仅相对于背景才起作用，正是这种背景性技能才使得我们能够理解字面意义。①

此时此刻，对塞尔的背景与字面意义关系作一个简短评价是必要的。背景能力是一种人的文化和生物性技能，它感知（perception）和表征来自实践中的重要对象，相当于人的认知能力。认知能力当然不是字面意义的一部分。字面意义是人们业已形成的信息实体，字面意义贮存并保留了符号、符号结构和信息实体——这些均离不开感官的刺激、接收和人的信息处理（即背景）。背景包含了人的官能接收和能动行动（motor action），感官刺激产生了符号表征进而引起人的能动行动以及人在记忆中对符号进行的修改和调整。概而言之，字面意义就是通过接收感官刺激并把它们转变为表征的信息实体（a），以及用已有的意向性状态网络对它进行加工和修正的语句或符号的成真条件（b）。背景能力与字面意义是不同层面上相

---

① 约翰·塞尔著，刘叶涛译．意向性：论心灵哲学，上海：上海世纪出版集团，2005, p.151.

关但不相同的东西。

塞尔的论证表明：一方面，字面意义虽然存在，但它具有很强的背景依赖性，另一方面，如果我们沿着语句的字面意义研究意义，有可能产生对背景的无穷追溯。退一步讲，即使这种追溯不是无穷的，我们也无法知道在理解意义的道路上终止于何处。有鉴于此，对于塞尔来说，离开字面意义，变换研究意义的视角是必要的。因此，从言语行为的视角来研究意义自然就成了塞尔的另一种选择。下一节我们的任务将是讨论言语行为和意义。

第四节　意义和言语行为 ①

塞尔在《言语行为：语言哲学论》中提出，对句子意义（meaning）的研究同言语行为（speech acts）的研究不是不同的研究 ②，他指出产生这种观点的基本原因是如下两个命题：

命题 1：语言的语义（semantic）结构可被视为以约定方式实现的一系列构成性规则，言语行为本质就是按照这些构成性规则集合，通过说出话语执行的行为。③

命题 2：可表达性原则：对于任何意义 X 和任何说话者 S，当 S 意味 X 时（打算用话语表达，希望用话语交流），总可能存在一个表述 E 使得 E 准确表述了 X。④

基于以上两个命题，塞尔得出：

命题 3：（我们）可以把执行言语行为的规则看成表达某些语言成分的规则。因为对于任何可能的言语行为，都存在一种可能的语言成分：它的意义（给定话语的语境）充分决定,说出它完全在执行那种言语行为。⑤

但是，正是塞尔给出的这些原则，导致了人们对意义和言语行为相互

---

① 本节主要内容已以《塞尔言语行为和意义关系理论批判》为题发表在《中南大学学报》2004 年第 1 期，41-45。

② John R. Searle, *Speech Acts: An Essay in The Philosophy of Language*, Cambridge university press, 1969, p.18.

③ John R. Searle, *Speech Acts: An Essay in The Philosophy of Language*, Cambridge university press, 1969, p.37.

④ John R. Searle, *Speech Acts: An Essay in The Philosophy of Language*, Cambridge university press, 1969, p.20.

⑤ John R. Searle, *Speech Acts: An Essay in The Philosophy of Language*, Cambridge university press, 1969, p.20-21.

关系的误解，本节从这种误解开始，考察塞尔是如何处理意义和言语行为的，并指出塞尔的工作哪些是成功的，哪些存在失误，以达到更好地理解"意义"的目的。

语词意义和言语行为

　　言语行为理论确立以来，很多人混淆了意义和言语行为的关系。黑尔（R. M. Hare）在《道德语言》中说："语词'好'的主要功能是赞扬"，"好"有"赞扬的意义"，"好"有"评价的意义"，因此"好"与两类言语行为有关，即赞扬和评价。[①] 类似的，斯特劳森（P. F. Strawson）认同，在使用"真"时，就是"我们确认、赞同、承认、同意某人说的话"。他认为，语词"真"如何使用的问题和"哲学的真理问题"是同一个问题。[②]

　　塞尔分析，人们之所以常常将意义等同于言语行为，因为在讨论一个语词 W 时，他们常常以为：

　　1. 语词 W 用于执行言语行为或者行为 A。

　　2.（1）说出了 W 的意义或者至少是部分意义。

　　因为（2）告诉我们，W 的意义是（1），所以（1）很容易又被解释成：

　　3. 如果 W 出现在话语 S 中，并且 W 在 S 中有它的字面意义，那么使用话语 S，一个人做了行为 A。[③]

　　塞尔认为这种看法很容易反驳，因为如果说话人说出了一句含有 W 的话，就是做了行为 A，而且这种言语行为就是 W 意义的一部分，那么我们只要找出一个在说出含有 W 的语句时，没有做出任何言语行为，自然就反驳了这种观点。[④] 例如，我们用"好"代替 W，用"称赞"代替行为 A。当我说"这是一辆好车"时，我确实是在称赞这辆车。但是，当我说"这是一辆好车吗"，却可以不称赞任何东西。也许大家可以认为："这是一辆好车吗"同样可以理解为"你是在称赞这辆车吗"，或者它也具有"你是在称赞这辆车吗"的话语力量，因此仍然没有构成对（3）的反对。但是，塞尔认为如此以来，（3）中的"一个人做了行为 A"就弱化成了"倾向于出现一个行为 A"，（3）就变成了：

　　4. 如果 W 出现在语句 S 中且具有字面意义，那么当一个人说出 S 时，

---

① R.M.Hare, *The Language of Morals*, New York ,Oxford University Press Inc.,1952, p127.

② P. F. Strawson, Truth, *Analysis*, Vol. 9, No. 6 (Jun., 1949), pp, 83-97.

③ John R. Searle, Meaning and Speech Acts, The Philosophical Review, Vol.71, No.4, p.424.

④ John R. Searle, Meaning and Speech Acts, The Philosophical Review, Vol.71, No.4, p.424.

本质上言语行为 A 会倾向于出现。如果 S 是简单的陈述句，行为 A 便被执行；如果 S 是疑问句，行为 A 会以其他的方式出现。①

尽管如此，我们仍然能够找出（4）的反例。例如：

（a）如果这是好电热毯，我们应给奈丽阿姨买一个。

（b）我想知道它是不是一个好电热毯。

（c）我不知道它是不是一个好电热毯。

（d）我们希望它是一个好电热毯。

人们很自然地认为以上四句话中的"好"都有字面意义，但是，每一句中都没有做出'赞扬'的言语行为。退一步讲，即使我们承认疑问句"这是一个好电热毯吗"与"你在称赞这个电热毯吗"具有相同的话语力量或作用，我们仍然不能得出上面四句话和以下对应的四句话具有相同的话语力量或作用：

（a'）如果我称赞这个电热毯，我们应给奈丽阿姨买一个。

（b'）我想知道我是否在称赞这个电热毯。

（c'）我不知道我是否在称赞这个电热毯。

（d'）我们希望我在称赞这个电热毯。

我们从假设"我在称赞这个电热毯"与"这是好电热毯"具有相似性出发，逐渐发现当语词的字面意义不变而改变它出现的语境时，这种相似性不复存在。条件句（a'）"如果我在称赞这个电热毯，我们应给奈丽阿姨买一个"的确与"我在称赞这个电热毯"有相同的言语行为（称赞），但是，（a）中的"如果这是好电热毯，我们应给奈丽阿姨买一个"却没有陈述句"这是好电热毯"中的（称赞）行为。简而言之，只要我们把"好用于称赞"的言语行为看成"好"的字面意义，我们就会遇到（a）—（d）的四个反例，即存在"好"的字面意义，却没有执行称赞的言语行为。

用言语行为来确定语词的意义，问题还在于，即使我们承认"如果'P 是真的'"意味着"我肯定 P"，但是"如果 P 是真的，则 Q 也是真的"也不意指"如果我肯定 P，则我也肯定 Q"。很多哲学家把语词的意义看作语词的使用，根本原因在于他们把"W 意味什么"转变为了"W 是如何使用的"。在塞尔看来，把言语行为看成语词意义的哲学家或至少将二者关联的哲学家可能在思维上经历了如下步骤：

（1）语词 W 的意义是什么？等于：

（2）语词 W 是如何使用的？

---

① John R. Searle, Meaning and Speech Acts, *The Philosophical Review*, Vol.71, No.4, p425.

语词是如何使用的又被默认为：

（3）语词 W 在简单陈述句中是如何使用的？进而又被认为等于：

（4）包含语词 W 的句子是如何使用的？最终表现为：

（5）在说出这些句子时，说话者执行了什么样的言语行为？[①]

但是，塞尔认为言语行为的最小单位是句子，具有意义的语词并不总能体现出说出句子时做出的言语行为，所以对于（5）的回答并不等于对（1）回答。[②]

换个角度看，"什么是'好'"的问题并不等于"什么被称为'好'"的问题，认为这两个问题相同是不充分的。"好"用于称赞时，固然等于"说某物好"时执行的言语行为，但"说某物好"也可能用于表达一种信念或希望。再者，尽管"说某物好"用在表达称赞上，但不能将"称某物好"的分析看成对"好"的分析，因为任何对"好"的分析还要考虑"好"对于不同言语行为所做的相同贡献，所有使用"好"的言语行为并非都是在夸某物"好"。[③]

笔者认为，在塞尔的以上分析中，我们需要注意三点。首先，塞尔总的分析方法是成立的，的确像塞尔认为的那样，只要找出一个反例（不是虚词）便可推翻意义和言语行为等值的误解。其次，塞尔认为言语行为的最小单位是句子这点有值得商榷之处。塞尔并没有提到，我们有时用一个语词执行一个言语行为的情况。实事上，塞尔在《言语行为:语言哲学论》的脚注中也说过，以言行事行为的 F(p) 中的 p 不一定是句子，也可以是单个的语词。[④]最后，施为动词（如"称赞"）的意义是否真的等于话语的言语行为，还需要进一步分析。塞尔以上所举例子，都涉及一施为句的复杂情况。一方面，并非所有的语句都是显性施为句，另一方面，施为动词的出现也不必然代表与它对应的施为句类型。例如，因为踩了某人的脚而道歉时，一般要用隐性施为句"对不起，我踩住你的脚了"来表达，而包含施为动词"道歉"的话语"我道歉我踩住你的脚"，并不属于道歉的言语行为。类似的，无论"如果这是好电热毯，我们应给奈丽阿姨买一个"，还是"我希望这是个好电热毯"，其中的"好"既不能视为句子的施为动词，更不能代表言语行为的各自类型。尽管如此，塞尔用找反例的方法说

---

① John R. Searle, Meaning and Speech Acts, *The Philosophical Review*, Vol.71, No.4, p428.

② John R. Searle, Meaning and Speech Acts, *The Philosophical Review*, Vol.71, No.4, p.428.

③ John R. Searle, Meaning and Speech Acts, *The Philosophical Review*, Vol.71, No.4, p.429.

④ John R. Searle, *Speech Acts: An Essay in The Philosophy of Language*, Cambridge university press,1969, p.31.

明意义不等于言语行为的论证方式是有效的，结论也是成立的。因此，塞尔得出，语词的意义并不等同于说出含有该语词的话语时做出的言语行为的结论是有效的。

语句意义和言语行为

需要注意的是，尽管塞尔在诸多的著述中谈到意义和言语行为，但他从没为言语行为和意义给出过确凿的定义。他仅仅强调：意义离不开约定和规则，离不开"网络"和"背景能力"；[①]言语行为离不开社会约定，更离不开人的意向（intention），"我所谓的言语行为，其必要条件是意向"。[②]

塞尔认为，只要我们知道组成语句的规则和它的构成成分，我们就能够知道语句的意义[③]，而说话者说出语句，却常常意味了不同于语句或比语句更多的意义。说话者意义可能以不同的方式偏离语句意义。例如，话语"窗户是开着的"，在具体的情境中，可能是在表达语句的字面意义，即窗户是开着的，也可能不仅表达窗户是开着的，而是要求听话者把窗户关上。

格赖斯提出"非自然意义"（non natural meaning）概念，说明说话者S用X意指某事，就是打算凭借说出的话语，以让听者认出说话者意向的方式在听者身上产生某个效果。[④]塞尔并不完全赞同格赖斯的看法，认为他仅看到了意向在意义中的作用，忽视了规则和约定在意义中所起的作用，这会导致我们错误地认为：说话者可以随便使用任意语句表达任何意义。[⑤]塞尔指出，格赖斯对意义的说明，没有给出说话人通过说出话语意指某事和该话语本身意指某事之间的关系；而且按照意欲的效果（intended effect）定义意义，混淆了以言语行事行为和以言取效行为。[⑥]塞尔强调，

① Searle, John R. , *Intentionality*, Cambridge University Press, 1983, pp141-144.

② John R. Searle, *Speech Acts: An Essay in The Philosophy of Language*, Cambridge University Press,1969, p.17.

③ John R. Searle, literary Theory and Its Discontents, *New Literary History*, Vol.25, No. 3, 25th Anniversary Issue (part1) (summer, 1994), p.645.

④ H. P. Grice, Meaning, *The Philosophical Review*, Vol. 66, No. 3 (Jul., 1957), pp, 377-388,

⑤ John R. Searle, *Speech Acts: An Essay in The Philosophy of Language*, Cambridge University Press,1969, p.43.

⑥ John R. Searle, speech acts: an essay in the philosophy of language, Cambridge university press,1969, p.43.

说某事并意指某事是以言行事行为，不一定是以言取效行为。^①

说某事并意指某事，为什么是以言行事行为呢？塞尔认为人类的交流具有许多不同寻常的特点，其中之一是：如果我试图告诉某人一件事，那么只要他认出我正在试图告诉他的事就行了。^②在以言行事行为中，我们成功实现待完成的任务，就是让听者认出我们正在告诉他某事，至于在听者身上产生的进一步举动（以言取效效果），同以言行事和意义并没有直接关系。意义打算的本质效果就是理解，理解是以言行事的效果而不是以言取效的效果。

不仅如此，理解的要点还在于，我们必须理解说话者的意向、约定及两者之间的关系。当话语的意义用于执行以言行事行为时，说话者是通过让听话者认出他打算产生效果的意向，来产生特定的效果，而且还要打算通过话语的使用规则，将话语和产生的效果联系起来，最终完成以言行事的效果。就说话者而言，完成以言行事行为的手段是话语成分的组合，就听话者来说，理解说话者的意义就是认出说话者的意向。以言行事行为一方连接说话者，一方连接听话者，语句意义的实现意味着以言行事行为的完成。塞尔为言语行为给出了如下完成过程：

1.理解一个句子就是知道它的意义。

2.语句的意义由规则决定，这些规则指出了话语的（满足）条件和话语被当作的东西。

3.说出一句话并意指它就是（a）以言行事意向，打算让听者知道（认出或明白）由某些规则说明的事态成立，（b）打算以让听者认出以言行事意向的方式知道（认出或明白）这些事情，（c）打算凭借语句的规则让听者认出以言行事意向。

4.句子给出了在听者身上产生这个以言行事效果的约定手段。^③

说话者说出语句并意指他所意谓的东西，要具有意图（a）（b）（c），听者理解话语就在于这些意图的实现。如果听者明白支配语句成分的规则，这些意图也就实现了，语句的意义便显现出来。

根据塞尔的以上分析，由语句意义决定的言语行为，一定存在一套规则，它不仅构成了具体的言语行为，而且构成了语句的意义。所以，对言

---

① John R. Searle, speech acts: an essay in the philosophy of language, Cambridge university press,1969, p.44.

② John R. Searle, speech acts: an essay in the philosophy of language, Cambridge university press,1969, p,47.

③ John R. Searle, speech acts: an essay in the philosophy of language, Cambridge university press,1969, p.48.

语行为的分析集中在了行为的构成性规则和语言成分的语意规范上，而且决定言语行为的构成性规则和语意规范，必然是两个相关的主题。任何具体语言，只要我们知道了语句成分和它们决定的言语行为，我们就能通过表述那些言语行为的充分必要规则，给出完备的语言成分的意义规范。

但是，塞尔没有看到，对于具体的言语行为而言，如果语言成分和言语行为的关联是偶然的，或者在说出这些言语时没有做出这种言语行为，比如当话语的语境给出了意义没有给出的东西，意义和言语行为的关系就会断裂。所以，语句意义和言语行为之间的关系就不再符合塞尔的以上分析，这时候既要考虑言语行为又要考虑其他因素，例如语境。尽管塞尔区分了语句意义和言语行为下的意义，但他还是没有厘清语句的意义规则和言语行为规则之间的区别。换言之，对语句意义的研究和言语行为的研究虽然可以视为不是两种不同的研究，但语句的意义规则并不等同于言语行为的规则。

塞尔以上分析的，目的似乎要告诉我们：（1）当语句的意义和以言行事的效果完全吻合时，以言行事的效果就解释了语句的意义；（2）当语句的意义和以言行事的效果不相吻合时，以言行事的效果说明的是说话者的意义。塞尔的错误在于：当（1）不成立时，句子给出的约定手段和构成规则便不能用来确定以言行事的效果，而一旦以言行事的效果不能确定，也无法再用以言行事的效果解释说话者意义。换言之，当（1）不成立时，（2）也不成立。实质上塞尔只完成了目的（1）而没有完成目的（2）。然而，这个重要问题被塞尔不经意间忽略了。

语句意义与说话者意义

众所周知，塞尔以言语行为理论为基础，解释了语言中的反话、隐喻和间接言语行为的意义，区分了语句意义和说话者意义。他说："只要我们知道构成语句的语词意义和它们的构成规则，我们就知道了语句的意义"，但是，"相对于说话者所说的语句，话语常常意味着多于或不同于该语句意味的东西"。[①] 由此可以推断，尽管塞尔从没有为语词或语句的意义给出一个精确的定义，但他始终坚持并预设了语词和语句具有字面意义。然而，由于语词和语句意义牵涉到了人的知识"网络"（意向性网络）和"背景能力"，所以我们无法为它们的意义给出一个明确的界定。例如，我们不能给出"肥"和"瘦"、"穷"和"富"、"民主"和"集权"之间精确

---

① John R. Searle, Literary Theory and Its Discontents, *New Literary History*, Vol.25, No. 3, 25th Anniversary Issue (part1) (summer, 1994), p,645.

的界线。

塞尔说：我们不能把语句意义等同于说话者意义。语句意义是语句的性质，说话者意义是话语或言语行为的性质。[①] 当然，也有学者与塞尔不同，认为根本没有语句意义或语句的字面意义，只有说话者意义，例如，克纳普（Knapp）和迈克尔斯（Michaels）。[②] 在有没有语词、语句意义问题上，笔者认为，塞尔的观点是正确的。如果我们不知道语句的意义，我们就无法解释说话者的意义，后者的实现是以前者为基础的，例如反话或隐喻。语句的意义是约定的或者是受规则支配的，规则决定了句法和语意，说话者使用这些句法上有意义的对象执行具有说话者意向的言语行为，于是有了说话者意义。

审读塞尔我们发现，在塞尔看来，并非所有的语句都有意义，但是这并没有影响塞尔对语句意义和说话者意义的区分。塞尔说："根据标准定义，句子是纯粹句法对象。根据语言的形成规则，它们被定义成合式公式（well formed formulae）。句子不可能等同于实际上具有意向的字符组合，因为像英语这样的一种语言，包含了无穷多的句子，但仅有有限多的句子是人类实际意向的结果。"[③] 塞尔的说明旨在强调，除了有意义的句子之外，还存在着无意义的句子。如果仅从塞尔"意义是一种意向性"的观点来看[④]，塞尔讨论的语句意义无疑都是意向性的体现。但是，如何解释语句意义中的意向性，塞尔没有更多讨论。笔者认为，对于一个有意义的语句，语句意义对使用该语言的共同体来说是一种公共知识，其意义代表了语言共同体的集体意向性，这种集体意向性隐藏在人们的约定之中。语句意义和说话者意义的区别在于，说话者意义代表了说话者个人的特殊意向性，语句意义仅仅代表语言共同体的一般意向性。这种解释和塞尔对意义的分析与辩护是相吻合的。

我们不能因为说话者的意义而取消语句意义，因为，仅有说话者的意向而没有语句意义，我们就会对说话者意义束手无策。作为抵达说话者意义手段的语句意义具有约定性，这种约定在表征形式上具有客观性和一般性。证明语句具有意义的最好例子也许是，计算机屏幕上显示"椅子是由

---

① John R. Searle, Structure and Intention in Language: A Reply to Knapp and Michaels, *New Literary History*, Vol.25, No.3,25[th], Anniversary Issue(part 1) (summer, 1994), pp677-681.

② Steven Knapp and Walter Benn Michaels, Reply to John Searle, *New Literary History*, Vol. 25, No.3, 25th, Anniversary Issue(part 1) (summer, 1994), pp669-675.

③ John R. Searle, Structure and Intention in Language: A Reply to Knapp and Michaels, *New Literary History*, Vol.25, No.3, 25th, Anniversary Issue(part 1) (summer, 1994), p.678.

④ John R. Searle, *Intentionality*, New York, Cambridge university press,1983, p.161.

木做的"，我们完全知道什么意思，也知道鹦鹉学舌时说出的"欢迎"是什么意思。

塞尔对言语行为的研究工作表明，理解说话者意义是一个复杂的过程。雷卡纳蒂（Recanati）提出语句的意义（字面的真值条件）是说话者意义的一个方面，但这不是说要取消语句的意义和说话者意义之间的对比（区别），而是把它们都归属于说话者意义的范畴。[1]说话者意义依赖于说话者做出的言语行为。因此，对言语行为的研究不仅要求我们理解语句意义，还要求我们找出说话者意向；不仅要求我们理解说话者的话语内容，还要求我们理解话语的力量，所以对说话者意义的研究也就是对言语行为的研究。

对意义的再分析

塞尔对说话者意义的研究，分为两个阶段，早期阶段主要集中在对言语行为理论的技术处理上。他把以言行事行为的形式写作 F(p)，F 代表以言行事的要旨，p 代表关联世界的语词或语句（也称命题内容），F 决定着 p 与世界的联系方式（包括语词到世界↓、世界到语词↑的适应方向和无适应方向 ∅），所有的以言行事模型都可以按照话语的成功条件加以分析。

与第一阶段不同，第二阶段的塞尔加强了对交流、表征同意义关系的研究。塞尔说："像大多数言语行为的理论家一样，我按照交流（communication）来分析意义，作为意义本质的意向就是在听者身上产生效果的意向。但是现在看来，出于文中我解释的理由，至少在'意义'（meaning）的一种含义（sense）上，交流来自于意义而不是构成了意义。"塞尔认为说话者说某事并意指它不在于交流而在于表征。[2]

表征不同于交流。例如，当你在异国驾车旅游时发动机轴承坏了，你找到机师但没有任何互懂的语言同他沟通，也没法拿出发动机缸中的轴承给他看。幸好你身上带有纸和笔，又知道轴承是什么样子，于是画出一张带有发动机缸的损毁的轴承，如果不出意外（画的图还过得去），你可以成功地把"车子的轴承坏了"的意思传达给他。交流的情形如下：

（1）说话者在图画中表征了轴承坏的事态，一旦画完，这张图画也就

<hr>

① François Recanati, *Literal Meaning*, Cambridge, Cambridge University Press, 2004. 此处对原文作了改动，不同于雷卡纳蒂著，刘龙根、胡开宝译 . 字面意义 . 北京：外语教学与研究出版社，2010，pp.3，p.4.

② John R. Searle, Meaning, Communication, and Representation, in Richard E. Grandy and Richard Warner ed, *Philosophical Grounds of Rationality*, Clarendon Press, Oxford, Reprinted, 2004, pp, 212.

表达了事态。

（2）如果这种努力是成功的，说话者也就成功地向听者交流了事态，这张图画也被称为向听者交流了事实：车子的轴承坏了。

注意，（1）和（2）不同，前者是表征而后者是交流，表征的对象是事态（车子的轴承坏了），交流的对象不是事态，是表征（图画）。图画既用于表征也用于交流。交流的成功依赖于表征。使用言语行为论的术语，表征只相当于以言行事模型 F(p) 中的命题内容，命题内容表征事态。

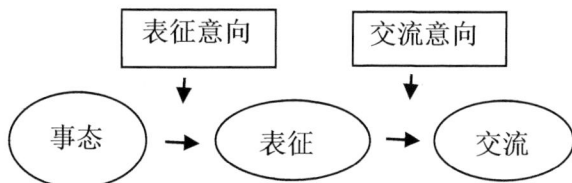

图 1-3

表征"车子的轴承坏了"的事态可以同交流"车子的轴承坏了"的事实分离开来。因为你可以不交流仅表征，例如，在上例中，只画出这张图形而不打算给任何人看，或者用不带墨水的笔画出别人看不见的印迹，所以表征先于交流并独立于交流，而交流必须依赖于表征，人们不可能做出没有表征的交流。

一张图画怎么才能成为表征呢？塞尔认为，相似性不是表征的本质，我的左靴子同其他东西无论如何相似，它都不表征任何东西，图形要成为事态的表征，说话者必须带有表征事态的意向。[①]塞尔承认，这样的解释似乎缺乏说服力，因为在说明表征的根本特征时使用了表征意向的概念，出现了循环定义。但是，他说："给出一个不使用这种概念的答案证明是不可能的"。[②]我们只能把表征需要表征意向作为一个预设，来说明表征意向可以完全独立于交流意向，而交流意向需要表征。

回到上面图画的例子，只要机师认出我画的图是那种事态的表征，我就成功地向他交流了车子的轴承坏了。说话者的交流意向是，听者应当把图画视为表征事态的意向（意向 2），而图画成为表征，在于说话者打算让它成为表征（意向 1）。所以交流意向是，在听者身上产生认识意向 1

[①] John R. Searle, Meaning, Communication, and Representation, in Richard E. Grandy and Richard Warner ed, *Philosophical Grounds of Rationality*, Clarendon Press, Oxford, Reprinted, 2004, p.214.

[②] John R. Searle, Meaning, Communication, and Representation, in Richard E. Grandy and Richard Warner ed, *Philosophical Grounds of Rationality*, Clarendon Press, Oxford, Reprinted, 2004, p.215.

的意向，即让听者认出"说话者用图画表征事态意向"的意向。这和塞尔早期的观点基本一致，即说话者说出语句 T 并意指它等于：

（a）凭借话语 T 的规则，用话语 T 使听者认识事态的意向 i–1，

（b）打算以认出 i–1（意向 1）的方式让听者产生这种效果，

（c）打算以听者知道的组织句子规则的方式，认出 i–1。①

不同之处在于，以前塞尔认为说话者的交流意向和意义意向是相同的，后来认为这是错的，因为以前他没有发现表征在意义中的优先作用。在后期，塞尔认为意义的主要意向是表征意向，它们独立并先于交流意向，交流意向是听者应当知道表征意向的意向。

在言语行为中，图画例子所揭示的表征和交流之间的区别，因话语既用于表征又用于交流而被掩盖，致使我们把交流的失败看作言语行为的失败。但是图画表征事态的例子可以独立于交流，因此，意义也可以只用作表征不用作交流。

意义的表征解释意味着言语行为同样可以用表征解释。我们知道，不同的以言行事行为以不同的以言行事要旨（illocutionary point）标识出话语和世界关联的不同模式。换言之，在话语关联世界的方式上，说话者的表征意向决定了不同的以言行事要旨。言语行为的成功条件可以解释为不同类型的话语的成功条件。陈述句的意义在于它的成真条件，命令句的意义在于它的服从条件，承诺句的意义在于话语的执行条件，如此等等，所有这些条件都源于说话者的表征意向。

意义和言语行为的表征、交流解释是塞尔语言哲学理论的新进展，既是对言语行为视域下意义的一次修订，也是以意向为视角对言语行为研究的一次推进。如果对表征意向预设的合理性不存在质疑，笔者认为，交流表征理论将语句意义放回到它应有的位置——表征上，彰显了意向在说话者意义生成上的本质作用（即说明以言行事的效果是如何依赖说话者的意向性的），这不但解决了塞尔在言语行为理论中没有完成的目的 2，也加深了我们对以言行事 F(p) 的理解。但是，由于塞尔无法为表征给出一个确凿的定义，不免也让人质疑使用表征意向的合理性，特别是表征意向先于意义这一预设。如果表征意向先于意义这个预设不成立，塞尔对意义的所有建构都将成为无源之水，无本之木。接下来的章节中，我们要进一步分析意向性概念，这样做与其说是为了更具体地理解表征意向，勿宁说是为塞尔的意义理论找到一个更加坚固的支点。

---

① John R. Searle, *Speech Acts: An Essay in The Philosophy of Language*, Cambridge University Press,1969, pp.49-50.

第二章　言语行为和行动

根据塞尔的研究，言语行为属于人类的一种行动，而行为离不开人的意向性心理状态（intentional psychological states），所以，研究行动和意向性的心理状态对于研究言语行为和意义是非常必要的。在本章和下一章里，我们将重点考察言语行为（speech act）、行动（action）以及言语行为中的意向性（intentionality），目的是要厘清行动、言语行为、意向性三者之间是如何关联的。首先我们考察什么是行动。

第一节　塞尔论行动

行动与举动（behavior）不同，行动总是主动的、自愿的。塞尔把举动限制在我们的身体活动上并把它从行动中剔除出来。例如咳嗽、被某个东西绊倒以及惊吓，这些属于举动，而向某人打招呼（以引起他的注意）、向某人问好属于行动（action）。不过，在界分明显的两种范畴下也有归属不那么明显的过渡情况，例如，存在着我们可以部分主动控制的举动，如呼吸的快慢。

如何区分纯粹的行动和那些非主动或部分主动的举动呢？如果仅仅注意举动本身，我们可能无法从某个人的身体活动（activity）中区分出行动。塞尔指出，维特根斯坦业已提出这样的问题：如果我举手，除了我的手向上升起这样的事实外，剩下的是什么？ [1]

行动之所以能够从各种身体活动中区分出来，是因为行动是有意向地做出的，行动是有理由（reason）的。正是由于同某些心理状态、意向或理由的关联，才使得行动不同于举动或身体运动（movement）。戴维森（Donald Davidson）在讨论行动时说："因为有理由，行为人（agent）才

---

[1]　John R. Searle, *Intentionality*, New York, Cambridge University Press, 1983, pp.16, 87.

做出那种行动，这种说明的重点是理由和被解释的行动之间具有关系。"①
但是，行为人的理由和行动之间到底是一种什么关系，哲学家之间存在相
当大的分歧，这些分歧主要表现为对"理由"的如下三种不同解释上。

从"因为"的三重意义说起

"因为"常常用于推理，人们用它表示从明显的现象推出隐藏在现象
背后的对象。例如我可以从朋友的咳嗽和喘息声，推出他感冒了，咳嗽和
喘息只是感冒的症状，尽管有些人得了感冒，没有咳嗽和喘息，但是凭借
这种容易识别的症状，人们往往能够发现其他方法难以达到的诊断，如呼
吸道病毒症。在做出这种推理的时候，我们使用"因为"为我们的信念做
辩护（justify）。类似的，我们也用"因为"为一种行动做辩护，例如，我
向交警解释我超速是因为赶时间，交警也可以使用"因为"引出法律来解
释他为什么向我开罚单。不论是为自己的信念还是为行动进行辩护，我们
都称它为"因为"的辩护性用法，记作因为ⱼ。当然，这种用法并不意味
辩护一定是好的。例如，一名面对审讯的银行劫匪，在被问到为什么强劫
银行时，"因为那里有钱"的回答就不是好的辩护。

"因为"还可用于表示世界上各种事件间的因果关系。例如，屋顶坍
塌是因为大雨；此次交通事故是因为灌木丛挡住了司机的视线。这种"因
为"的用法表达了，在前事件对于在后事件的解释。我们可以从这种因果
关系上，用选民的不满来解释对总统的罢免提案。我们称"因为"的这种
用法为"因为e"（e取自etiological）。"因为e"标出了两个或多个事件间
的客观现实或法理关系，这种关系同我们的信念或行动的正当性与否无关。
它标识的关系不是认识论的（主观的），而是本体论的（客观的）。

最后一种"因为"被称为"因为c"，它既不是辩护的（正当性）也
不是因果关系的，而是用于澄清（clarification）我们所意味的东西。如果
我说"房子太小是因为建筑师错误领会了我的计划"，那是在因果关系的
意义上使用"因为"的，我用"因为错误领会"来说明房子被建得这么
小的原因。但是，如果我说"房子太小是因为没有空地方放这架大钢琴"
时②，那是在澄清房子太小意味着什么。类似的，人们也可能因为没有足够
多的卧室留给孩子而指责房子太小。建筑师错误领会了图纸可能会造成房
子太小，但没有足够多的房间留给孩子却不是导致房子小的理由，后者的

---

① Donald Davidson, "Actions, Reasons, and Causes," in *Essays on Actions and Events* (Oxford;
New York: Clarendon Press; Oxford University Press, 2001), p.9.

② Wright, Larry. *Critical Thinking*. Oxford: Oxford University Press, 2001, p.62.

目的是在澄清房子太小是从哪个方面理解的——没有足够的房间或不能放下钢琴就是被视为小的理由。

注意，"因为 c"有别于"因为 j"。虽然存在对房子太小进行辩护的语境，但也存在澄清房子太小的语境。例如，我可能向一个不理解"单身汉"的孩子说"因为他是未婚的，所以他是单身汉"。此时，我显然不是在辩护他为什么是单身汉，而是在澄清他是单身汉。说话者和听话者必须以相同的方式使用句子，辩护才是可能的。

安斯康姆（Anscombe）赞同亚里士多德的常识观，认为理由导致行动[①]，但她的解释非常晦涩，不如戴维森的解释那样直接。戴维森说："我认为，如果没有其他令人满意的解释，对于亚里士多德方案的最好结论就是，它仅仅给出了理由和行动之间的'神秘联系'。"[②] 安斯康姆认为亚里士多德的解释并不像戴维森说的那样是"神秘"的。安斯康姆指出"一个人的行为是因为他有某种理由"，是否有理由区分了行动和其他的身体运动，将一个理由放在"因为"的右边，并不是在引出那种行动的逻辑前提。例如，我说"这杯咖啡是好的因为它不苦"，并不是说不苦在因果关系上解释了这杯咖啡的好，这只是在说明这杯咖啡是好的方面。安斯康姆提醒人们考虑那些举动不被人们理解时的情景。例如在远处树旁边行走的男子疯狂地挥舞手臂，在这种情景下我们可能对这些举动感到困惑，可能问他："你为什么这样剧烈地舞动手臂？"假如他回答"因为我想引起你的注意"，那么他就是在澄清他行动的意义——舞动手臂意指"向这儿看"。安斯康姆预设了澄清事件意义的能力是引用理由的前提，雷雨不会为自己的出现做澄清或解释，因为雷雨一般不是能被我们要求给出理由的对象。

拒绝澄清的常见方式是用不同的方式给出理由。例如，谈话人可能用身体活动的因果来历（causal history）来说明"为什么"："我挥舞胳膊是因为蜘蛛把我吓了一跳。"这不是在澄清"为什么"问题，因为该举动就像雷雨，它不是那种被我们要求澄清的东西。换言之，这属于举动不属于行动。在安斯康姆看来，所有的行动都是可以被澄清的。当银行抢劫犯威利·萨顿（Willie Sutton）被问到为什么要抢银行时，他说："因为那儿有钱。"[③] 他的回答实际上是对被要求澄清行动的拒绝，形式上劫犯应当给出

---

① G.E.M.Anscombe, *Intention*, Cambridge: Harvard University Press, 1957, p. Ⅵ.

② Davidson, Donald. "Actions, Reasons, and Causes." In *Essays on Actions and Events*, pp. 3–20, 324 pp. Oxford; New York: Clarendon Press; Oxford University Press, 2001, p.11.

③ 莱瑞·赖特例举的例子，见 Wright, Larry. *Critical Thinking*. Oxford: Oxford University Press, 2001, pp.158-159.

"因为"的澄清性解释，但他的实际回答却属于"因为"的因果性使用。如果要真正回答这个问题，他可以说抢银行是因为他打算对资本主义制度的冷酷做出反击，或者在表达某种愤怒等。萨顿回答得令人恐惧，部分原因是这种举动可能更像是自然力量而非在有意义地做事。

安斯康姆并没有否认行动是由心理状态引起的，她仅是指出，当人们要求给出消除歧义的解释时，引入一个因果关系常常相当于否认了能够做出进一步澄清。一个心理状态可能出现在行动之前，但是当人们被要求对行动做出澄清时，安斯康姆否认"它（心理状态）是非常重要的"。[①] 如上文分析，澄清和辩护之间存在着紧密但非必然的联系，安斯康姆利用这种联系表明，澄清通常是解释行动的方式。

安斯康姆似乎认为，身体运动（body movement）可以由某些心理因（mental causes）引起，但这与身体运动是否为行动无关。一个行动就是能够被解释或澄清的身体运动，是能够被理解的。而戴维森似乎认为身体运动只要以"正确"的方式做出，就是行动。对戴维森来说，身体运动的因果关系是非常重要的，凡能够追溯到信念和渴望（戴维森称为主要"理由"）的身体运动就是行动，否则它至多只是反应（reaction）。[②] 如果在吸引我们注意的渴望和挥舞手臂之间存在着因果关系，那么挥动手臂就是行动；如果它是碰到了蜘蛛网后的胡乱举动，它就不是行动。

戴维森认为我们行为（acts）是因为我们有理由，他是在一般的因果含义（causal sense）上解释"因为"的。实际这也表明，戴维森认为理解"因为"没有其他方式。塞尔的观点很大程度上类似于戴维森，但又有些许区别（在加利福尼亚大学伯克利分校塞尔和戴维森是同事）。

塞尔在《意向性》中对行动的解释

塞尔在《意向性》中对行动的说明很大程度上是戴维森式的，他们两人都用行动具有心理原因（mental cause）的事实来区分行动和身体运动。塞尔认为所有的行动都具有《意向性》[③] 中所谓的"刺激因素"（motivator），刺激因素的典范是渴求（desire）。如果我渴求吃冰激凌，那就是促成我如此行动的理由。当然，行动也可能需要一组信念来促成。例如，为满足渴

---

① G. E. M. Anscombe, *Intention*, Ithaca, N.Y.: Cornell University Press, 1957, p. 18..

② Donald Davidson, Actions, Reasons, Causes, *The Journal of Philosophy*, Vol. 60, No. 23, pp.685-700, pp.687-688.

③ John R. Searle, *Intentionality: An Essay in the Philosophy of Mind*, New York: Cambridge University Press,1983.

求，我必须正确地相信冰激凌在冰箱中而不是在餐具柜里。总之，渴求与其他类型的刺激因素（例如行动的目的）最终促成了行动，没有渴求，行动是不可能的。具体言之，没有渴求就没有理由抬起手臂或发出声音。除了渴求，塞尔也考虑了"独立于渴求"的其他刺激因素，例如，道德、责任和义务。

塞尔对行动的看法也不完全等同于戴维森。例如，戴维森根据信念和渴求（首要理由）描述心理原因[①]，而塞尔喜欢用更宽泛的"意向性"来说明心理原因。塞尔说：信念和渴求属于意向性，但并非所有的意向性状态（如恐惧）都能还原为信念和渴求。[②]

塞尔将身体活动的心理原因做了更具体的表述。塞尔的说法是，行动中意向（intention in action）自身可以由另一种意向引起（即先在意向（prior intentions）。[③] 引入先在意向并不是对戴维森解释的背离，但是先在的心理原因的引入却让塞尔避免了所谓"异常因果链"（deviant causal chain）的困难。

塞尔认为，举动要成为行动，产生举动的意向性在因果上必须是自指的，必须是意向促成身体运动。[④] 哲学家们总担心信念和渴求会以错误的方式产生预期的行动。例如，齐硕姆（R.M. Chisholm）想象了有人打算杀死自己叔叔的情况 1：某个人打算开车撞死叔叔，他开车走在路上，由于被路上的景色吸引因而撞死了一位行人，而这个行人碰巧就是他的叔叔。这种情况下，他杀死叔叔的意向和叔叔的死虽然有联系，但这样的杀害不是行动。[⑤]

带着这个差别，塞尔详细区分了先在意向和行动中意向（intentions in action）。杀死叔叔的人驾车撞上他的叔叔不是谋杀，因为他虽然有杀死叔叔的先在意向，并且也造成了他叔叔的死，但这不是通过行动中意向的方式实现的。如果有行动中意向参与，情况应当是情况 2：他带着杀死叔叔的先在意向开车上路，他看见叔叔在过马路，因而他驱车上前撞死了叔叔。行动中意向把真正的行动，同因为不在意而导致的行动区分开来。情况 2 中的行动是谋杀行动，因为该行动不仅是由具体意向引起的，而且是以行

---

① Davidson, Donald. , "Intending." In *Essays on Actions and Events*, Oxford, New York: Clarendon Press, Oxford University Press, 2001, p.84.

② John R. Searle, *Intentionality*, New York, Cambridge university press, 1983, p.35.

③ John R. Searle, *Intentionality*, New York, Cambridge university press, 1983, pp.84-85.

④ John R. Searle, *Intentionality*, New York, Cambridge university press, 1983, p.85.

⑤ R. M. Chisholm, "Freedom in Action," in *Freedom and Determinism*, ed. Keith Lehrer (New York: Random House, 1966), p. 37.

动中意向的方式引起的。情况 1 不是谋杀，因为虽然司机有杀死叔叔的先在意向，但他没有杀死叔叔的行动中意向。[1]

先在意向最终造成我们以某种特定方式实施行为的例子十分常见，但行动并非必然与先在意向相一致。[2] 例如，在某次选举中我可能有将选票投给候选人 A 的先在意向，但身处投票站投票的时候，我临时改变主意将选票投给了候选人 B，这种同先在意向不一致的行动不意味我没做出行为，也不意味有人强迫或因为我的手不小心投给了候选人 B。与先在意向不一致的投票也是行动，因为身体运动可以追溯到构成我思想变化的行动中意向。即使在这种情况下我投了候选人 A 的票，我的身体运动之成为行动，也不是因为我有投 A 的先在意向，而是因为这种身体运动可以追溯到投票给 A 的行动中意向。先在意向仅仅是行动中意向的原因，行动中意向并非必然同于先在意向。行动中意向是区分身体运动（movement）和行动的关键。

戴维森的行动也不是泛指任何身体运动，而是仅指那些由心理状态引起的身体运动。戴维森的看法是，"行动"指一种身体运动，由适当的心理状态引起，而塞尔认为，"行动"一词不仅包括身体运动，而且还包括引起这种运动的意向。"行动"这两种概念上的区分似乎非常细微。塞尔认识到因果来历（causal history）是行动概念的根本因素，所以要求行动要涵盖这些心理状态本身（行动意向）。

戴维森的解释架构是：　　　　　　塞尔的解释架构是：

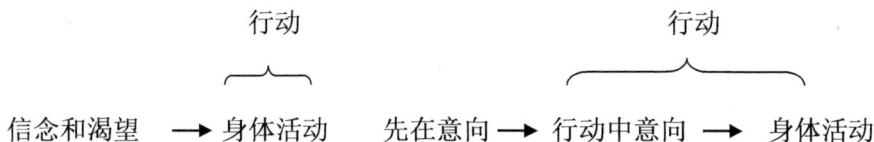

行动　　　　　　　　　　　行动

信念和渴望　→　身体活动　　先在意向 →　行动中意向 →　身体活动

塞尔和戴维森的区别仅仅在于行动是举动（必须由心理原因引起）还是"举动 & 意向"。抛开这些区别不论，在行动与意向的"因为"解释中，塞尔基本上遵循了戴维森的思路："因为"是因果的。但不同的是，塞尔认为：行动是"举动和与之相连的意向"的组合体。

塞尔在《行动理性》中对行动的解释

塞尔在《行动理性》（2001）中对行动的解释是在《意向性》（1983）

---

[1]　John R. Searle, *Intentionality*, New York, Cambridge University Press, 1983, pp.82-83.

[2]　John R. Searle, *Intentionality*, New York, Cambridge University Press, 1983, p.107.

的基础上进行的，但是，他后来的观点与戴维森的观点有了更明显的区别。在《行动理性》中，塞尔否认"因为"只能解释为因果关系（"因为 e"），他认为"因为"必须包括辩护因素（"因为 j"）。塞尔反对包括戴维森在内的所有认为"因为"只表示意向和举动之间因果关系的观点，在他看来，行动和意向之间不再是完全的因果关系，这种解释明显地偏离了戴维森在行动上的因果解释。

我们很容易把对信念、渴望的原因同其他类型的原因做比较。考虑如下因果关系：情况 1，下落的雨水聚集在橡树的枝干和叶子上，引起一个老树枝干的断落；情况 2，某人强行控制我的手臂向上抬起；情况 3，我有意抬起手臂。很明显，情况 1 和 2 不同于情况 3，因为前两种情况导致的结果不是意向造成的。

情况 1 对于因果规律论者（regularity theorists of causation），如休谟（David Hume）来说，只要某些条件被满足，譬如树干不太粗，细胞结构已经老化，受重力吸引，有足够量的雨滴聚集等，该树干势必要断裂。类似的，只要某人以足够大的力量抓住我的手臂并施予足够大的力量向上举，如果没有任何阻碍，我的手臂一定举起。注意，在这两种情况中，条件组中的任意一个条件都不足以让树干断裂或让我的手臂举起。如果水珠在树干上堆积，但是树干相对较粗，或者这个树干下下顶上了另一棵树干，它都不会断裂。如果控制我手臂的那种企图被我的力量抵消，我的手臂也不会抬起。但是如果水的重量或向上的外部推力再加上一系列其他条件，因果规律论者认为上述结果一定会出现。简言之，按照这种因果理论模型，它们各自的结果都是由某些早前的状态所造成。如果这些初始条件被重复，相同的结果一定会重现。

因果规律论者会认为，如果我决定手臂向上抬起，一组信念和渴望（或其他意向性状态）必然造成我的手臂向上抬起。任何带有相同信念和渴望的人，在其他条件不变时，手臂必然抬起。虽然塞尔赞成非意向的因果规律论，但他反对把这种因果关系扩展到意向。戴维森的传统是把行动看作由行为人的各种信念和渴望组合产生的结果，意向性内容（intentional contents）在因果关系上是行动的充分条件。塞尔不否认这些意向性内容是行动原因的一部分，但他否认所有行动可以完全根据意向性内容来充分解释。[①]

诚然，当我们面对特别强烈或难以抑制的渴望时，我们的心理状态

---

① John R. Searle, Rationality in Action, *Massachusetts Institute of Technology*, 2001, pp.12-14.

(mental states) 有时会完全控制我们的行动，如吸毒上瘾、爱或恐惧都可能引起我们做出服从那些意向性状态的行动，人们能够想象被意向性状态牵引着被动而不是主动实施行为的情况，这些都是例外的变质的行为。塞尔指责因果决定论者把这些特殊情况抬高成了行动的范例。

在理性行动（rational actions）中，如果我们的信念和渴求在因果关系上不是行动的充分条件，那么什么是充分条件呢？是什么促成了我们的手臂向上抬呢？与休谟的看法不同，行为人（agent）概念不仅仅包括一系列意向性状态，行为人自我（the self）还包括意志和认知。意志力通过意志开始一个行动，塞尔把自我的这一部分称为"行为人"，能动作用（agency）从因果关系上足以产生某些身体运动。但要注意，对于信念、渴望或生物神经构造来说，因果关系模型似乎是不必要的，意志不是一种因果关系，因果关系对世界是无感知的，而行动是刻意的，不仅凭借一组信念和渴求，而且还要与这些信念和渴求相协调。换言之，信念和渴求尽管不是从因果关系的必然性上产生行动的，它们仍然可以成为一个行动的原因，可以成为行动理由的辩护。所以，完全的自我不仅包括能动作用或意志力，而且还有信念、渴求、感知、记忆以及其他的意向性状态。不仅如此，这些意向性内容和意志能力必须要统一在自我上。

传统的行动解释模型有一个重要弱点：它无法解释行为经验（the experience of acting）。当举起手臂的时候，我感觉不到有什么东西在支配我，我的信念和渴求不会像另一个人在强迫我或者像雨点堆积导致树干断裂那样，强制我举起手臂。虽然传统模式有它的优点，但它完全违背了我们不可否认的心灵自由——我们能够决定我们如何行为。如果没有心灵自由的经验，我们移动手臂或控制手臂的经验将类似于他人移动或控制我的手臂（行为的力量来自外部而不是内部）。即使当我们面对一个并不与其他渴求相冲突的渴求时，我们还是觉得我们能够以其他方式做出行为，我们固然可以根据这个渴求实施行为，并且在这样做时，我们可以把渴求既当作原因（causes）又当作理由（reasons），但是在说渴求是原因时，我们并不是在说我们的行动是被迫的。就行动而言，虽然信念和渴求是行动的原因之一，但从因果上说它们不是充分的。[①]

当然，自由的经验或许只是假象。如果这样，塞尔的行动模型最多只解释了像"自我""行动"和"理由"这些语词在语言中是如何运作的，但是从充分性上讲它们是无效的。让我们来考虑这种情况的可能性。

---

① John R. Searle, Rationality in Action, *Massachusetts Institute of Technology*, 2001, pp.12-32.

根据塞尔的模型,"自我"假设的主要动机是自由的经验,自由发生在塞尔所谓的间隙(gap)中,"间隙就是,当我们觉得有可供选择的决策和行动以因果方式向我们敞开时,我们有意识地做出决策和行为的特点"①。

自我在间隙中起作用并且与意向仓库(intentional store)相协调,自我一直是行动的源泉。实际上,存在着三个自我可以介入的间隙和位置。当与意向仓库协调时,自我决定行为、方式受到行为人信念和渴望(先在意向)的影响,接着做出行为的决定(行动中意向)和行为,继而完成行为。因为开始的决定容易受行为人具体信念和渴望的影响,所以信念和渴望是原因,但是因为意志力仍然可能打断这种从信念和渴望开始、以完成行动而结束的链条,所以信念和渴望不能称为在因果上是充分的。

塞尔的模型可用 2-1 图表示:

间隙,自由意志,自我;

因果链条可能在这些位置的任何一处断裂

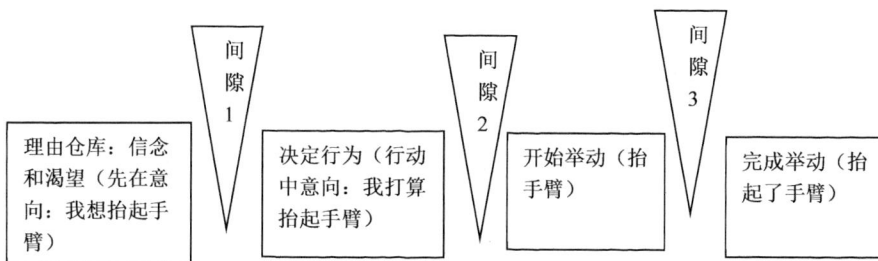

图 2-1

现在我们能够解释:塞尔从早期著作《意向性》到《行动理性》中对行动说明的转变。诚如上文所述,在《意向性》中塞尔追随戴维森,认为行动的产生理由是"因为 e",要使举动被视为一个行动,该举动一定要由意向性状态引起。在《行动理性》中塞尔仍然认为行动必须要由意向性状态引起,因此他继续赞成在《意向性》中的解释,但是他否认在因果关系上意向性状态对于行动是充分的,行动充分、正确的原因是自我。但是由于自我行为需要与各种信念和渴望相协调,这些意向性状态或原因在因果关系上也不是不起作用。所以,根据塞尔的早期解释,依然存在"因为 e"意义上的行动中意向产生行动的情况。

但是,诚如我们所见,后来塞尔增加了行动和意向性状态连接的另一种方式:信念和渴求不仅在因果关系上与行动关联,而且还可以用于为行动辩护或保证(warrant)行动。用来辩护行动的意向性状态才是它的规

① John R. Searle, Rationality in Action, *Massachusetts Institute of Technology*, 2001, p.62.

范力量（normative force）。例如，开车超速被抓，我用不想迟到的渴求来辩护我的行动，"我超速因为 j 我不想迟到"，但这种渴求也可以说成"我超速因为 e 我不想迟到"。顺便指出，并不是每一个原因都可以辩护行动。例如，我的油箱有油也是我超速的理由之一（油箱没油我就不能超速），但它并不保证我超速的行动。

理由 X 不能辩护行动 Y 有两种情况。第一，X 是一个坏理由（bad reason）。虽然迟到不是很好的超速理由，但他的头发需要吹干明显是超速的坏理由。第二，在更严格的意义上 Y 和 X 根本没有辩护关系（justificatory relation），X 甚至都不能称为 Y 的坏理由，此时 X 不能辩护 Y。我们用"不可辩护的"（unjustifiable）来标识那些不能用来辩护行动的情况。

一般而言（不绝对），被辩护的对象是行动，如果对象 Y 不是行动，可能就是不可辩护的。例如，下雨从因果上解释了树干断裂，但不能辩护树干断裂，问题不是下雨多坏地辩护了树干断裂，而是下雨和树干根本没有那种辩护关系。树干是不可辩护的。类似的情况是某人身体受到外力强迫抬起手臂，在这种情况下行为人的举动是不可辩护的，所以该手臂的抬起也不是行动。

塞尔研究的结果是有些行动是不可辩护的。例如，吸毒者因为渴求快乐而注射海洛因，塞尔和戴维森都认为这是行动，因为这种举动是由行动中意向引起的。但是，渴求快乐不能辩护注射海洛因，这时对辩护的解释似乎有些模糊。吸毒者有不注射海洛因的更好理由，渴求快乐可能只说明它不是一个好的辩护，但是想象一下，如果吸毒者毒瘾非常严重，对海洛因的渴求完全遮掩了其他的刺激因素，以致他或她不得不使用毒品（注意，注射海洛因对于超级瘾君子来说仍然是行动），虽然此时注射毒品是由行动中意向导致的，但这种行动不是那种可辩护的情况，也不是出于坏理由做出的行动，更像是断裂的树干，无法给出辩护。注射毒品更像一种盲目的自然之力，它的原因无法追溯到自我。

经过一番分析，塞尔区分了理性行动和非理性行动。非理性行动指受到内部的强迫，不得不如此行事，就像被不可挡的渴求所支配，除了由意向性状态引起之外，这种行动和自然现象相似。法律上的不具备刑事责任能力的孩子，他们可以不对事件负有任何责任，非理性行动可以被归到一般因果规律之下。理性行动是指：即使具有相同的意向性状态，行为人也可以以其他的方式行为。塞尔说："……从因果关系上由信念和渴望充分决定的行动，不是理性的模型（models of rationality），实际上这种行动是奇怪的，一般也是非理性的，例如，只能按照渴求行事否则就无法行为的吸毒者情况。但是，在理性做决定的一般情况下，我可以在每个可利用的备选项中做出选择，并且思考这样选择的各种原因，例如，当我试图决定投票给哪一位候选人时。只有我认为我的一组信念和渴望自身不是从因果关系上充分决定了我的行动时，我才是在从事这种活动。"① 例如，如果想吃也需要吃东西，但我决定不吃，尽管这是坏的辩护，我的行动仍然是理性行动，因为我的行为方式没有受到内部或外部的强制。

塞尔的观点可概括如下：要成为一个行动，一个举动必须由行动中意向（包括信念和渴望）引起；并非所有行动都是理性的，理性行动就是行动中意向不必然引起或保证的一种举动；由不可抵挡的意向性状态引起的行动不是理性的，非理性行动是不可辩护的；理性行动虽然同意向性状态相协调，但由自我决定；理性行动由意向性状态引起但不由那些意向性状态所决定。

注意，塞尔也不认为所有的理性行动都可得到辩护（尽管所有被辩护的行动是理性的）。被辩护的行动不但要同意向性状态相协调，而且一般是通过某些标准做出。例如，一个严格遵循吃法国薯条进行减肥的人可能在理性地行为（acting），但这种饮食是一种差的减肥方式，这种行动辩护是坏的辩护。前文提到，存在辩护行动可能失败的两种意义：一种是行动没得到辩护，因为我正在以一个坏的理由行为；另一种是行动不能被辩护，因为我的行动不是那种能给出理由的事件（无论理由的好或坏）。后一种不能辩护的行动是非理性的，它意味了某种强制力，并且纯粹的举动是不可辩护的。

我们看到，塞尔在《意向性》和《行动理性》中强调的重点发生了变化。在《意向性》中，他相信行动是意向性状态导致的（因为 e），但是引入了能动作用以后，行动和理由之间就有了两种关系。当意向性状态和行动之间的因果联系成立时，这些意向性状态可以进一步为行动做辩护。行动不仅仅是具有因果方面的正确举动，而且一般还是能被辩护的事件。行动由"自我"用意志产生，只有当意向性状态和身体运动由"自我"意志支配，这些意向性状态才能被合适地称作理由，行动发生的理由不仅仅是"因为 e"，更重要的，理性行动发生的理由是"因为 j"。

我们可以用下图 2-2 来概括后期塞尔在《行动理性》中对行动的分类：

---

① John R. Searle, Rationality in Action, *Massachusetts Institute of Technology*, 2001, p.12-13.

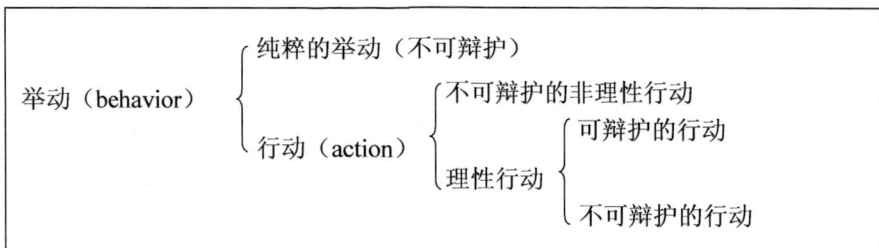

图 2–2

第二节　从行动到言语行为：交流意向

行动中的言语行为

　　塞尔的行动（action）哲学是新世纪以后的研究成果，与他早期对言语行为的研究是联系在一起的，是言语行为理论的发展与延伸，因为"言语行为是人类行动的一个子类"[①]。

　　塞尔认为语言的基本单位是"言语行为"（speech acts）。塞尔说："举个语言交流的实例，当我发出声音或在纸上做出一条信息时，我一定要假定声音或标记是由人或多少像我自己这样的人带有某种意向做出的。"[②] 如果海边漂来几块浮木组成单词"hello"的形状，我们会把它从语言的范围中排除出去，部分原因在于大海的波浪使得浮木如此，它不是由人的信念和渴求（意向性状态）所引起，不是由行动意向造成的。由一堆木块组成的莎士比亚的十四行诗，如果被认为是语言，我们一定假定了存在着意向的能动作用（intentional agency）。如果不存在什么神灵介入，它一定来自人的行动。

无论字面意义还是说话者意义，塞尔认为言语行为来自人的意向性状态，和声音没有本质必然的联系。如果我用笔书写出字母"hello"，或者用手做出某个姿势（肢体语言），都可能是言语行为。语言牵涉到声音和身体行为（physical acts），但行动（action）仅仅是语言的必要而不充分条件。像煮鸡蛋、模仿声音或者移动棋子，在做这些动作时虽然人们也在实

[①] John R. Searle, Response: Meaning, Intentionality and Speech acts, in *John Searle and His critic*, (Ed) Ernest Lepore and Robert Van Gulick, Oxford: Basil Blackwell, 1991, p.82.

[②] John R. Searle, *Speech Acts*, Cambridge: Cambridge University Press, 1969, p.16.

施行为，但都没有做出言语行为。如何区分言语行为和其他类型的理性行动呢？

简单说，在相同的情境下，言语行为产生意义（meaning），而煮鸡蛋、声音模仿或下棋不产生这种意义。假定两个人都有意识地发出声音"琼斯回了家（Jones went home）"，那么只有具有表征意向的那个人（A）在表达他的意思，而那个不懂英语或纯粹在模仿人（A）的人（B）却不是，虽然这两个人做出了相同的行动，但只有人（A）做出了言语行为。

什么东西可以使得说出一句话不但是行动而且是言语行为呢？我们又一次回到维特根斯坦曾提出的问题：对于有意义的话语，如果我抽掉"他说"这个事实之后还剩什么呢？科学自然主义者会认为：问题的答案不可能是声音，因为声音毕竟只是一段频率。从自然科学的角度讲，我们能够理解机械因振动而发出声音，但我们却不能以同样的方式理解话语的意义。塞尔问道："当我说'琼斯回了家'时，某种程度上它只是一串声音，但我的意思却是：琼斯回了家，这是如何可能的。说某事并意味某事和说某事不意味某事之间的区别是什么呢？"①

语意论与交流意向论

在回答意义是如何可能的以前，我们必须澄清塞尔在意义观上的立场。斯特劳森（Peter Strawson）在《意义与真理》中说，意义的哲学概念产生的争论，某种程度上具有一种荷马史诗般的性质。②争论的一方是语意论者（semanticists），他们把自己的传统溯源于弗雷格、罗素和早期的维特根斯坦。另一方是交流意向论者（communication intention theorists），他们把摩尔（G.E. Moore）、后期维特根斯坦和奥斯汀（J.L. Austine）奉为先驱。为了准确地理解塞尔的观点，我们有必要对这两种传统的观点和背后的动机作一个梳理。

语意论者认为，意义主要在于语词指称世界的能力和描述世界的方式，如果我说"上海正在下雨"，句子的意义就是它的真值条件。这里的真值条件类似于塞尔言语行为的满足条件（conditions of satisfaction）。斯特劳森提到语意论者时说："句子的意义是它的真值条件这一思想是弗雷格和早期维特根斯坦具有的，我们也可以在许多后来的学者那里找到这种思

---

① John R. Searle, *Speech Acts*, Cambridge: Cambridge University Press, 1969, p.3.

② A.P. 马蒂尼奇编，牟博、杨音莱、韩林合等译 . 语言哲学 . 北京：商务印书馆，2006，p.184.

想"。① 众所周知，早期的维特根斯坦曾提出，语句是世界的图像。当句子为真时，命题的成分必须有指称，"图像就是这样依附于实在的；它直接触及实在。"② 也有理论家认为语句直接触及实在，并不以图像为中介，例如艾耶尔。所有的语意论者赞同语句有意义，原因是它们描述或表征了世界。所以，诸如声音"晴朗的天空中飘浮着几朵万里无云"或风吹过树梢发出的声音都被认为是无意义的，因为它们都没有以某种方式表征世界。

塞尔是语意论者吗？我们需要声明塞尔对这种观点持有同情态度。塞尔认为语言里的话语反映了意向性的结构，每种意向性状态都有表征内容，表征内容依据不同的适应方向被纳入不同的心理模式。③ 表征内容以它的满足条件来模拟世界，心理模式表明在满足条件与世界不匹配时说话者需要做什么。如果说出的话语反映了具有表征内容的意向性，那么我们的话语也具有了表征内容——塞尔称之为"命题内容"。命题内容在语意论者那里也是有意义的，它以某种方式表征世界。

语意论者的主要困难在于他们似乎排除了我们平常认为的很多有意义的话语，话语带有真值条件只是一种假说，并非所有的话语都有真值条件，也不是所有话语都以某种方式表征世界。后期维特根斯坦注意到语言的复杂现象，我们不能期望把话语归属为一种简单的记述（话语具有真值条件），这样的哲学承诺钝化了我们对意义的敏感性。语言中的复杂现象提醒我们要考察语词使用的一般情况，维特根斯坦试图将人们从这种禁锢中解放出来，强调语言是通过我们有意义地使用语词的很多方式表达世界的：

用图表表示一个实验的结果——

编故事，读故事——

演戏——

唱歌——

猜谜——

编笑话；讲笑话——

解一道应用算术题——

把一种语言翻译成另一种语言——

① P. F. Strawson, "Meaning and Truth," in *Logico-Linguistic Papers*, London: Methuen, 1971, p.176.

② Ludwig Wittgenstein, Tractatus Logico-Philosophicus, ed. David Francis Pears and Brian McGuinness, Routledge Classics, London; New York: Routledge, 2001, 2.1511.

③ John R. Searle, rationality in action, Massachusetts institute of Technology, 2001, pp.34-36.

请求、感谢、谩骂、问候、祈祷。[①]

维特根斯坦用丰富的隐喻手段抽出了使用方式的多样性：

"想一下工具箱的工具：有锤子、钳子、锯子、螺丝刀、尺子、胶水盆、胶、钉子、螺丝。——这些东西的功能各不相同；同样，语词的功能也各不相同（它们的功能在这一点那一点上会有相似之处）。

当然，我们听到这些语词，看到写出来印出来的语词，它们的外观整齐划一，而这让我们感到迷惑。它们的用法却并非明明白白地摆在眼前——尤其在我们从事哲学的时候！"[②]

维特根斯坦认为语意论者的诱惑源自先看写出或印出的语词，再看世界上的对象，想象它们之间可能有个箭头，甚至对象上面刻着单词。这样做也许夸大了参照物的作用，但这种做法已经从获得意义的环境中抽出了语词。在赞成语意论者的意义概念时，无疑人们将语言归于了过度简单的情况——语言触及世界。在维特根斯坦看来，当这种情况让我们无法解释语词的多重作用时，我们就陷入了困惑。

鉴于这种意义解释方式上出现的困难，很多语言哲学家在其著作中都试图做出解释：语言用法的非典型情况是如何从标准的直陈情况派生出来的。但是，不含有指称对象的句子依然是令人困惑的，因为它的主语指称了事实上不存在的东西。语词如何可能实现意谓？当说话者意义和话语意义对立时，例如反话和嘲讽，语意论者如何解释呢？不仅如此，还存在很多不用于描述世界的言语行为，例如一个建筑师命令助手把建筑材料拿来，向他人问好或要求还钱等。对于有语意论预设的那些哲学家来说，他们的任务就是要区分出语言用途的意义方面（首要的）和语用方面（次要的），然后说明前者如何派生后者的。语意论者认为一个语意（指称能力）总是先于语用。

但是，如果我们沿着后期维特根斯坦的方向，采用更为宽泛的意义解释（语言除了描述世界外，还对语言能够做的事情做了排序），以上这些困难也许不会出现。交流意向论者努力要做的是：语用先于语意。

交流意向论者（主要代表人物有后期维特根斯坦、格赖斯（Grice, H.P.）、奥斯汀以及斯特劳森）注意到：讲笑话、做假设、发命令、问候和编故事都是交流的形式，任何有意义的言语共同的特点是，在听话者身上产生效果的意向。各种不同的言语行为就是根据在听话人身上产生的效果加以区分的。奥斯汀就是按照效果把话语称为"施为句"（performatives）

---

① 维特根斯坦著，陈嘉映译.哲学研究.上海：上海世纪出版社，2005, p.15.

① 维特根斯坦著，陈嘉映译.哲学研究.上海：上海世纪出版社，2005, p.15.
② 维特根斯坦著，陈嘉映译.哲学研究.上海：上海世纪出版社，2005, pp.8-9.

第二章 言语行为和行动 | 71

的。施为句指向听话者，并且根据某些约定以多种方式影响听话者。按照这种模型，所有的言语行为都含有一个功能，就是意图在听话者身上产生效果。

注意，言语行为并不要求话语一定要在实际上产生意欲的效果。但正像一把钝刀，尽管不能切割，它也是刀子。所以只要人们说出了打算产生某种效果的话语，就可以被充分确认是言语行为。如果我对不会说汉语的人说"琼斯回了家"，尽管我没有在听话者身上产生出意欲的效果，因为我具有让听者理解的意向，所以成功地做了一个言语行为。

交流（communication）是高度约定性的，我们总是为了一个偶然的目的依据事先定义好的规则而交流。话语"我承诺把这张支票换成现金"完全通过我和听话者都享有的构成规则（constitutive rules）交流（communicate）我的意向。或许我们可以通过解释语言中的构成规则，进而可以区分出表达式的种类，因为这些规则常常嵌入话语的语法形式中。例如，声音"拿杯水！"被视为一个要水的命令，"水拿过来了"被视为是一个断定。作为交流意向论者，斯特劳森指出："准确地说，规则是交流的规则，是通过遵守它，话语达到目的、实现交流意向的规则，这就是规则的本质特性。"①

塞尔是交流意向论者吗？早期的塞尔把自己归属于奥斯汀的交流意向论一派，他认为解释语言意义的最好方式是根据语词能够做什么，它能产生的效果。塞尔说："我最初研究语言哲学，大多数作品试图创建言语行为的一般理论，广泛利用了牛津哲学家，特别是奥斯汀创立的观点。"②在《言语行为：语言哲学论》中，塞尔曾明确提到他对意义的解释追随格赖斯。③他说："在说我试图向我的听话者表达某事时，我正使他认识到我向他表达这些东西的意向。"④注意，塞尔的话表明他是根据话语在听话者身上产生的效果来定义意义的：我们说某事并意味它，仅当我在试图向听话者传达某事。区分言语行为和其他行动的关键是：话语是带着交流意向做出的，就是在听者身上产生理解的意向。煮鸡蛋时，我也在做出行为（acting），但我并没有在听者身上造成理解。话语"你好"（hello）是有意

① Strawson, P. F, Meaning and Truth, in *Logico-Linguistic Papers*, London: Methuen, 1971. 也见：A.P. 马蒂尼奇编，牟博、杨音莱、韩林合等译. 语言哲学. 北京：商务印书馆，2006, pp.186, p.173.

② John R. Searle, "A Philosophical Self-Portrait," in The Penguin Dictionary of Philosophy, ed. Thomas Mautner, London; New York: Penguin Books, 1997, p.512.

③ John R. Searle, *Speech Acts*, Cambridge: Cambridge University Press, 1969, p.43.

④ John R. Searle, *Speech Acts*, Cambridge: Cambridge University Press, 1969, p.43.

义的，仅当我正试图在听者身上产生某种效果，让他认识到我在向他致意。尽管如此，hello 这个例子无法轻易地归在语意论的观点下，因为"hello"没有表征内容。

塞尔提出语言的基本单位是言语行为而非语词或句子[①]，这种观点的意义在于：他指出了语言是以一种因果方式嵌入世界中的。语言（linguistic）是一种理性事实，它是行为人（agent）为了响应世界上的事态和某些意向而创制的。但是，在语意论者看来，语词本质上具有含义（sense），这些含义指称世界，它们无时无刻不映射世界，行为人使用语词交流是语言的语用特征，是语意的派生。如果言语是一种行为（act），那么语言就总是行为人出于各种目的而做的事，行为人（actor）的目的体现在语话的满足条件上，行为产生的效果是这些目的的实现。语意论者把语言的指称部分视为逻辑上先于语用，但塞尔认为事实的顺序恰恰相反："只研究语意的形式特征而不研究它在言语行为中的作用，就像只从形式上研究经济中的货币和信用体系而不去研究货币和信用在经济交易中的作用。不研究言语行为可能对语言研究说出很多东西，但这样的纯形式研究必定是不全面的。"[②]

就言语行为而言，尽管很多话语有语意内容，但塞尔还是愿意把那些没有语意内容的话语包含在"有意义"（meaningful）的概念之下，只要它们能够在听者身上起到某种效果，即产生理解。所以，早期的塞尔属于交流意向论者一派。但是，随着《社会实在的建构》以及《人类文明的结构》等著作的出版，塞尔逐渐加强"地位功能"在"制度"中的重要作用，这提醒我们注意，塞尔关于语词、句法的"地位功能"或满足条件在意义交流中起到重要作用。塞尔所谓的言语行为，不过就是将"满足条件"施加到"满足条件"上，前一个"满足条件"指语意的满足条件，后一个"满足条件"指以言行事的满足条件。从"地位功能"或"满足条件"这个角度看，塞尔又在一定程度上表现出弗雷格以来的语意论倾向。

---

① 塞尔说："不像人们通常假定的那样，语言交流的单位是符号、语词或句子，而是在做出言语行为时产生或发出这个符号、语词或句子。"见 John R. Searle, *Speech Acts*, Cambridge: Cambridge University Press, 1969. p.16.

② John R. Searle, *Speech Acts*, Cambridge: Cambridge University Press, 1969, p.17.

第三节　言语行为和其他行动的区分条件

　　区分言语行为和其他行动的东西是什么？言语行为是有意义的，塞尔说的"有意义"指什么？前面我们介绍了两种情况，语意论者认为言语行为有意义仅当它们具有真值条件或满足条件，满足条件使得言语行为能够把世界表征为某种方式（a certain way），这和煮鸡蛋的行动截然不同。在《言语行为研究》[①] 中，塞尔同情但拒斥了满足条件的意义标准。一般而言，言语行为具有表征内容，但有些言语行为没有命题内容，例如打招呼。人们打招呼时，在任何层面上都没有模写或表征世界。于是出现了意义的另一种思想：交流意向论。在种类繁多的言语行为中，究竟哪些性质可以使我们称它是有意义的呢？在《言语行为研究》中，塞尔赞成交流意向论者的回答：言语行为不同于其他行动，因为它们带有在听者身上产生某种效果的意向。

　　所有的行动都为了产生某种效果。言语行为要达到哪些效果？什么样的效果能将言语行为从其他行动中筛选出来？塞尔的回答大体上趋近于格赖斯，但和格赖斯又有所不同。"说话时，我试图通过让听者认出我在向他传达的意向，向他传达那些东西。"[②] 我们不妨换个说法表达塞尔的观点，如果说话者的行动被视为言语行为，说话者必须有两个意向：

　　1. 交流意向——在听者身上产生某个以言行事的效果；

　　2. 通过让听者认出产生以言行事效果的意向（交流意向），完成以言行事的意向；

　　此外，塞尔还给出了言语行为的第三个条件：

　　3. 凭借听者对支配句子规则的知识而产生这种效果的意向。

　　出于使讨论更为直观的目的，我们把塞尔的三个条件统称为以言行事意向（illocutionary intentions），其中让听话者认出以言行事效果的意向即条件2，称为桥接意向，条件3称为规则意向。在详细讨论以言行事意向之前，我们先简单回顾一下塞尔遇到的一个反对意见。

　　如果打算的效果是在听者身上产生理解，那么如何说明自言自语（soliloquy）的情况？在这种情况下，我们好像也是在有意义地说话，但不具有在听者身上产生效果的意向，因为面前没有听者。依据塞尔上面的标准，这种行动似乎不能称作真正的言语行为。在回答这种反对意见时，

---

　　① 它的全称是《表述和意义：言语行为研究》，以下同。

　　② John R. Searle, *Speech Acts*, Cambridge: Cambridge University Press, 1969, p.43.

塞尔指出自言自语是言语行为派生出来的极端情况，这时的说话者就是听话者。所以自言自语仍然被视为有意义的，只是说话者旨在与自己交流。①

条件 1 分析

所有的行动都是由意向性状态导致的身体活动（movement），区别言语行为和其他行动的首要条件是：言语行为涉及在听者身上产生理解的意向，即交流意向。换言之，为了区别言语行为和其他类型的行动，我们必须首先研究引起行动的意向性状态及其满足条件。

比较煮鸡蛋的行动和向某人打招呼时说"hello"的言语行为（speech acts），两种行动（actions）都由渴求（desire），或具有向上适应方向（从世界向心灵的指向）的某个意向性状态引起。说话者说出"hello"，他渴求的满足条件是听者理解某件事，厨师渴求的满足条件是鸡蛋被煮。厨师的思想表征了一个鸡蛋被煮的可能世界，如果鸡蛋没有被煮或听者没有理解，主体的渴求就会挫败。但是，即使两种行动都没有实现各自的满足条件，它们仍被称为行为。做饭、说话或做出其他行动并不要求主体每次都是成功的，只是要求他们的举动是由某个意向所引起。但是，做饭和说话在引起举动的意向性状态内容上完全不同：厨师缺少在另一个人身上产生某个效果的意向。某种行为之所以是有意义（meaningful）的，不是因为它表征了世界，而是因为它带有影响听者的意向。恰恰因为强调了交流意向，塞尔才被人们视为交流意向论者。

简单说，言语行为和其他行动的本质区别就是说话者打算把意向性状态的内容展示给听者。在话语"hello"中，说话者不但表达了一句问候，凭借语境还可以让听者喜欢或者使听者的注意力转移、令其吃惊或者使他产生焦虑等。追随奥斯汀，塞尔把由话语可能引起的预期效果分为两大类：以言行事效果（illocutionary effects）和以言取效效果（perlocutionary effects）。以海关官员命令旅客出示护照为例，至少存在两种命令失效的情况。情况 1 是：旅游者可能理解命令但没有拿出护照——也许他忘了护照或公然反抗。在这种情况下命令没有产生那种意欲的以言取效效果。命令的功能是产生某个预期结果，以言取效效果中包含了这个结果。官员发出命令的原因或目的是让听者产生他想要的举动。注意，命令的这种失败首先要以旅客理解命令为前提，以言取效效果是由以言行事效果引起的。旅

① Searle, "Meaning, Communication, and Representation," in *Philosophical Grounds of Rationality*, ed. Richard E. Grandy and Richard Warner, New York:Oxford Clarendon Press,1986, p.211.

游者只有理解了官员的命令，交流才是成功的。只有旅客理解了海关官员想看他的护照，他才可能服从命令，上前拿出护照。

情况 1 解释了以言行事意向成功（话语在听者身上产生理解或以言行事效果）和以言取效意向不成功情况（虽然理解海关官员但拒绝出示护照）。另一种情况可能是旅客愿意拿出护照但海关人员使用的语言他们不懂，譬如旅客不懂汉语"我想查看你的护照"是在意指"I would like to see your passport"，如果这样，言语行为没有成功，该命令没有在听者身上产生以言行事的效果（即理解）。注意，尽管听者没有理解，我们却不能说海关官员的话不能作为一条合格的命令，我们只能说这句话不是成功的言语行为，因为它没有产生意欲的以言行事效果。

理解或可被认为意向性内容（如官员渴求旅游者出示护照），通过物理介质（physical medium）（包括声音、文字或姿势）从说话者向听话者的传递。如果听话者理解了官员的渴求，这种传递就是成功的，但是以言行事的效果不仅带有让听话者认识到命令的意向，还有让其出示护照的意向。所以，说话者已打算的结果是：第一，旅游者理解官员的命令（以言行事的效果），其次他出示护照（以言取效的效果）。我们可以用图 2–3 对此要点做个概括：

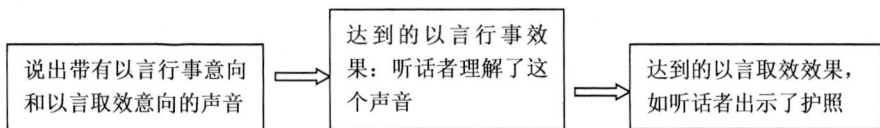

图 2–3

交流意向论的困难在于：言语行为、意义、交流、理解和以言行事效果的概念，盘结在了一块；好处在于，区分了句子与言语行为，有些类似于语意论者将语言的意义方面与语用方面做区分。如果意味某事不等于指称某事，那么就一定涉及说话者向听话者交流的企图。因此意义的基本单位不再是句子而是言语行为，说话者打算用声音在听话者身上产生以言行事的效果或理解。对于交流意向论者来说，语言并不是语词和对象间两元的永恒关系，而是行为人之间的多元的时间关系：说话者的意向仓库是产生语词的原因，如果语词是成功的，它就把类似的意向传递给听话者。

条件 2 分析

如果一个行动要成为言语行为，还必须满足第二个条件。在对条件 1 的分析中我们看到，说话者打算在听者身上产生以言行事的效果只是言语行为的必要条件，不是充分条件。塞尔和格赖斯一样，要求说话者一定要打算让听话者认识到：说话者具有让听话者产生理解的意向。为了说明条件 2，格赖斯设计了一个精致的例子：[①]

说话者可能在听话者身上产生的理解是信念，比如 A 希望 B 相信 C 是杀人犯。如果 A 的方法是偷偷地把 C 的手帕留在犯罪现场，这就违背了第二个条件，因为当 A 打算在 B 身上产生理解时，A 没打算让 B 认出 A 有第一个意向。这时 A 的行动虽然是成功的（B 认为 C 是杀人犯），但我们一般不会想到 C 被怀疑是凶手是因为 A 故意地丢了 C 的手帕。所以 A 丢手帕是行动但不是言语行为。

概言之，如果第二个意向——桥接意向——的满足条件实现了，它便让听话者知道获得的信息就是说话者打算交流的信息。桥接意向是听话者理解话语的源泉，与交流意向和规则意向相比，它可能只是一个相对较小的限制条件，但却有重要的意义。

条件 3 分析

如果行动是言语行为，它一定要满足第三个条件。说话者的满足条件不但一定要包括听话者的理解（第一个条件），而且说话者必须以特有的方式产生那种理解。第三个条件标出了一个真正的言语行为在交流时必须使用的方式：说话者不仅要在听话者身上产生理解意向，一定还要通过约定的方式这样做。约定性一方面意味了声音和意义之间的关系是任意的，"在一种语言中执行言语行为……在某些条件下说出如此这般的表达式被视为做出了一个承诺，是个约定问题——这不同于策略、技术、步骤或自然事实"[②]。另一方面，也意味了这种关系是公共的，这种公共性源自对约定的集体接受。说话者一定要以支配句子使用的构成性规则的约定知识，打算在听话者身上产生理解。

使用构成性规则是塞尔解释言语行为的关键特征，但此处笔者并不打算对构成性规则展开论述，仅用两个例子来说明塞尔对言语具有约定性的要求。

例 1

A：希律王给撒罗米看盘子中施洗者约翰的头。

B：希律王对撒罗米说："施洗者约翰死了。"

[①]　H. P. Grice, "Meaning," *The Philosophical Review* 66, no. 3 (1957). pp. 377-388.

[②]　John R. Searle, *Speech Acts*, Cambridge: Cambridge University Press, 1969, p.37.

例 2

A：比尔用缠着绷带的腿回应打垒球的邀请。

B：在回应打垒球的邀请时，比尔说："我的腿打了绷带"。①

尽管希律王拿出头颅与比尔出示他包扎的腿都有产生理解的意向，但他们的行动不是以约定的方式指他们所做的事情。相反，在说出"施洗者约翰死了"和"我的腿打了绷带"时，行动具有了意义，并且成为言语行为。如果两个例子中的 A、B 都有在听话者身上产生理解的意向但只有 B 真正意指某事，那么 A 和 B 之间的区别是什么？ 意指某事与行动 B 的言语表达方式无关，因为言语行为有很多物理基础（physical basis），如声音、标记和姿势。重要的区别在于 B 是约定的：在有了用来构造语言的语法和意义规则之后，声音"施洗者约翰死了"就意指施洗者约翰死了。B 的约定性是非常明显的，试想一下，在另一种语言中，不同声音组合也可能具有相同的意义，像声音"施洗者约翰死了"完全可能意指其他东西或根本不意指东西。呈现的头颅和打了绷带的腿在说明意向上虽然更形象生动，但它们不是约定的。

要求说话者以约定的方式交流，牵涉到说话者和听话者之间在传递理解时使用的交流方式。交流方式一定要使用交流双方事前都接受的一套构成性规则或约定。在回答语言是什么时，塞尔想剔除掉那些行为人举动（behaviors）的自然特征传达理解的情况，如烟预示着有火，盘子中的头代表了死亡等，这种传达理解的方式是自然的而非约定的。要成为言语行为，说话者要有产生以言行事效果和以言取效效果的意向来做出行为，而且，实施的行动一定不能只依赖行动的物理特征产生那种效果。

在许多情况下，满足约定性条件是非常关键的，但塞尔对约定的限制似乎有过强要求之嫌。我们可能用如下两种方式表达天在下雨：1. 说"天正在下雨"；2. 指指头上的积雨云。第一种方式显然满足约定性条件，但用手指是约定的吗？我们有时似乎倾向于把手势看作直指说明，但饲养黑猩猩的人注意到黑猩猩也用手指②，它们也许是从饲养者那里学得的这一动作的。即使我们把手势看作一种直指方式的说明，黑猩猩的这种姿势会被视为约定的吗？毕竟从物理学上讲，用手指不会强迫我们去追踪这个手势——从手到指尖再到被指物体。如果指的手势不是约定的，那么人们轻

① H. P. Grice, *Studies in the way of words*, Cambridge, Mass: Harvard University Press, 1989, p.109.

② Christine Kenneally, *The First Word: The Search for the Origins of Language*, New York: Viking, 2007, p.127.

推同伴或模仿强盗的声音以提醒同伴的情况如何呢？这种行动的方式同样未必是约定的。① 其实，塞尔没必要如此苦心孤诣地限制约定的范围，实际上，认识到情况的哪些方面是模糊的就预设了对约定性的理解能力。

小结

一般而言，与其他的行动不同，言语行为一定由具有如下三种特征内容的意向性状态引起：第一，说话者必须打算向听话者交流（交流意向），这相当于要求说话者一定打算要在听话者身上产生以言行事的效果或理解，说话者要把意向性内容以某种方式（比如姿势、声音或符号）传达给听话者。第二，说话者一定要打算让听话者认识到说话者有第一个意向（桥接意向）。如果前两个以言行事意向得到满足，听话者会获得理解并且也知道说话者想要听话者明白这个意向，其中桥接意向能够让听话者找到理解的源头。第三个条件（规则意向）为交流的方式添加了一个限制，即意向从说话者到听话者的传递过程中，一定要通过一个约定性的中介。例如，如果使用的声音没有经过语言共同体赋予意义，声音不会成为言语。所以，痛哭或哀号处在意义之外，不是言语。

我们可以用如下图 2–4 来表示言语行为同其他行动的区别：

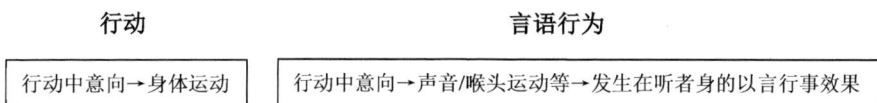

行动	言语行为
行动中意向→身体运动	行动中意向→声音/喉头运动等→发生在听者身的以言行事效果

图 2–4

注意：在言语行为中，行动中意向包括了交流意向、桥接意向和规则意向，即：

1. 在听话者身上产生以言行事效果的交流意向。
2. 让听话者知道意向 1 的意向。
3. 以约定的方式和听话者交流的意向。

---

① 塞尔在《言语行为论》pp.38 承认，有些以言行事的效果不是以约定的方式产生的，但他仍然坚持要求这一条件。塞尔在《社会实在的建构》中用大量的段落，指出制度性事实无法单凭自身的物理结构实现其功能，这也表明塞尔削弱了这个条件。

第三章　言语行为的意向性

塞尔说：语句（发自人之口的声音，或者我们在纸上所作的记号）和其他对象一样都只是世界上的对象，因而它们的表征能力不是内在的，而是源自心灵的意向性。[①] 什么是意向性呢？上一章我们讨论了如何区分言语行为和其他行动，指出区分的关键是以言行事意向，但意向是什么？人们如何将意向性施加在那些本身没有意向的实体（像语词符号）之上的？意向性又是如何让那些对象实现表征作用的？这是本章要考察的内容。

第一节　意向性的心理状态

意向性属于心理范畴，心理研究的主要对象是心理状态。[②] 塞尔把心理状态分成意向性的和非意向性的，两者都能被潜在地意识到。意向性的心理状态是"关于"事物的，非意向性的心理状态不是关于事物的。非意向性的心理状态只有现象上的一些要件而不表征 (represent) 任何外在于它的事物。莫名的紧张就不是"关于"外部世界上的任何事物的，因而属于非意向性的心理状态。

在心灵哲学和认知科学中，人们对意向性的解释颇有争议。表征主义者（representationalists）认为"意向性状态的关于性"是心理状态的定义性标志，包括疼痛（他们认为"疼痛是关于身体的"）在内的所有心理状态都是有意向的，持这种观点的学者有安东尼·露易丝（Louise Antony）[③]，和德雷特克斯（Fred Dretske）[④]。塞尔不是位现象论者

---

① 约翰·塞尔著，刘叶涛译，意向性：论心灵哲学．上海：上海人民出版社，2007, p.1.

② 心理状态又称为心理现象或心理过程，见 F. Brentano, *Psychology from an Empirical Standpoint*, London: Routledge, 1995. p.7.

③ Louise Antony, What it's Like to Smell a Gardenia *Times Literary Supplement*, February 7, 1997, p.25.

④ Fred Dretske, *Naturalizing the Mind*, Cambridge, Mass.: MIT Press, 1995, p.28.

(phenomenonalist)①，他侧重于定性的（qualitative）、主观方面的研究。他的"意向性"专指心理状态中表征或具有"关于"特征的那类心理状态，因此仅部分同意表征主义者的心理状态关于事物的观点。意向性包含很多种心理状态，如信念、害怕、希望、渴望、意向等。在这一节中，我们将考察塞尔对意向性状态"关于"特征的详细说明，包括意向性状态在哪些方面、在什么地方能够表征世界。

意向性的内容类似于一种模型

某种东西如何能够"关于"或表征其他东西？我们可以通过表征具体目标系统的科学模型，认识塞尔观点的某些特征。哥白尼的太阳中心说把宇宙的中心定位于太阳，从直觉上说，该模型近似地表征了宇宙。塞尔指出意向性状态和模型、图像、句子之间具有相似性，不过他强调这种相似性不是定义关系或等同关系。"例如，当我说一个信念是一个表征时，我断然不是说信念是一种图像，也不赞成（维特根斯坦）②《逻辑哲学论》对意义的说明，也不是说信念重新展示了以前出现过的事物，也不是说信念有意义……"③

塞尔用心灵的表征能力来解释模型或图像的表征能力，强调心理表征同图像或模型之间的相似性。两者都把世界表征为如此这般的方式，塞尔把这种方式称为满足条件。按照要求的严格程度不同，心理表征和模型都能够对世界做出对的或错的表征，心理表征与模型的区别是后者不仅仅以物理的方式反映出世界，而且还以派生的形式依靠于我们与生俱来的心理表征能力，因而获得了它自己的表征能力。④塞尔否认意向性状态像脑子中的小图像，尽管如此，将意向性与模型或图像类比，对于塞尔得出意向性的三个特征是非常有益的。

首先，将模型与意向性状态类比，塞尔清楚说明了心理状态从根本上是反事实的（counterfactual）。模拟和表征意味了人们以不同方式看待世界或自然的能力，并不意味它是世界或自然的实际面貌。人们既可以想象2017年特朗普没有当选第45任美国总统的情境，或想象一个没有人居住

---

① 塞尔称自己是位自然主义者。照笔者理解，塞尔的自然主义具有唯物主义一元论倾向，本书不打算对此展开分析。

② 括号中的注解为笔者加。

③ Searle, *Intentionality*, Cambridge: Cambridge University Press, 1983, pp.11-12.

④ "Meaning, Communication, and Representation." In *Philosophical Grounds of Rationality: Intentions, Categories, Ends*, edited by Richard E. Grandy and Richard Warner, Oxford: Clarendon Press, 1986, pp. 209–226.

的虚假世界，也可以正确地想象（或表征）我们生活着的实际世界。

宇宙的模型不是宇宙，它是对宇宙的描述或影像，同样的，意向性状态既反映对象又区别于对象。心理的意向性状态和模型都可表征一个与实际世界有多种关系的可能世界，这些关系能够让我们按照准确或模糊、正确的或错误的性质来谈论意向性状态和模型。这些被表征的可能世界(W_p)或者与实际世界（W_a）相同，或者有别于实际世界。当表征结果是后一种情况时，W_p 和 W_a 是不同构的。一个简单的例子是，我们可以表征我们的柜子是满的这样一个世界（W_p），而事实上它却是空的（W_a）。这种情况下被表征的内容就偏离了实际世界：$W_p \neq W_a$。

注意，表征内容对应着意向性状态的满足条件，要弄清满足条件，我们必须理解它的心理模式（Psychological models）。稍后我们将回到这个问题。

模型表征的可能世界不同于实际世界，体现在两个方面：一、相对于实际世界来说，可能世界虽然精确但不全面；二、相对于实际世界，可能世界压根就是不精确的。虽然哥白尼的模型比托勒密模型更接近宇宙，但这种表征出来的世界与实际世界也只是部分相似而非完全相同。[①]哥白尼的太阳中心论模型不是我们的实在世界，而是稍微类似于我们的世界，哥白尼模型只是一种理想化情况。严格讲，任何模型要么是不准确的，要么即使是准确的，但与我们实际世界相比，它也是不完全的。例如，哥白尼模型无法解释彗星运动和人们在行星上的活动。哥白尼模型只在几何的框架下处理行星的运动，所以该模型只是关于比我们实际世界简单的世界。与科学模型类似，意向性状态的内容也只是在某些方面表征我们的宇宙，即使在 W_p 符合 W_a 时，W_p 仍然只是局部的，不具有全面性。

从简单化和理想化角度上讲，一个模型或意向性状态，可能没有精确地表征我们的实际世界。具体言之，一个模型或意向性内容局部上看可能也是不准确的，它可能错误表征了所要表征的特征。如果我们把注意力集中在模型或意向性内容所关注的特征上，比如我们忽略人类在地球上的生活而只关注地球的大小、位置和运动，表征仍可能不适用于实际世界。哥白尼模型假定了行星在正圆上绕太阳运动，但事实上它的轨道是椭圆的。表征上的局部不准确性在于它没能正确地描述渴望论及的方面——行星运动。换句话说：哥白尼模型表征的结果是可能世界运动而非实际世界中的行星运动。

---

① Michael J. Shaffer, "Bayesian Confirmation of Theories that Incorporate Idealizations," *Philosophy of Science 68*, no. 3 (2001), pp. 41–42.

在整体和局部上，区分表征的不准确性等于说：意向性内容和实际世界的间隙（gap）具有不同的方式。当塞尔说人们可以想象世界是其他的样子时，他想让我们注意人们以局部不准确方式描述世界的能力。人们表征整体上的不准确性不太引人注意，因为人们一次仅能表征世界的某个方面。如果一个信念整体上是不准确的或仅仅是理想的简化情形，不必修改，只有信念出现局部不准确时，一般人们才说它是错的。

意向性状态还有一种和模型类似的方式。如果模型表征了对象，它和表征对象并不必然具有因果关系。尽管哥白尼模型是经验观察的结果，这种模型由实际宇宙所引起（实际宇宙是因，模型是果），但是至少在 17 世纪，这种因果联系不会也不至于能将哥白尼模型同托勒密模型区别开来。假如两个模型都得到了说明，适应于世界上的事实，它们仍然是不同的模型——因果论者无法说明这些东西。注意，这一点专门针对表征论者对心理表征的解释：心理表征需要对象和信念之间的因果关系。

心理模式

如果接受意向性状态同科学模型之间的相似，我们就可以完全给出塞尔的意向性理论。意向性状态表征对象，表征对象的部分称为表征内容。表征内容类似于模型。表征内容表征了符合或不符合现实世界的可能世界，因此表征内容具有满足条件。此外，我们还需引入另一个基本概念来解释塞尔的意向性，即塞尔所谓的心理模式。

一般来说，意向性的心理模式是指使用表征内容的方式。在言语中，人们可以用一个表征内容做很多事情：可以断定某事，表达渴望，或者做出承诺等。例如，人们可以说："我想洗车"，"我承诺洗车"，或"洗车"，话语中的"我"将相同的内容（洗车）放在了不同的用法或模式下。人们可以拥有许多具有共同内容的不同意向性状态。试考虑：洗车、我希望洗车或我愿意洗车。在每一种情况中，人们都在以不同的方式处理相同的表征内容。使用适应方向（direction of fit）的概念，塞尔又把各种不同的心理模式分为：从心灵到世界（向下）的心理模式和从世界到心灵（向上）的心理模式。当表征内容（可能世界）偏离了实际世界时（表征内容具有局部不精确时），说明存在我们需要修正的间隙或错误适应（mis-fit），适应方向告诉了我们消除被表征的可能世界与实际世界之间偏差的方式。如果意向性内容表征的可能世界是：衣柜是满的。而实际上衣柜不是满的，被表征的满足条件和衣柜的实际状态之间的偏差或者通过（1）改变表征内容，因此改变满足条件，或者（2）填充我的衣柜使它符合我最初的表征内容。不管哪种情况，被表征的可能世界都要与实际世界一致。

当被表征的可能世界与实际世界不同时，我们在什么情况下要通过改变意向性内容来消除二者之间的差别呢？如果我们的目的是把被表征内容用作信念来表征实际世界，我们需要改变意向性内容来消除两者中的偏差。如果我关于衣柜的信念是假的（现实世界中衣柜是空的，而被表征的可能世界衣柜是满的），我需要改变表征内容以使它准确表述世界的实际状况。信念具有心灵向世界或向下的适应方向，信念应当符合世界。除了信念具有心灵到世界的适应方向外，还有其他心理的模式属于这种类型，如相信、预言、假定、怀疑、担心、认为、害怕等。如果具有相同内容的表征属于另一种心理模型（具有不同于像信念这样的适应方向模型），我们可以通过改变世界来消除两者之间的差别。对于表征内容用于渴望填满衣柜这样的心理模式，我们可以通过填充衣柜使可能世界变成现实。渴求具有世界向心灵的适应方向或向上的适应方向，世界应当被改变以匹配表征内容。除了渴求具有世界到心灵的适应方向外，希望、想要、准备等也属于这种类型，它们都要求通过某种方式改变世界。

心理模式和适应方向密切相关：在模写时，模型更像信念而不像渴求，因为它试图以真实情况描述世界原本的样子，而非我们想要它成为的样子。但是，有些模型作为一种规范性理想（normative ideals），也有世界向心灵的适应方向，例如当自由经济论者为了使实际市场更趋近他们理想的自由市场而推出某些政策时。当然，这时候又可以将表征内容看作从世界到心灵指向的目标，具有渴求的部分成分。

所有意向性状态都有规范的内在适应方向。从根本上说，带有意图的思想暗含了使适应方向出错的可能性，或者更一般地说，暗含了错误表征实际世界的可能性。错误的信念和渴求都允许我们以非世界原有面貌的方式反事实地表征世界，但是，就错误的适应（mis-fit）而言，我们必须纠正偏差。塞尔写道："直觉上我们可以说适应方向就是对适应负责。"[1]"带有适应方向的任一意向性状态，具有那种意向性状态的人一定能够区分出那种状态的满足和失败，这一点可以从意向性状态表征了它的满足条件中推出。并不是说这种人总是或多数时候是正确的、不会犯错，而是意味着他们一定要有认识什么是正确的能力。"[2]

表征内容具有心灵和世界之间错误适应的可能性条件，但心理模式决定着我们矫正这种错误适应的方式。如果表征内容用作信仰，我们需要改

---

① Searle, *Intentionality*, Cambridge: Cambridge University Press, 1983, p.7.

② Searle, *Intentionality*, Cambridge: Cambridge University Press, 1983, p.177.

变表征内容（改变满足条件），使其适应实际世界；如果表征内容用于渴求，我们需要改变世界以适应表征内容。

现在，我们可以更好地理解塞尔的满足条件概念了。满足条件是塞尔说明意向性中的一个重要概念，但塞尔对它的说明似乎不那么一致，因为有时他用满足条件标识主体表征的可能世界（W_p），有时又用它标识实际世界（W_a）。W_a 或 W_p 哪一个是这个信念的满足条件取决于这句话作何使用。当实事上衣柜为空（W_a）而我有一个向下的适应方向'衣柜是满的'（W_p）的信念时，信念的适应方向要求我改变信念。所以，从被要求事件（the thing required）的意义上来说，衣柜是空的事实是信念的满足条件。但塞尔有时好像把 W_p 而不是把 W_a 看作满足条件，满足条件是要求条件（如果这个信念是真的，它就是为成为那种情况而被要求的事件）。注意，这些区别只要在 W_a 和 W_p 之间存在偏差时才成立。如果我有一个"2012年奥巴马成功连任美国总统"的真信念，该内容在要求条件与被要求事件的意义上都表征了满足条件。尽管如此，结合语境，塞尔对满足条件的说明还是清楚的。例如对于信念，塞尔说：

"表达式'满足条件'通常具有过程—结果的歧义，如同要求条件和要求事件之间具有模糊性一样。例如，如果我相信天正在下雨，那么我信念的满足条件就是：实际情况应当是天正在下雨，那就是使信念为真时的要求条件；如果我的信念事实上是真信念，那么世界上存在一个确定条件，也就是天正在下雨的条件（被要求事件），它就是我信念的满足条件，即世界上实际满足我信念的条件。"[①]

在这里，塞尔已经触碰到意向性的表征内容与意向性的心理模式之间产生的核心问题，即意向性的表征内容或满足条件自身具有适应方向。如果将意向性的表征内容视为表达了事态的满足条件，那么塞尔就必须承认意向性的表征内容已经具有了适应方向。表征内容的适应方向反映的是表征内容与理想之间的关系，总是由人们在认知过程中形成的理想世界或事物的理想状态指向表征内容。而心理模式的适应方向反映的是表征内容与现实世界的关系，可以由表征内容指向现实世界，也可能由现实世界指向表征内容。正是由于没有意识两种适应方向上存在的不同，才导致塞尔的表征内容一会儿指代可能世界 W_p，一会指代现实世界 W_a。如果把这种差别应用到塞尔对言语行为的分类上，我们又会发现，与意向性状态或其满足条件相对应的是以言行事行为，与表征内容或其满足条件相对应的是以

---

① Searle, *Intentionality*, Cambridge: Cambridge University Press, 1983, p.13.

言表意行为。但是，由于忽视了意向性适应方向上存在的细微区分，导致了塞尔直接取消了以言表意行为。

概而言之，塞尔认为意向性状态有两部分。首先，它具有表征了可能事态或满足条件的表征内容，表征内容使带意向的话语"关于"事物成为可能。其次，表征内容为心理模式服务，心理模式决定世界与满足条件不一致时问题出在哪儿。如果心理模式是信念，那么问题出在表征内容上，如果心理模式是渴求，现实世界就需要与表征内容保持一致。当塞尔说意向性状态有形式 S(r) 时，已经概括了这两种成分，其中 S 是心理模式，r 是表征内容。

意向的心理状态不止于信念和渴求，还包括诸如害怕、期望、失望、后悔、遗憾、自豪、害羞等，它们都以向下或者向上的适应方向表征世界。塞尔认为害怕不能还原为信念和渴求，后者也推不出前者。例如，有人进入过我房间的信念，和那个人已离开的渴求，推不出我害怕行窃者。尽管如此，信念和渴求仍是意向性的范例。[①]

值得注意的是，塞尔的意向性理论不仅包括信念、渴求和害怕等这样的心理状态，还包括知觉和行动。实际上，存在信念和渴求不是意向性范例的情况："信念和渴求不是首要形式，而是当觉知和做事时，更原始经验的一种弱化形式。例如意向不是渴求的一种新异形式，把渴求看作一种弱化了的意向更准确，即具有弱化了意向因果关系的意向。"[②]

所有的信念、渴求和其他的意向性状态模型仍是"关于"世界的，如上文描述，因为这些状态相对远离了现实，塞尔把它们看作弱化的：它们表征可能世界，而实际世界可能与它们一致也可能不一致。信念和渴求影响着世界，因为满足条件表明了在 W_p 和 W_a 不同时的信念和渴求所依据的东西，但是这条规则让我们低估了意向性是世界组成部分的意义，即低估了意向性是形成或偏离这些心理状态的因果网络组成部分的意义。一般来说，事物引起我们对它的信念，渴求能够实现它的满足条件。但当世界引起表征内容或表征内容引起世界上的事态不仅是可能的而且是一定的时候，知觉和行动是涉入（embeddedness）其中的最强最原始因素，知觉和行动由它们各自的内容来定义。

关于知觉

像信念的表征内容具有满足条件一样，知觉（perception）具有表征

---

①　Searle, *Intentionality*, Cambridge: Cambridge University Press, 1983, pp.29-36.

②　Searle, *Intentionality*, Cambridge: Cambridge University Press, 1983, p.36.

满足条件的视觉经历（visual experience）。知觉内容和信念的表征内容都在某个层面上表征世界，抽象出一些特征，抑制另一些特征。哥白尼模型表征了宇宙，但只是天体运动层面下的宇宙，因此从全面性（或除运动之外的层面）上讲它是不精确的。

正如信念内容可能出错一样（表征的满足条件或可能世界只是接近实际世界），视觉经历表征世界时也可能不同于实际世界，可能错误表征了世界。典型的例子是我们在沙漠中产生的幻觉，这种幻觉的满足条件表征沙漠中的一片绿洲，而事实上除了沙子什么也没有。同样，我们可能拥有存在绿洲的错误信念。

知觉和信念有心灵向世界的适应方向，所以如果被表征的满足条件同世界的实际方式有偏差，错误在表征内容。类似的，一个表征内容为沙漠绿洲的渴求，在世界上没有绿洲时，我们只有以实际行为建造出这样的绿洲，渴求的内容才能被满足。信念和知觉都是按照它们的构成内容或视觉经历来确认的，因此话语"我看见绿洲"并不意味着存在绿洲。

这种相似性给我们讨论信念和知觉之间的区别带来了方便。当信念内容不需要直接熟悉对象就表征满足条件时，视觉经历以一种直接、瞬间并且不自觉的（involuntary）方式与它的满足条件关联。这种基本思想就是：信念的内容可以表征一片有绿洲的沙漠，它的真依赖于事实上沙漠上是否有绿洲。但是，一个真实的知觉要求（1）满足条件包含绿洲的视觉经历；（2）实际上存在着满足了其满足条件的绿洲；（3）这个视觉经历的满足条件还要把事实上的绿洲表征为视觉经历的原因，即事实上的绿洲引起了这种视觉经历。根据视觉经历的内容，塞尔把第三条要求描述为"因果自指的"。塞尔认为：不管信念的内容是不是由对象引起，关于绿洲的信念都可能是真的，而知觉不同，如果经历不是由绿洲所引起（不是视角效果），尽管存在着一片绿洲，关于绿洲的知觉也是不真实的。

这种因果直接性使得塞尔有时候把视觉经历说成不仅表征了它的满足条件，而且给出了这些满足条件。"它不仅仅'表征'了这个对象，还提供了直接获取这个对象的途径。"[①] 这种区别强调了：如果知觉是真实的，它必须由它的满足条件直接引起。

知觉和信念不同还在于：信念的内容不一定是有意识的，而视觉经历一定是有意识的。"一个人即便没有考虑一个信念或愿望，但可能具有那个信念或愿望。……即使是在他睡着的时候。但是，视觉经历和其

---

① 约翰·塞尔著，刘叶涛译. 意向性：论心灵哲学. 上海：上海人民出版社，2007，p.47.

他类型的知觉经历则是有意识的心理事件。"① 塞尔从知觉中排除了"盲视的情况"（blind sight cases）。在那些类似于潜意识的情况中，一个人做出好像看见某个事物的举动，但实际上他不具有该事物的视觉经历。② 此外，尽管信念和知觉都表征某些方面下的满足条件（整体上不精确性〔globally inaccurate〕），但是，由于知觉是由有意识的视觉经历组成的，较之信念，它也更多地涉及知觉者的立场和时空世界下的特征。哥白尼的信念或模型，不同于哥白尼的知觉，它表征宇宙的那些方面不是来自某个具体的观测位置。

关于行动

简单地说，塞尔根据原因定义行动。一个身体活动（body movement）要被视为一个行动，必须由信念和渴求（或意向性状态）引起。因为信念、渴求以及其他可能的心理状态（如害怕、害羞）都是意向性状态，并且属于行动的身体运动一定要由这种心理状态引起，所以塞尔把有意向的概念延伸到了身体运动。确实，在觉知的情况下，某种意义上，行动并不是产生伴随举动（behavior）的心理状态，更恰当地说，它是具有意向性的。

同知觉和信念的区别一样，渴求和行动之间的主要区别在于，行动是因果自指的（causally self-referential）。较之渴求的内容表征一个可能事态（它的满足条件），行动还要求这些内容自身产生出那些可能的事态。这就要求必须是举手的信念和渴求导致了我把手抬起的行动。

所以行动必须是有意向的：所有的行动一定要跟随像信念和渴求这样的意向性状态。虽然没有意向性的生物能够做出举动，但它们的举动不是行动（action），如草履虫。

第二节　意义意向的结构

意向和行动

为了说明意向（intention）和行动（action）的关系，我们有必要先回顾并澄清几个基本概念。在《意向性：论心灵哲学》中，塞尔把意向性状态（intentional states）用符号表示为 S(r)，S 代表心理模式，r 代表表征内

① Searle, *Intentionality*, Cambridge: Cambridge University Press, 1983, p45.

② Searle, *Intentionality*, Cambridge: Cambridge University Press, 1983, p.48.

容。① 例如，我希望汤姆将离开房间和我认为汤姆将离开房间，它们有共同的表征内容 r，具有不同的心理模式 S。前者的心理模式是渴求，后者的心理模式是信念。渴求是否被满足，依赖于实际世界是否匹配表征内容；信念是否被满足，依赖于表征内容是否匹配现实世界。如果我认为汤姆将离开房间并且事实上他离开了房间，那么我的该信念就被称为真的。如果我渴求汤姆将离开房间并且他离开了房间，那么我的渴求不能称为真的，而是被实现。"真"和"假"用于评价具有"心灵到世界"适应方向的意向性状态，"被实现"或"被执行"用于评价具有"世界到心灵"适应方向的心理状态。当然，并非所有的意向性状态都有适应方向，例如我很难过汤姆离开了房间，我难过就没有适应方向，尽管它包含了信念"汤姆已离开房间"和渴求"汤姆没有离开房间"。

我们令带有适应方向的意向性状态得到满足的事态称为意向性状态的满足条件。例如"我认为汤姆将离开房间"的满足条件是事态汤姆离开房间，"我相信当今法国国王是秃子"的满足条件是当今法国国王是秃子这一事态，由于不存在当今法国国王，所以，我的信念无法被满足。所有带有适应方向的意向性状态都表征了它们的满足条件。

同对意向性状态的说明一样，满足条件也可以用来说明意向和行动的关系。正如我的信念（belief）被满足，当且仅当信念表征的事态实际存在，我的意向 (intention) 被满足，当且仅当意向表征的行动实际上被执行。例如，我打算将选票投给约翰被满足，当且仅当我把选票投给约翰。当然，信念与行动还是有很大不同的，"行动是一个人所做的事情"，相信却不是，我可以说"我现在正做××"，却不能说"我现在正相信天将下雨"。

塞尔关于意向和行动的关系似乎是：任何可以成为意向满足条件的举动（behaviors）或运动（movements）都能够是意向行动（intentional actions）。例如，将啤酒洒一地，一般不是我们意向的满足条件（通常是意外），但是如果是由某人的意向引起的，那么它就成为意向的满足条件，就是一种行动。仿照对意向性状态的说明，我们也可以说，任何行动都表征了它们的满足条件。

渴求、信念尽管和行动有以上的相似性解释，也有重要区别。当我们说：一个信念被满足，当且仅当信念表征的事态实际上存在，一个渴求被满足，当且仅当渴求表征的事态实际上得到实现时，实际上还存在着另一种情况：被认为存在但事实上不存在的事态，或被人渴求但事实上没有实

---

① 塞尔著，刘叶涛译 . 意向性：论心灵哲学 . 上海：上海世纪出版社，2008, p.6.

现的事态。然而，对于行动，我们却没有"没有意向"的情况。此外，当我们的意向表征的举动或运动发生时，并不必然意味着我们的意向被满足，这一点再次和渴求、信念不同。行动要求意向表征的举动或运动必须以"正确的方式"发生。例如，在某个会议上，王先生打算用举手表示赞成，但是举手的动作并不必然是他意向的满足条件，因为他也可能因为看到与会的熟人，用举手在做一个打招呼的行动。与此不同，例如，我渴求我将来成为富人，我成为富人一定是我那种意向性状态的满足条件，它和我如何成为富人的方式无关。

引起行动的意向分为两种，先在意向（prior intention）和行动中意向（intention in action）。先在意向可以表示为"我将要做某个行动"，行动中意向是"我正在做某个行动"。对于前者，引起行动的意向先于行动，行为人按照那个意向实施行为（acts），或者说他正在执行那个意向；对于后者，引起行动的意向与行动同时发生，行动和意向几乎是不可分的，例如，在举手表决的会议上，我向看见的熟人举手示意，临时打招呼。所有的行动都有行动中意向，而并非都有先在意向。换言之，我们可能有意做某事但并没有实施该行为的先在意向，或者虽然我们具有做某事的先在意向但并没有出现按照那个先在意向行事的行动。

为了进一步解释行动中意向，塞尔引入了行为经历（the experience of acting）并且把它和视觉感知做了比较。维特根斯坦提出：当我举起手臂，如果我抽掉我的手臂向上去这一事实还剩下什么？[1] 简单的回答就是该行动的意向性。[2] 根据塞尔的分析，做出举手的行动时，我具有这种行为经历。行为经历也有意向性，有满足条件。就像具有意向性的视觉经历，其满足条件是眼前呈现出视觉对象一样，行为经历的满足条件是经验的表征内容实际上发生了。如果我举起手臂但事实上我的手臂没向上去，这种经验的意向性内容便没被满足，就像如果我有视觉经历但眼前不存在那种被观察对象，此时视觉经历的表征内容便没有被满足，这种视觉经历只是幻觉。此外，如果我的手臂向上去了，如果我不具有这种行为经历，我也不是在举手。所以，像举手这样的行动包含两个成分：行为经历和身体运动。

行为经历的意向内容具有世界到心灵的适应方向。从举起手臂的例子

---

[1] Ludwig Wittgenstein, *Philosophical Investigations*, Translated by G. E. M. Anscombe, Oxford: Basic Blackwell, 1958, p.161.

[2] John R. Searle, The Intentionality of Intention and Action, *Cognitive Science 4*, 1980, pp.47-70, p.54.

我们发现，如果我有某种经验但没有身体运动，那么行动就是失败的。例如，我试图举手臂但是没有举起。在一个成功的行动中，行为经历具有因果指向，因果关系总是从行为经历指向身体运动。这一点刚好与视觉对象引起视觉经历的因果指向相反。行为经历和视觉经历的相同之处在于：视觉经历不是满足条件的表征，而是满足条件的呈现（presentation），行为经历也是如此。

表 3–1 视觉感知和意向行为对比表 [①]

	视觉感知	意向行为
意向成分	视觉经历	行为经历
意向成分的满足条件	存在着具有某些特征的对象、事态等，它们和视觉经历具有某种因果关系	存在着关于行为人的某些身体运动、事态等，这些身体运动和事态同行为经历具有某种因果关系
适应方向	心灵到世界	世界到心灵
因果关系	世界到心灵（即对象特征的出现引起了那种经历）	心灵到世界（即经验引起那种运动）
对应的世界	对象和事态	身体运动和行为人的状态

通过引入行为经历概念，我们发现，行动中意向的意向性内容和行为经历的意向性内容是一样的。就意向性而言，行为经历就是行动中意向，塞尔之所以绕个圈子介绍行为经历而避开行动意向，是因为从直观性上前者比后者更容易理解。

根据前述行动意向知识，我们可以把行动分为两类：（1）具有先在意向的行动，（2）不具有先在意向的行动。注意，两类行动都必然具有行动中意向。对于（2），例如一个手臂向上举起的行动，行动中意向的意向性内容是给出（present）行为的性质：我的手臂向上抬起是因为行动中意向，意向性内容的意向对象是手臂向上抬起的运动；行动中意向的意向性内容决定：只有意向对象实质上由该意向性内容引起时，该意向的满足条件才成立。因此在这个意义上行动中意向是自指的（selfreferential）。先在意向的情况怎么样呢？例如在表决会议上，假定我具有举起手臂代表赞成的先在意向，并且按照这个意向我做出了举手的行为。这种先在意向的意向性

---

① Searle, *Intentionality*, Cambridge: Cambridge University Press, 1983, p.91.

内容不像行动中意向那样是给出行为，而是表征（represent）行为的性质：我执行举起手臂的行动是通过执行这种意向的方式进行的。塞尔说先在意向也是自指的，但是这种自指和行动中意向的自指稍有不同，因为先在意向把全部行动作为了一个整体。[①]

我们可以对具有先在意向和行动中意向的行动做出如下总结：先在意向引起（cause）[②]行动中意向，行动中意向引起身体运动。通过这种关系的传递，我们说先在意向既引起行动中意向也引起身体运动。如果把这种行动看作一个整体，我们也可以说先在意向引起了行动。注意，如果打断了先在意向和行动中意向的因果链条，我们就不再有一个执行先在意向的行动。这种情况可以解释在表决的会议上，我做出举起手臂向不期而遇的熟人打招呼的行动。

表征意向与交流意向

意义是一种意向性（intentionality）[③]，言语行为是一种行动，行动自身呈现了人类的意向性：意向、渴求、信念等。[④]如何根据后者解释前者是塞尔意义理论的重要内容。接下来我们分析塞尔是如何利用行动和意向性来解释意义的。

根据上文对行动和意向的理解，例如举起手臂的行动，举起手臂的意向是手臂向上抬起的原因，手臂向上抬起是行动意向的结果。手臂向上抬起的行为是这种行动中意向的满足条件。请注意，由于举起手臂的意向和手臂向上抬起的运动之间不是物理因果关系（对原因的论述见第二章第一节），所以不是所有手臂向上抬起的运动都满足举起手臂的意向，例如，加在手臂上的外力使手臂抬起。行动中意向的满足条件对于行动、意义和言语行为的分析非常重要，满足条件是连接心灵、行动和言语行为的一个基本概念，它既适用于心理状态也适用于语言。塞尔在谈到满足条件时曾深有感触，他强调，满足条件使"以言行事模型的一般结构变得如此简单

---

① John R. Searle, The Intentionality of Intention and Action, *Cognitive Science 4*, 1980, pp.47-70, pp.59-60.

② 此处的意向"引起"身体活动不是物理因果关系上的，这种"引起"不是决定论意义上的，根据我们在第二章对原因和行动一节的论述可以看出，这种引起属于辩护性的。具体见第二章第一节。

③ John R.Searle, *Intentionality*, Cambridge: Cambridge University Press, 1983, p.161.

④ John R.Searle, Response: Meaning, Intentionality, and Speech Acts, in *John Searle and His Critics*, ed, by Ernest Lepore and Robert Van Gulick, Oxford: Basil Blackwell, 1991, p.82..

以至于我都为很早以前没有想到它而感到难堪"①。

塞尔认为，人们在执行以言事行为时有两类意向性，一类是做出这种行为时表达的心理状态（相信），另一类是实施这种行为的意向。②例如，当我说"天在下雨"时，我既表达了天在下雨的信念，也做了天在下雨的断定行为。前者的满足条件和后者的满足条件是相同的。因为我不可能做"天在下雨"的断定但不相信天在下雨。一个断定是真的，当且仅当被表达的信念是真的；一个命令被服从，当且仅当被表达的渴求被实现了；一句承诺被信守，当且仅当被表达的意向被落实了。注意，尽管打算做出断定、发出命令或做出承诺时已经明白什么是它们各自被满足的情况，做断定和做一个实际上为"真"的断定不同，发出一个命令和发出一个被执行的命令不同，做出承诺和做出一个被信守的承诺不同。塞尔把实施言语行为时表达的心理状态叫作"真诚条件"，把言语行为的意向称为"意义意向"。如果我们问：什么东西使得一段物理声音或记录下的符号产生了意义？塞尔给出的答案就是意义意向。如何理解意义意向呢？我们必须从塞尔的行动理论说起。

设想如下一种简单的言语行为：你站在一座山头上，我站在另一座山头上，我和你事先安排好，我用举起手臂来告诉你敌人正在撤退。就表征而言，这种行动意向有如下内容：③

我的手臂向上抬起是我行动中意向的结果，并且我的这种身体运动把敌人正在撤退作为具有心灵到世界的适应方向的满足条件。

上面的例子中，执行那种言语行为被视为敌人正在撤退的信念的表达，原因是做出那种行为时，行为人带有意向：行为的满足条件是信念。发出声音和以上做出的身体运动一样，如果没有意向，就不会产生意义。根据此例我们得出，话语之所以能够用于表征，因为说出它时存在话语本身具有满足条件的意向。信念的满足条件（敌人正在撤退）通过一个意向行为传递给了话语。

塞尔说，从某种程度上讲，多数言语行为的意义意向是表征意向。④表征意向就是，部分构成意向满足条件的物理事件自身应当具有满足条件。上面例子中，表征意向要求两个满足条件：首先，构成手臂举起意向的满

① John R.Searle, Response: Meaning, Intentionality, and Speech acts, in *John Searle and His Critics*, ed, by Ernest Lepore and Robert Van Gulick, Oxford: Basil Blackwell, 1991, p.83.
② John R.Searle, *Intentionality*, Cambridge: Cambridge University Press, 1983, p.164.
③ John R.Searle, *Intentionality*, Cambridge: Cambridge University Press, 1983, p.167.
④ John R.Searle, *Intentionality*, Cambridge: Cambridge University Press, 1983, p.167.

足条件是手臂向上抬起，其次，手臂抬起具有敌人撤退的满足条件。第一个满足条件和意向之间是因果关系，举起手臂的意向引起（cause）了手臂抬起；第二个满足条件和意向 ① 之间不具有这种关系，它具有从心灵到世界的适应方向，起决定作用的是世界。

塞尔反对格赖斯的意义意向就是交流意向的观点。② 交流意向不仅要求说话者做出具有表征意向的那个行为，而且要求听话者应当认出那个带有表征意向的行为。就上例来说，当我举起手臂向你示意敌人正在撤退的时候，我还要求你认出我正在做出这种示意。但是，这种要求对于言语行为来说是多余的。塞尔认为，区分出表征意向和交流意向是非常重要的，利用这种区分还可以澄清做出陈述和做出一个真陈述、做陈述的意向和在听话者身上产生相信效果的意向之间的混淆。如果意义意向等于交流意向，人们就不能说明撒谎、编故事以及说话人只做陈述而不关心听话者是否相信，甚至不关心听话者是否理解的情况。

以上只是对断定式言语行为的分析，对指令式和承诺式的分析更为复杂。发命令和做承诺不但具有世界到语词的适应方向，而且，这类言语行为的意向具有因果自指形式。具体讲，一个命令被执行，仅当听话者做的那个行为要以服从命令的方式被执行，一句承诺被信守，仅当说话者承诺的那个行为以履行承诺的方式被完成。你命令我离开房间，我可能说："我正要离开房间，但我不是因为你的命令而离开房间。"在这种情况下离开房间就不是在遵守命令。承诺的情况与此类似。这种例子说明，除了行为意向（intention of acting）的自指特征外，做出承诺和命令的行为意向还要把另一种自指特征加在话语上，因为命令和承诺的满足条件要指向他们自身。换言之，如果行为人（agent）做某事不是以被命令或承诺的方式实施的，命令或承诺就没有被执行。承诺、命令和陈述的不同之处在于，前者给出了自身满足条件的理由，而陈述没有给出自身满足条件的理由。也就是说，在命令或承诺的情况下，我离开房间是因为我承诺或你命令了我离开房间，在断定的情况下，我离开房间与该行动是否被断定无关。同样的，与举起手臂表示敌人正在撤退的断定不同，如果我打算把举起手臂当作"你们撤退"的指令，那么我命令的表征意向（意义意向）是：

我的手臂向上抬起是因为举手的行动意向，并且手臂向上抬起以"你们撤退"（具有世界到心灵的适应方向）为满足条件，而且你们撤退的原因是我的手臂向上抬起具有这种满足条件。

---

① 此处的意向意指言语行为中的桥接意向与规则意向，具体见第二章第三节。

② John R.Searle, *Intentionality*, Cambridge: Cambridge University Press, 1983, p161.

命令的交流意向与表征意向不同。它除了要求命令的表征意向外，还要求命令的表征意向被听话者认出。

承诺行动的意向形式结构与命令的分析相似，只是前者要求做事的主体是说话者，后者要求做事的主体是听话者。

宣告的言语行为具有双向的适应方向，一方面，行为人要产生某个新的事态 p（世界到语词的适应方向），另一方面要表征 p 是事实（语词到世界的适应方向）。虽然宣告式有两个适应方向，但两者并不是相互独立的。塞尔把它视为一个"双向的"适应方向，因此只有一个满足条件。宣告产生新的事态 p，需要一个超语言的机制（extra-linguistic institution），这种机制使得恰当的人在适当的场合下通过说出话语产生新事态 p。当然，事态 p 只能是制度性事实（institutional facts），而不能是无情性事实（brutal facts），因为制度性事实本质上是"在背景 C 下 X 被视为 Y"的约定，而无情性事实本质上是我们感觉经验的物理对象。[①] 例如，煮鸡蛋是一种无情性事实，因为任何时候我们都不能通过宣告"我煮鸡蛋"而使鸡蛋蹦进锅里。

成功的宣告式要求赋予行为人的权力机制，例如通过举起手臂可以终止会议，宣告式的行动中意向结构是：

行动中意向引起我的手臂向上抬起，手臂向上抬起有终止会议的世界到心灵适应方向的满足条件，并且造成会议被终止这种事态的原因，是我的手臂向上抬起具有会议被终止的自心灵到世界适应方向的满足条件。

也就是说，在做出宣告时，行为人试图通过把事态表征为事实的方法把它变成现实。

宣告句表达的心理状态既有信念也有渴求。当我宣告休会时，一方面，我相信终止会议可以通过我做出如此宣告而实现，另一方面我渴求终止会议的事态发生。相对于这种表征意向（意义意向）来说，它的交流意向就是：

对方要认出我的手臂向上抬起，并且手臂向上抬起具有表征宣告的满足条件。

像道歉、祝贺这样的表态式言语行为，只表达说话者对被预设事件的心理状态，即真诚条件，行动的要旨不表达对某个事态的信念和渴求。例如"恭喜你比赛获胜"，尽管话语中预设了你比赛获胜，预设的比赛获胜也有适应方向，但这种信念不是其要旨，要旨是表达祝贺的心情。因此，

---

① John R. Searle, *Speech Acts: An Essay in The Philosophy of Language*, Cambridge: Cambridge University Press, 1969, pp.50-51.

表态式的言语行为没有适应方向，也没有相应的满足条件，只表达某种心理状态。像上例那样，如果事先存在一个约定，例如举起臂被视为因某事道歉，那么表态式言语行为的意义意向就是：

行动中意向引起我的手臂抬起，并且手臂抬起表现了懊悔，预设情况 p 存在。

表态式的交流意向是，对话者要认出我的手臂向上抬起，并且手臂向上抬起具有表态式的意义意向。

以上我们借助于行动和意向说明了五种言语行为的意义意向的结构，并且指出了与之不同的对应的交流意向。当我们说，意义意向并不必然具有交流意向，行为人可以只有意义意向而不必把这种意向传达给听话者时，我们发现指令式、承诺式、宣告式和表态式的意义意向并不适用于表达意义的语言。人类的语言除了意向之外，还需要其他东西，例如其他的社会约定。所以，塞尔接下来考察的问题是意向是如何生成语言的。

从意向到言语行为

以上通过对最简单的像举手这样的"说话"，我们解释了意义意向的结构。但是，我们对意义意向的解释是在预设了语言机制（language institution）的情况下进行的。问题是，在没有语言机制的情况下，意向性是如何一步步派生出语言机制的？

塞尔指出，在分析意向性和语言时，务必记住：当我们将意向性状态赋予人的时候，我们已经把意向性状态与世界上的对象或事态关联的能力赋予了人类。[1] 换言之，当我们有意向性状态时，我们就能够明白这些意向性状态被满足的理想条件。例如，当拥有渴求时，我们就能够明白在什么情形下这种渴求被满足或没有被满足；只要具有某个意向，我们就能够知道什么是意向得到了实现，或者没有被实现。概言之，任何一个带有适应指向的意向性状态，当我们具有那种意向性状态时，就能够区分出什么是那种意向性状态的实现，什么是意向性状态的落空。

塞尔认为，人类从带有适应方向的意向性状态到做出以言行事行动需要三个步骤：[2] 首先，需要将自己意向性状态外化的手段，目的是让其他人能够认识这些意向性状态。如果一个人不仅仅要表达他的意向性状态，而且有意让别人了解他的意向性状态，尽管这时他还没有像拥有语言那样丰富的表达手段（做陈述、下命令、承诺等），那么他也已经具有言语行

---

[1] John R. Searle, *Intentionality*, Cambridge: Cambridge University Press, 1983, p.177.

[2] John R. Searle, *Intentionality*, Cambridge: Cambridge University Press, 1983, pp.178-179.

为的初级形式了。其次，任何一种言语行为不仅仅是在表达说话者的真诚条件，更重要的是用于语言之外的社会目的。断定式语句的目的不只是表达自己的信念，而且还要向听话者传递某些信息，承诺式语句目的不只表达说话者打算将来做某事，而且要让听话者对说话者将来的行动抱有一个坚定的期待。第三，在实施以上两点时，必须引入约定步骤。注意，引入约定步骤并不必然能够完成语言外的目标，语言外的目标与我们的话语对听话者造成的以言取效效果有关，约定程序并不能保证这种效果。以言行事所能达到的，只是各种以言取效目标的以言行事的类似物。例如，用来表明言说具有陈述力量的约定方法是：根据约定，它使说话者承诺了命题内容所指事态的存在，因此，它的言说为听话者提供了相信该命题的理由（reason），说话者通过这个命题表达了一个信念；用来表明言说具有指令力量的约定方法是：根据约定，它可以算作说话者让听话者去做这种命题内容所指行为的一种尝试。因此，它的言说为听话者提供了做出该行为的理由，表达了说话者想要听话者去做这项行为的愿望；用来表明言说具有承诺力量的约定性方法，都可看作说话者去做这种命题内容所指行为的一项保证，因此，它的言说给出了说话者做出这项行为的理由，提供了听话者期待他去做这项行为的理由，表达了说话者想要去做这项行为的意向。

概言之，从意向性状态到以约定的方式执行以言行事行为必需的步骤是：（1）为了让别人知道自己具有某个意向性状态，要考虑表达出该意向；（2）为了实现以言行事用来达到的语言外的社会目的而去执行该行为；（3）要引入外在化以言行事要旨的约定步骤。

第三节　言语行为的意向

在说话中，奥斯汀认为我们做出了三个不同行为：以言表意行为、以言行事行为和以言取效行为。塞尔对言语行为的部分贡献在于他综合了奥斯汀和格赖斯的观点，运用意向性来解释言语行为。根据塞尔对奥斯汀的解释，以言行事行为包括了三个格赖斯的交流意向，即说话者用 x 意指某事是真的，当且仅当：（1）说话者打算用说出 x，在听话者身上产生某种举动（意向 1）；（2）说话者打算让听话者认出意向 1 来产生那种举动（意向 2）；（3）说话者打算通过实现意向 2 的方式来实现意向 1。[①] 如果以言

---

① H. P. Grice, Utterer's Meaning and Intention, *The Philosophical Review*, Vol. 78, No. 2 (Apr., 1969), pp. 147-177, p.153.

行事行为是成功的，听话者将以理解说话者持有的某个意向结束。例如，旅游者理解海关官员想看护照。

以言表意行为涉及了让听话者产生理解的发音和发话意向。奥斯汀把以言表意行为细分为三个行为，底层是发音行为（phonetic act），即"发出某种声音"①，发音行为的上面是发话行为（phatic act），"说出某些语词，即属于并且被视为属于某些词汇的声音类型，符合并且被视为符合一定的语法"②。最后是表意行为："使用大致带有确定含义和指称的语词的行为"③。为了将声音变成语词，塞尔认为奥斯汀的以言表意意向包括把声音变成语词的三个意向中的两个（详见下文）。

为了听话者理解说话者所说的东西，说话者带着保证产生理解的意向执行以言表意行为和以言行事行为。如果听话者获得了理解，以言行事行为就被"恰当地"（happily）执行了。塞尔按照各类言语行为实现的满足条件解释了奥斯汀的"恰当性"（happiness）概念。

除了理解以外（以言行事的理想效果），言语行为的执行相对于说话者意向来说，还具有可能达到或达不到的其他效果。例如，游客过海关时，海关官员命令游客出示护照，如果游客理解官员的要求，则这个言语行为在以言行事上是恰当的；如果官员的命令是以游客不懂的语言说出的，以言行事就是失败的。注意，海关官员在说出话语时，脑子里还有确定的以言取效效果，比如想让游客上前出示护照。如果听话人拒绝出示或拿出其他不相关的东西，这句话在以言行事上可能是成功的但在以言取效上是不成功的。奥斯汀对说事的解释可以用下图表示：

3. 以言表意意向 / 行为　　　　4. 以言表意效果（声音）

2. 以言行事意向 / 行为　　　　5. 以言行事效果（理解）

1. 以言取效意向 / 行为　　　　6. 以言取效效果（功能）

根据塞尔的理解，奥斯汀的以言行事意向包括了：（1）在听话者身上产生以言行事效果的交流意向（意向1）；（2）听话者认出说话者意向1的意向；（3）以约定的方式（如声音、姿势等）同听话者交流的意向。换言之，塞尔理解的奥斯汀意向包括了交流意向和两个格赖斯意向。以言行事意向之所以要包括交流意向，因为人们交流的因果链条一般是从以言取

---

① J. L. Austin, How to Do Things with Words, *The William James Lectures*; 1955 Cambridge, Mass.: Harvard University Press, 1962, p. 95.

② J. L. Austin, How to Do Things with Words, *The William James Lectures*; 1955 Cambridge, Mass.: Harvard University Press, 1962, p. 95.

③ J. L. Austin, How to Do Things with Words, *The William James Lectures*; 1955 Cambridge, Mass.: Harvard University Press, 1962, p. 95.

效意向开始的，以言取效意向是言语行为开始的起点。官员发出声音"请出示你的护照"是为了满足同游客交流的以言行事意向，但是整个交流的意义不仅仅是让游客理解命令，而且要让游客出示护照（以言取效的理想效果〔intentional perlocutionary effect〕）。说话者的以言取效意向表征了这个目的。

在最近关于言语行为的论著中，为了让读者熟悉奥斯汀一系列意向、行为及它们的伴随效果，巴赫（Kent Bach）打了一个比方：

"以言行事行为仅仅是人们在说话时所做的整个言语行为的一个层面，一般而言，当人们有意向地做出行为时，他有一组嵌套的意向（nested intention）。例如，当人们到家没带钥匙时，他可能以某种方式移动手指，他不仅只是以那种方式移动手指，而且还打算按下某个按钮，按响门铃，唤醒配偶……最终进屋。一个移动手指的行为包括了多种行动，每个行动对应着不同的意向。同样，言语行为也不仅仅是发出某个声音的行为。"[①]

巴赫把奥斯汀的区分纳入人们的常识——行动是由各种嵌套的意向构成的合成物。巴赫想根据意向的嵌套模式理解以言行事行为。唤醒配偶在因果上依赖于按门铃的行为，而这种行为又依次取决于这两种效果的意向。

塞尔对奥斯汀的理解方式具有如下结果：每一种行为或意向都对应着相应的效果，制造声音的意向直接导致了声音效果。上图中的 1 和 6 分别对应以言取效的意向和其满足条件（以言取效的理想效果），只有说话者具有了以言行事和以言表意的意向，以言取效的意向才能被满足。以言行事、以言表意意向以及它们的效果就是所有以言取效效果得以实现的全部手段，即上图中的 2、3、4、5 是 6 实现的方式。如果这些意向的满足条件实现了，以言取效的意向（上图的 1）才可能被实现。实际上，以言取效的意向对于理解整个行为的意义非常重要：它给出了行为的动机或作用，动机或作用又解释了说话者为什么要先发出声响。

我们也可把 1—6 看作一本书，其中 1、6 分别是前后两个封面：

以言取效意向/行为　　　发音意向/行为　　　发音效果　　　以言取效效果

图 3–1

图 3–1 和巴赫的比喻吻合得相当好。前封面是以言取效意向（行动作

---

① Kent Bach, "Speech Acts and Pragmatics," in *The Blackwell Guide to the Philosophy of Language*, ed. Michael Devitt and Richard Hanley, Malden, Mass.: Blackwell Pub., 2006, pp.149–50.

用的意向），后封面是意向的实现，例如它们分别代表进入房间的意向和成功进入房间。但如果你没有钥匙，为了满足意向，你必须打算做一些辅助行为：打算叫醒配偶，打算按响门铃等，这些意向构成最终进屋的方式。在某一点上存在着一个意向，它的满足条件不需要更进一步的意向，从因果关系看，和它直接相连的是类似于下面这样的满足条件：如移动手指。移动手指的意向直接引起了手指的移动。我们所解释的这种"意向"和其满足条件就是上图中张开的页面。一旦手指移动，如果不出意外，这种被启动的因果链条将以实现进屋的渴求而结束。实现进屋的渴求就是按响门铃的意义。

在这个例子中，带着进屋的意向而移动手指总是可能的，至少在某些情况下，不移动手指便可进屋是不可能的。但是，当手指的移动不像该系列中的其他行为那样具有因果依赖，而具有独立性时，明白该行动的意义或理由依赖最初进屋的渴求是非常重要的。换言之，如果按响门铃在因果上不依赖于最初的功能性意向（functional intention），那也完全可以根据后面的意向得以说明，这种有效的因果关系和功能性辩护（functional justification）①之间的不对称性为塞尔对言语行为的解释生出了一些更为复杂的情况。

下面我们重点讨论以言取效意向和以言表意意向。

以言取效意向和真诚条件

在讨论以言取效意向之前，我们要强调如下两点：首先，说话者以言行事意向之前是一些初步意向（preliminary intentions），这些初步意向包括：说话者打算的交流目标（object of communication）和说话者的以言取效意向。塞尔把交流目标称为"真诚条件"，它是说话者希望向听话者传达的意向性状态。以言取效意向包括言语行为的目的或作用（就听话者的举动而言）。其次，在以言行事意向之后，实际话语之前，说话者一定要运用表征意向（言语行为中表现为以言表意意向），表征意向使声音成为交流的约定手段成为可能。这两个条件加上原来对言语行为的基本说明可以表示如图 3–2：

---

① 见第二章言语行为和行动中对行动和原因的说明。

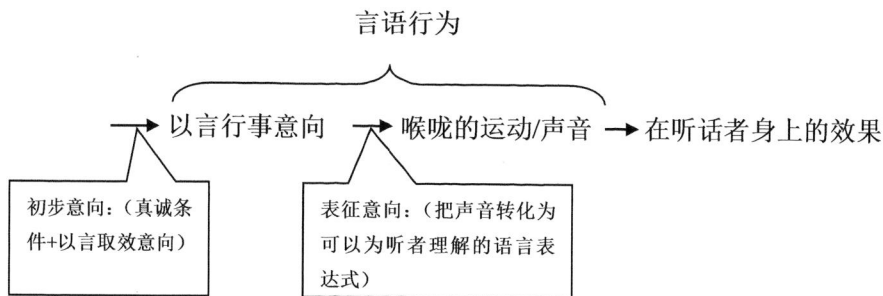

言语行为

以言行事意向 → 喉咙的运动/声音 → 在听话者身上的效果

初步意向：（真诚条件+以言取效意向）

表征意向：（把声音转化为可以为听者理解的语言表达式）

图 3-2

在听话者身上产生的渴求效果是以言取效意向的满足条件，以言取效意向包含了这种效果。渴求效果是伴随着以言行事意向产生的，就听话者而言，话语的意义和作用一般在以言取效的意向内。只有当游客把声音"出示你的护照"理解为具有如下的力量和内容时，海关官员的以言行事意向才得以满足：海关官员渴求游客拿出护照。命令的最终意义或作用是让游客不仅理解以言行事行为，而且出示护照。

以言取效意向能够通过非以言行事的方式得到满足吗？答案是肯定的，以言取效意向有时可以用非以言行事的方式得以满足。比如海关人员以强力的方式让游客拿出护照。但是，非以言行事的方式也可能使以言取效意向无法满足，这种"无法满足"有强意义和弱意义两种情况。弱意义是：有些起作用的以言取效意向要求以言行事意向，例如，在玩比点的扑克牌游戏时，我想要发牌者发我一张牌，如果不使用话语"要牌"，我就无法实现这种意向。如果我强迫发牌者向我发牌，便不能看作发牌。使用其他替代方式，来满足我的此种以言取效意向，必然不是在玩比点游戏。所以，有些以言取效效果似乎要求以言行事方式。值得注意的是，尽管我也可以通过非语言的方式让人理解我将要做某事（例如在钉子上举锤），但我无法通过非语言的方式让人理解我承诺做某事。以言取效意向要求，以言行事意向的强意义要依赖于语法意义：以言取效完全意指"以言表意"，所以确认以言取效意向的效果必然意味这种效果是通过交流的方式产生的。

并非所有的以言取效意向都是行为固有的功能性意向，例如，除了想让游客出示护照外，官员也可能想威胁游客，这种意向不是以言行事意向但要求满足命令的以言行事意向。在命令游客出示护照时，除了理解之外，官员还有两个以言取效效果：拿出护照及让游客感到恐惧或受到威胁。但官员命令的要旨只能在第一个以言取效效果中出现。

还可能存在说话者没有打算的更多以言取效效果，以言取效的效果标识出凭借对说话人的理解，听话者产生的效果。如果官员的要求无意造成了游客晚点，晚点也属于以言取效的效果（结果）。

我们可以区分出三类以言取效效果：(1) 存在一种首要的、功能性结果（functional consequences）（例如听话者拿出护照），(2) 打算的其他结果（如听话者害怕），(3) 意外的结果（如听话者晚点）。第二类又可以分为：(2a) 打算的结果是实现首要结果的手段；(2b) 打算的结果不是首要结果的手段。根据语境，海关官员恐吓游客出示护照的意向可以用两者中的任一个解释。如果不另加说明，我们仅用"以言取效意向"和"以言取效效果"来标识第一类情况，即首要目的的意向和它们的效果。

虽然在以言行事和以言表意的合理性辩护中，以言取效意向扮演着重要作用，但这些意向还是被有些交流意向论者低估了。当然，此处不包括塞尔、奥斯汀、格赖斯 ① 和斯托内克 ② 。要形成以言行事意向，说话者必须打算交流，一定要存在被说的东西（某种意向性状态），即说话者想传达给听话者的意向性状态，也就是塞尔称为的"真诚条件"。

有时候真诚条件等于以言取效的功能性意向（functional intention）：海关官员渴求游客出示护照的意向恰好是他希望向游客表达的意向，他不可能有想让游客拿出护照的意向而说"我不想让你出示护照"。这样的话语属于"表里不一"或者是"有缺陷"的言语行为。很多因素影响满足条件的表达方式，如恰当的制度结构，对职业技巧和礼仪的审慎考虑，以及带有暗示性的预备条件（preparatory conditions）等。注意，这时候以言取效意向／真诚条件不同于交流意向，真诚条件是有强弱之分的。

有时候真诚条件同以言取效的功能性意向密切相关但不相同。例如，说话者可能渴求听话者相信外面正在下雨。只有听话者相信这是事实，意向才能被满足。但是，真诚条件（交流的意向性状态）仅仅是：说话者相信外面在下雨。如果听话者相信：说话者相信外面在下雨，交流意向就是成功的。但是交流意向的成功，距离说话者以言取效意向的满足还需一步：听话者把"说话者相信外面正在下雨"看作自己相信"天在下雨"的理由。一旦听话者相信天在下雨，说话者的以言取效意向才得到满足。当然这不同于听话者相信：说话者相信"天在下雨"（真诚条件）。

以言取效的功能性意向和真诚条件是塞尔批判格赖斯对意义解释的

① Grice, H. P. Meaning, *The Philosophical Review* 66, no. 3 (1957), pp. 377–88.
② Stalnaker, Robert. Assertion, In *Context and Content: Essays on Intentionality in Speech and Thought*, Oxford; New York: Oxford University Press, 1999, pp. 78–96, 283.

依据。塞尔把格赖斯对交流意向的定义——说话者打算用话语 u 在听话者身上产生某种以言取效效果——改为：说话者打算用话语 u 让听话者认出（或意识到）话语 u 所指的事态成立。① 塞尔强调以言行事的效果，格赖斯强调以言取效的功能性结果。塞尔和格赖斯都认为意义必须根据交流意向来解释，一个声音和行动，只要带有在听话者身上产生某些效果的意向和以言行事意向，都可被视为有意义的。但是，某些效果的意向究竟指哪些意向呢？以断定的话语为例，说话者一定要先有两个意向性状态，然后才能形成交流意向，即，说话者首先相信 p（例如，外面正在下雨）；其次说话者渴求使听话者相信 p。说话者仅仅相信 p 并不足以产生交流意向，每个行动还需要有一个刺激因素，话语"外面正在下雨"的刺激因素是听话者不知道外面的天气条件或者听话者对它的认识有误。如同满足条件一样，刺激因素具有交流的目的或作用（function），这种目的或作用就是渴求听话者相信天在下雨。

说话者关于"天正在下雨"的信念是交流的对象，即真诚条件，以言取效的意向（刺激因素）和真诚条件共同产生了交流的渴求或意向（第一个以言行事意向）。该以言行事意向是以言取效意向可能得以满足的手段。理解这一点，塞尔对格赖斯关于意义解释的批评就相对简单了。格赖斯好像要求：为了意味某事，说话者必须打算让听话者相信天在下雨（渴求 1）。当我们断定 p 时，我们的目的是使听话者相信 p，塞尔反对这点。虽然我们常常具有使听话者相信 p 的以言取效目的，但并不必然如此。意味某事仅要求说话者试图向听话者表达 p，说话者并不一定进一步打算使听话者相信 p。以言取效意向（渴求 1）并非必然是说话者意味某事的构成部分。对于交流而言，说话者仅需要有交流的渴求（第一个以言行事意向），没有渴求 1 是完全可能的。

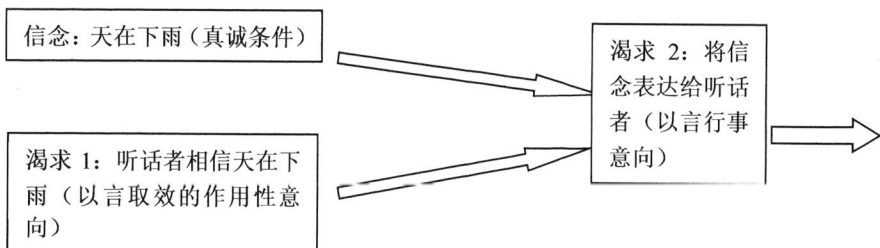

图 3-3

沿着这个思路，塞尔接着反驳道："即使存在着（与话语）关联的以

---

① John R. Searle, Speech Acts, Cambridge: Cambridge University Press, 1969, pp.49-50.

言取效效果，我也可能仅仅说某事并意味它，但事实上并不打算产生那种效果。所以，例如我可以不关心我的听众是否相信它而说某事，我做陈述仅仅因为我觉得有责任那样做。"[1]

但是，塞尔对格赖斯的批评似乎也有不尽人意之处。就出于责任说某事的情况而言，说话者是否就没有使听话者相信述说对象的以言取效意向呢？客观说，不打算实现以言取效意向不同于没有以言取效意向。[2]也许人们祷告时想到他们的祷告不会得到回应或会被上帝听到，但这并不等于他们的祷告不是祷告。也许格赖斯认为有这样的意义：如果说话者认为听话者不该去相信，我们就没有意指我们所说的东西。这是塞尔同格赖斯的分歧所在。

从声音到语词

对于断定，说话者从如下意向性状态开始：说话者相信某事 p，说话者渴求听话者相信 p，这分别是说话者的真诚条件（sincerity condition）和以言取效的功能性意向（functional intention）。以言行事是从向听话者表达说话者相信 p 的意向（意向 1）开始，再加上两个意向：说话者让听话者认出说话者有第一个意向的意向（意向 2），以及用约定方式交流的意向（意向 3）。

我们需要解释真诚条件如何以约定方式开始的。塞尔把话语的约定成分解释为连接说话者三个以言行事意向和各自满足条件的桥梁。如果声音和手势表征了 p 中真诚条件的满足条件，则第三个以言行事意向被满足。如果听话者认识到说话者打算用这个声音来表征说话者相信 p，则第二个条件被满足。结合第二、第三个条件，听话者明白说话者相信 p，"让听话者认识到我要达到那种效果的意向，我也就在听话者身上达到了那种已打算的效果，一旦听话者认识到我要达到那种效果的意向，这种效果通常就达到了"[3]。完成了以言行事意向的三个满足条件，说话者就达到了渴求的以言行事效果：听话者明白说话者相信 p。但只有听话者相信 p 而不仅仅是说话者相信 p，以言取效的意向才能被满足。一般而言（并非所有情

① John R. Searle, *Speech Acts: An Essay in The Philosophy of Language*, Cambridge: Cambridge University Press, 1969, p. 46.

② 斯托内克（Stalnaker Robbert）也表达了相似的观点，见 Stalnaker, "Assertion," In *Context and Content: Essays on Intentionality in Speech and Thought*, Oxford; New York: Oxford University Press, 1999, p.87.

③ John R. Searle, *Speech Acts: An Essay in The Philosophy of Language*, Cambridge: Cambridge University Press, 1969, p.43.

况如此），听话者相信说话者相信 p 是听话者相信 p 的充分理由，如果这样，说话者的以言取效意向就得到了满足。

以言行事从说话者打算以约定的方式表达信念 p 开始，以听话者能够识别的同真诚条件相对应的声音或行动结束。正如我们在意向性的说明中看到的，意向性状态具有属于某种心理模式下的满足条件，这时的满足条件是 p，心理模式是信念，信念有向下的适应方向。问题是声音如何具有这些性质的（或心灵特征的）？声音可能是高的、低的、软的、硬的、尖的，但它如何能够把世界表述为具有向下适应方向的信念 p 的。表面上看，如果有人把愤怒赋予暴风雨或者一支香蕉，那么似乎是把这种意向加在声音上的人犯了概念性错误。问题是声音承载着意向是如何可能的？为什么声音具有了这样的意向？正如意向性状态既有表征内容也有心理力量（psychological force）一样，语词同样也有命题内容和以言行事的力量。

塞尔认为我们心理状态和语词之间的相似性不是偶然的，我们话语的意向结构之所以反映了意向性状态的结构，是因为这种意向性状态解释了话语的结构。没有意向性基础，语词仅仅是声音、记号或手势。人类的意向性至少具有不同寻常的独一无二的力量，即将自己的结构赋予无生命的对象，也可以用塞尔后来在制度性实在中所讲的地位功能的赋予来理解。正因为如此，语词具有了塞尔所谓的"导出的意向性"（derived intentionality）。例如"捷列什科娃（Valentina Tereshkova）是第一位女太空飞行员"，不需要说出这句话我就可以相信它，这是发生在私人意识领域里的事情。"捷列什科娃是进入太空的第一位妇女"的意向性状态具有表征可能世界的表征内容。此外，意向的力量以一个向下的心灵到世界的适应方向把意向性内容投射出去，使得意向性内容成为一个信念而不是一个渴求。在表征的可能世界与实际世界同构（isomorphic）的情况下，信念就是真的。如果捷列什科娃实际上不是进入太空的第一位妇女，我们必须改变我们的信念，因为信念是带有向下适应方向的意向性状态，在 W_p 的内容和 W_a 的内容不匹配时，我们必须改变 W_p 的内容。

当我们把意向性状态的力量和内容投射到世界上的物体或事件上时，声音和记号具有了意义，所以共同使用的特定声音和记号可以表征"捷列什科娃是进入太空的第一位妇女"。英语"Valentina Tereshkova was the first woman in space"也意味着相同的意思，它和对应的信念具有相同的力量和内容。人们可以把相同的意向性内容加在无意义的声音上，例如我用声音"呼啦"代表一杯水。但是由于这种"赋予"是私人的并且也很古怪，所以我的做法肯定使得我的以言行事和以言取效意向无法被满足。

意向性如何把自己的结构（内容和力量）加在声音和记号上呢？以"捷列什科娃是第一位进入太空的妇女"为例，断定句包含三个基本意向：

（1）"捷列什科娃是第一位进入太空的妇女"的信念。它的意向性内容表征了一个可能世界，在该可能世界中，捷列什科娃是第一位太空妇女（这个可能世界碰巧对应了现实世界），该信念具有向下的、从心灵到世界的适应方向。这是真诚条件。[①]

（2）上述（1）中的信念导致我说出声音"捷列什科娃是第一位进入太空的妇女"（也可能是"呼啦"什么的）的渴求。这完全是一种为意指某事而发出声音、做记号或打手势的渴求，第二种意向的内容包括声音自身，但这种意向有向上的、从世界到心灵的适应方向，只有当改变世界以适应内容时它的满足条件才能实现。这时我用发出声音来满足这些条件。我们把这称为发音意向——属于以言表意意向。

我们也把"发音意向"称为以言表意—发音意向（locutionary-phonetic intention），只有发出声音它才能被满足。注意，正如上面我们用带有意向和效果的那本打开的书所表征的，这种发音意向和它的满足条件在因果上是相邻的。（1）虽然引起了（2），但在因果上不是相邻的，真诚条件导致了三个以言行事意向，三个以言行事意向又引起了以言表意—发音意向。

（3）把第一个意向的内容和力量（例如渴望声音表达信念"捷列什科娃是第一位太空妇女"的力量和内容）赋予由第二个意向产生声音上的渴求。第三个意向使这些声音带上了反映真诚条件结构的导出的意向性，塞尔称第三个意向为"表征意向"[②]或"本质条件"（essential condition）[③]。

交流是可能的，因为说话者把力量和内容加在了公共约定的无情性现象上（brute phenomena），所以听话者能够解释这种声音。在上例"捷列什科娃是第一位进入太空的妇女"，话语第一个以言行事的效果是听话者相信这种声音以约定的方式在意指"捷列什科娃是第一位进入太空的妇女"（满足第三个以言行事意向），这导致了另一个以言行事效果，听话者把这种信念赋予说话者（满足第二个以言行事意向），于是相信：说话者相信捷列什科娃是第一位进入太空的妇女（满足第一个以言行事意向）。如果没有任何意外，最后，听话者关于说话者认为"捷列什科娃是第一位进入太空的妇女"的信念将为自己如此认为提供一个理由，即听话者的确相信

---

① John R. Searle, *Intentionality*, New York, Cambridge University Press, 1983, pp. 174–75.

② John R. Searle, *Intentionality*, New York, Cambridge University Press, 1983, p.167.

③ John R. Searle, *Speech Acts: An essay in the philosophy of language*, Cambridge University Press, 1969, p.60.

捷列什科娃是第一位太空妇女，这就是以言取效效果。如果说话者以言取效的功能性意向（functional intention）是让听话者相信这是事实（不仅仅是使听话者认为，说话者相信这是事实），以言取效的功能性意向就将得到满足。

在这里有必要提及休伯特·德雷福斯（Hubert Dreyfus）对塞尔行动解释的批评。德雷福斯说："在塞尔看来，行动意向就是正在做出行为的经验——威廉·詹姆士称为'努力感（the feeling of effort）'……，根据塞尔的分析，所有的行为都伴随着行为的经验，这种努力 (effort) 的经验将它正在引起的身体运动作为它的意向性内容。"[1] 德福斯似乎认为：按照塞尔的观点，为了做出一个简单的断言，说话者具有 5 个不同的意向，但是结合我们自己说话的情形，好像并不完全具有这些意向，我们仅仅说话而已。格赖斯在否认"人们带着很多复杂的心理活动（psychological occurrences）谈论我们的生活"时，也表现了类似的担心。[2] 塞尔回应德雷福斯的批评略显模糊，他说自己给出这种分析不是现象分析而是"逻辑分析"。[3]

以上我们分析的例子属于言语行为的断定句，断定句的言语行为试图把世界描述或刻画为某种方式，构成它的意向（真诚条件）是信念。但断定仅是言语行为中的一种，除此之外，我们还可以做承诺、发命令、提要求、表感谢、批评、道歉、责备、赞成、警告、宣告等等。以上每种言语行为都有相同的意向结构，因为它们都有以约定的方式投射到听话者身上的真诚条件或心中的内在意向（intrinsic intention）。这些条件从因果上与话语关联，并且，意向把真诚条件中相同的满足条件赋予了话语。例如，如果（1）我打算做 x；（2）这种意向让我发出了某些声音，例如"我承诺做 x"；（3）这些声音让说话者承担着做 x 的义务，那么我就承诺了做某事。进一步讲，当我带有意向"听话者知道这些声音具有特定的满足条件"时，通过说"我承诺做 x"，我就可以把我的承诺传达给听话者。由于每一种言语行为由不同的意向构成，所以塞尔把言语行为分为五个不同的种类，即我们在第一章中介绍的：断定式、指令式、承诺式、表态式和宣告式的言语行为。此处不再赘述。

最后，我们将塞尔言语行为的意向用图 3–4 说明如下：

---

[1] Hubert L. Dreyfus, *Being-in-the-World: A Commentary on Heidegger's Being and Time*, Division I Cambridge, Mass.: MIT Press, 1991, p. 56.

[2] H. P. Grice, "Meaning," *The Philosophical Review 66*, no. 3 (1957), p386.

[3] John R. Searle, "The Limits of Phenomenology," in *Essays in Honor of Hubert L. Dreyfus*, ed. Hubert L. Dreyfus, Mark A. Wrathall, and J. E. Malpas , Cambridge, Mass.: MIT Press, 2000, pp. 74–75.

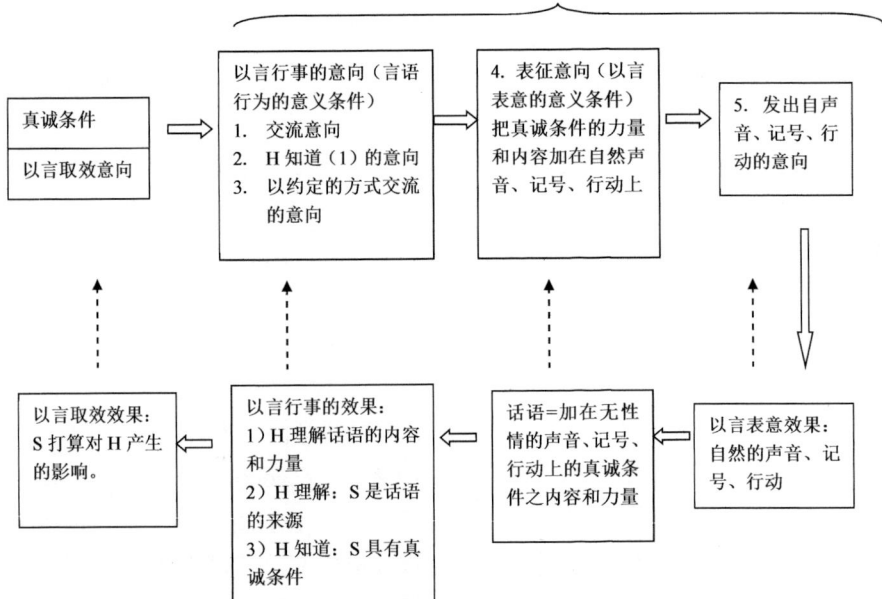

塞尔的言语/以言行事行为（五个意向+以言行事效果）[1]

真诚条件 以言取效意向	以言行事的意向（言语行为的意义条件） 1. 交流意向 2. H 知道（1）的意向 3. 以约定的方式交流的意向

4. 表征意向（以言表意的意义条件）把真诚条件的力量和内容加在自然声音、记号、行动上

5. 发出自声音、记号、行动的意向

以言取效效果：S 打算对 H 产生的影响。

以言行事的效果：
1）H 理解话语的内容和力量
2）H 理解：S 是话语的来源
3）H 知道：S 具有真诚条件

话语=加在无性情的声音、记号、行动上的真诚条件之内容和力量

以言表意效果：自然的声音、记号、行动

图 3-4

第四节　对意义与意向性关系的思考

意向性对于分析语言的意义很重要，但意向性与意义毕竟是两个概念。前者究竟是否等同于后者？如果不等同，他们之间是什么样的关系？前者是后者的必要条件还是后者的充分条件？塞尔说，语言哲学是心灵哲学的一个分支，他以进化论和意义的发生学为进路证明，像其他世界的对象一样，语句和话语的表征能力不是内在的，而是源自心灵的意向性。[1] 从意义的表现形式而言，言语与语言是两个概念，言语的意义具有很强的个体性和语境依赖性，但语言的意义明显具有一般性。塞尔将语言的问题化归为关于各种类型的言语行动问题，但问题是，"即便存在一个外在的语义概念集，它们也必定寄生于并且完全可以化归为一个内在概念集"[2] 吗？本节的目的不是要试图颠覆塞尔的关于意义源自意向性的论断，而是想通过分析，进一步厘清意义与意向性的关系，阐明解决在两者关系上可能产生

---

① 塞尔著，刘叶涛译．意向性：论心灵哲学．上海：上海世纪出版社，2008，p.1.

② 塞尔著，刘叶涛译．意向性：论心灵哲学．上海：上海世纪出版社，2008，p236.

的疑虑或迷惑。

也许我应当在此时或更早之处指出，笔者所说的意义（meaning），特指语句自身以及语句在使用中所具有的功能，而语意（semantics）仅限于前者。两者相比，意义的范围更广，外延更大。从集合论的角度讲，semantics 只是 meaning 的一个子集。

从功能的结构看意义之维

塞尔按照人类行动中具有的不同类型的意向性，从生物自然主义的立场出发，将言语行为的行事功能划分五类——断定式、指令式、承诺式、表态式和宣告式。下面我们就从功能的一个基本模型入手，分析意义的几个维度。

功能模型（1）$(O_1 \to F_1) \to (O_2 \to F_2)$

其中，O 代表具体对象，可以是一个有机体、器官或人的一套动作；F 代表对象的性质或结果。一方面，该模型表明 $(O_1 \to F_1)$ 或 $(O_2 \to F_2)$ 中 Q 与 F 之间的关系，另一方面，也表明 $(O_1 \to F_1)$ 和 $(O_2 \to F_2)$ 之间的关系。以上两种情况表明，功能是用于界定或维持一个具有目标指向的系统。例如：

①肺的功能是吸收血液中的氧气，排出血液中的二氧化碳。

②呼吸是哺乳动物的一个重要功能。

在①中，O 指"肺"，F 指"吸收血液中的氧气，排出血液中的二氧化碳"。在②中，O_2 指哺乳动物这个整体，F_2 指生命体活着的这种状态。功能"呼吸"指"吸收血液中的氧气，排出血液中的二氧化碳"。根据功能模型（1），该组例子除了说明 F 是 O 的功能外，也表明例①是例②的功能说明。我们也可不断迭代公式（1），进而组织起具有目的导向的功能网络体系。

作为一个功能系统，语言的基本模式可以将功能模型（1）稍加变换：

功能模型（2）$(O_{language} \to F_{?1}) \to (O_{user} \to F_{?2})$

其中 $O_{language}$ 代表语言这个对象，$F_{?1}$ 代表 $O_{language}$ 涵盖的不确定功能，O_{user} 代表被使用的语言具体部分，$F_{?2}$ 代表用使用者要实现的功能。

语言总是关联世界，并为会话人所理解。交流是使用语言的最一般情况，旁白或自言自语也是一种特殊的交流（自己同自己交流）[①]。说话者与听话者在交流时，说话者总在关联世界上或具体时空背景下的某个事态。

---

① John R. Searle, Meaning, Communication, and Representation, from Richard E. Grandy, *Philosophical Grounds of Rationality*. New York: Oxford University Press, 1986, p.211.

该事态应当以最广泛的方式理解为：它不但包括物理世界方面（aspect of the physical world），心理世界方面，世界的过去、现在或未来以及虚构或现实的方面，还包括说话者与听话者之间的社会关系、社会地位和权力等。所以，当交流行为发生的时候，会话双方需要考虑如下因素：

I 世界上的事态：主要指交流发生时所给出的信息内容；

II 以言语行为方式所要达到的事态的意向；

III 在社会关系和人际关系中存在的规则（rules）或规约（conventions）；

IV 交流行为需要适应话语环境。

考虑这些因素，意味会话者必须具有双方如何遵守这些因素的认识。如果以上列举的因素是充分的，那么交流中语言的功能就要诉诸这四个因素。鉴于语言依赖于这四个类似于"器官"的因素，我们将功能模型（2）中的问号消去，将公式变为：

功能模型（3）$(O_{language} \rightarrow F_{informative}) \rightarrow (O_{user} \rightarrow F_{communication})$

$$F_{intentional}$$
$$F_{socializing}$$
$$F_{contextualizing}$$

从模型（3）看，四个因素对于意义来说都是必要的，是意义的必然构成部分。某种程度上讲，虽然关于事态的意向是言语行为的直接原因，但行为意向只能发生在事态发生的具体背景以及会话者相互作用的背景下。如果不考虑具有内在关系的规则与约定，交流要取得成功是不可能的。公式中的四个因素总是以各自的方式出现并产生相应的作用。接下来的问题是，对于任一具体的言语行动，决定意义的四个因素是不是一个比另一个更重要？塞尔在《专名与意向性》中的工作表明，话语的信息性、意向性在意义中起首要（primary）作用。[①] 倘若果真如此，社会化（socializing）与语境性（contextualizing）对意义的贡献就是次要的。

意义能否缺少意向性

博伊斯（Du Bois）在《无意向意义：占卜的教训》中，描述了加纳北部西沙尔麻地方的一个具体案例，以此对意向构成言语行为的基本假设提出质疑。案例如下：有人向当地的占卜者咨询，占卜者开始如下举动，他从包里拿出仪式需要用的工具，开始乞求神灵和祖先。乞求的方式是固

---

① 塞尔著，刘叶涛译．意向性：论心灵哲学．上海：上海世纪出版社，2008. pp.265-267.

定的，必须以如下言语的方式开始：

（4）神啊！我要什么？Savai 是神，我要找哪一个神？我应该找 Jevaha 和 Forkorbawie。他们应该找 Gominabaah 和 Navrije。他们应该找 Salfuo 和 Jallo。Jallo 应该去找最古老的河流 Janawia 和最早的农田 Dajare，还应当去找会向神发问的祖先。①

（4）是占卜者作为正常社会成员的一般说话模式与占卜开始的分界线。这段话之后，占卜就正式开始了。占卜者从包里逐一拿出象征性的图案，每个图案都对应着相应的意义（传承于传统）。占卜者用系在图案上的两根绳子把图案掭起来，用手搓绳使图案旋转。绳子上有两个被称为"眼"的结，它们停下来时如果指向问卜者，它们象征的意义就被认为与问卜者相关，否则无关。例如，带有两个突起的缺口葫芦图案表示，"你知道真相但用了两种不同的方式讲了"。树上的一个黑色干水果，表示"如果你继续，它会是黑色东西"。一个贝壳表示，"你向神龛做了许诺，祈祷某些东西，但你忘记了你的承诺"。只有图案指向问卜者时，占卜者才向他们背诵它们对应的话。

在博伊斯提供的案例中，占卜者仅仅作为信息的中介。从如下两个方面讲，占卜者的话不是由自己掌控的：①这些符号对应的话语不是由占卜者创立，它们来自古老的传统；②占卜者背诵哪一段话不是占卜者的故意选择，因为它是完全由图案的最终位置决定的。博伊斯认为，占卜者的行为并没有意向性，但是它们却是有意义的。

但请读者注意，如果按照塞尔的意义意向论，从占卜者和问卜者的角度看，这个结论存在如下几个问题。

从占卜者方面看，如果从"占卜过程产生意义"这个宽泛的角度看，占卜者的行为意义是由行为自身的意向性决定的。这是因为，首先，为了在正确的时刻讲出正确预言，占卜的后果取决于占卜者正确地执行占卜过程。只有使用这种方式，这些行为才能产生出由占卜情况传达出的意义。占卜行为背后是一种更高层次的意向性，即通过占卜以影响问卜者将来行为的意向性。其次，尽管与这些象征性符号相关联的意义不是占卜者意向性的结果，这些意义仍然是由过往的某个人带有意向地指派的。"远古的说话者"很可能考虑了问卜者在咨询神喻时所面临的场景，于是他们将这种目的与占卜过程关联起来。即使预言是不准的，在过去的某个时刻，也

---

① Du Bois, Meaning without Intention: Lessons from Divination, from *Responsibility and Evidence in Oral Discourse* (1993), ed. by Jane Hill and Judith T. Irvine, 48-71. Cambridge: Cambridge University Press, p.58.

一定存在有个人认为，使用这些带有意义的符号在占卜时影响问卜者（问卜者不指具体人）。正是这种意向才使得占卜过程与符号在占卜场景下具有意义。

从问卜者的角度看，博伊斯的分析也有问题。占卜者自己的行为涉及以符合占卜过程的方式传达信息的意向（即情景意向），以及信息所携带的社会一般意向（按照符号关联的话语内容，来指导或诊断求卜者行为的意向）。不仅如此，占卜者还需把整个过程的结果视为完全偶然的，就像掷筛子一样，但这又不是在掷筛子——掷筛子产生的偶然性不会成为问卜者做出决定的依据。占卜者需要具有"占卜结果是偶然的"的交流意向。博伊斯指出，在西沙尔麻和其他地方，仪式活动不会被认为是由某个神话人物或神决定的，求卜者不会企图寻找这些话语背后的人物，他们至多只会把这些人物看作保证占卜活动正确进行并使得话语为真的监督者，不会把他们视作话语的出处和来源。至此，我们可以从占卜活动中提炼出如下意向模型（5）：

占卜者意向：　　　一般意向→　　→情景意向→交流意向

远古者的意向：　　　一般意向→　　→情景意向→交流意向

塞尔是意义的唯意向论者吗？笔者并不这么认为，他只是充分强调了意义离不开意向性，但要说他拒绝意义的非意向性因素没有充分依据。换言之，塞尔并没有把意向性视为语言的充分条件。

意义的非意向维度

意向性具有人格化特点，但人和意向性并不等同，从概念上讲二者是可以分离的。占卜者所在的社会就是以这种方式处理仪式话语的：他们故意不把话语看作任何人携带的意向性，整个仪式环境也支持这种分离。该仪式让占卜者不会因问卜者采取的行动而担负责任。博伊斯认为，占卜活动具有这样的特点。法律式语言、官僚式语言、医疗咨询式语言都有这种特点。①

占卜者表达了在问卜者身上起作用的话语，从而产生了话语的意义。问题的关键是，如果不了解占卜所处的制度化环境（institutionalized

---

① Du Bois, Meaning without Intention: Lessons from Divination, from *Responsibility and Evidence in Oral Discourse* (1993), ed. by Jane Hill and Judith T. Irvine, 48-71. Cambridge: Cambridge University Press, P.67.

setting)，以及在此环境下，占卜者相对于问卜者的人际地位和社会关系，单凭意向性我们如何理解占卜行为？

与意向论者相对立的观点是意义的真值条件或真诚条件论，它关于意义的表述可提炼为"S 意味 T（是 T），当且仅当 P"。戴维森在《意义与真理》中曾对它做了详细说明，但也因此引发了和意义意向论的持久论战。笔者认为，语言的意义理论应当与如下的一种理论相结合：把交流行动看作符合约定规则、受到交流目的激发的一个意向行动。

意向性作为人的心理状态，并不是完全同人的生活环境相隔离的。在坚持意义意向论的同时，我们应该更多地关注在语言活动中（language behavior）的社会因素。个体的意向性不仅与个体的认知有关，也无时无地不与社会因素发生着关联。首先，认知与社会因素有密切关系。虽然认知是个体属性，仅存在于人的大脑中，但若认为这意味认知仅涉及个体则是错误的，这里的个体并不仅仅是物理意义上的单个实体，也包括个人观点在内的诸多个体性质。从某种意义上讲，认知既是个体的，又是社会的。事实上，社会结构（包括语言的句法）之所以存在，完全因为人类学会了以适当的社会方式做事。这意味着经过了人的社会化，人们逐渐知道了群体中人与人之间的行为约定，这些约定存在于单个人的认知世界中。所以，当塞尔说，"如果存在着集体行为，它一定存在于某些心理成分的具体特征中"，无疑这是正确的。也许有人认为，在人的认知领域中，至少我们可以区分出涉及个人的维度和社会的维度，然而，这么做是有困难的。一般情况下，意向与个体相关，另一方面，也受社会影响。从共时性与历时性上讲，个人的具体意向产生于具体生活的社区，意向性的形成与发展是社会化进程的一部分。某种程度上讲，每个人经历的社会化过程都是独一无二的，他们都有关于社会的独特概念，又有独特的意向性表现。例如，当下我有"去救正在溺水的那个年青人"的意向。意向既是个体的，也是社会的。可以说，这既与先天的遗传因素有关，又与后天的社会因素有关。

强调以上的意义的非意向维度，并不是在否定意义的意向性内核，而是无害地提醒人们注意，塞尔在将意向性外化为言语行为时，低估了意义的约定性一面。换言之，他用意向性而不是约定来解释意义的时候，实质上约定伪装成了约定的意向性再一次进入意义中来。塞尔的意向性不仅是关于个人的，又是关于社会的，涵盖了社会性、约定性特征。明白了这一点，就明白了塞尔在意向性问题上的宽泛理解，也就合理解释了一千个听众为什么会有一有千个哈姆雷特。意义是具有意向性的，这种意向性不仅源自特定个人，也总受到来自社会场境、会话人知识、地位与人际关系等社会因素的束缚和制约。意义来源于意向性，却不能仅仅停留于心理的意向性。塞尔用内在的意向性（intrinsic intentionality）、导出的意向性(derived intentionality) 来区分两种不同的意向性 ①，体现了塞尔在意义理论构建上的洞见。导出的意向性作为一种外在的社会因素，与内在的意向性也不是彼此独立的，这些内在的意向性又会以一种社会因素，反过来影响着意向性的特质（intentional idiosyncracy）。当我们说"皮肤上的斑块意味着麻疹"时，我们不仅表达了我们的意向意义，此种意向意义里涵盖了包括个人认知、社会环境在内的诸多社会因素。

---

①   John R.Searle, *The Construction of Social Reality*, New York:The Free Press,1995, p.151.

第四章 语言与制度性实在

第一节 语言的制度基础

语言是一种基本的社会制度，这种制度与语言外的其他制度既有区别又有联系。塞尔说，人们可以拥有语言而没有货币、婚姻、政府、财产制度，但不能没有语言而拥有财产、政府、婚姻和货币制度。[①] 质言之，塞尔认为先有语言制度，然后才有其他人类制度，后者的存在依赖于前者。本节综合塞尔的观点，论述语言的制度及其基础，分析塞尔关于语言的制度性实在[②]和语言外制度性实在的解释及其优劣性，并尝试为其中存在的不足找出一种较为合理的替代性建议。

制度的客观性基础与动力机制

在《人类文明的结构》中，塞尔从两个维度对我们生活的世界做了区分。第一种区分是依据世界上的对象或属性能否独立于观察者（或会话者）存在而存在。能够独立于观察者（或会话者）存在的对象或属性属于一个类，如：地球板块、物质质量、万有引力、化学键、光合作用等。而那些离不开观察者或依赖于观察者的对象或属性属于一个类，例如：足球比赛、总统选举、婚姻、财产等。这种分类方法与我们的常识相当吻合，也与洛克 (John Locke)、波意尔 (Robert Boyle) 等人将物质性质分为首要性质（primary properties）与次要性质（secondary properties）的区分传统相一致。第二种区分是基于主观性与客观性的划分。在第一种区分基础上，塞尔把依赖于观察者的现象和独立于观察者的现象再加分析，区分了认识

---

① John R. Searle. What is an institution?[J]. *Journal of Institutional Economics*, 2005, 1(1):1-22, p.12.

② 制度性实在是制度的全称。

论意义上的主 / 客观性和本体论意义上的主 / 客观性。从本体论的角度讲，山川、物质分子的存在，不依赖于观察主体而存在，因此具有本论意义上的客观性，而疼痛与搔痒，由于依赖于或离不开会话者或觉察者而存在，因而从本体论意义上讲它具有主观性。塞尔指出，本体论意义上的主观性，并没有妨碍认识论意义上的客观性。[①]例如，"画家凡高死于法国"，此判断虽然依赖于会话者或观察者，但客观上具有"真""假"值，因此具有认识论意义上的客观性；与此不同，"齐白石比徐悲鸿画得好"，仅表达了会话者的个人意见，客观上不具有"真""假"值，因此具有认识论意义上的主观性。意向性和语言虽然有本体论意义上的主观性，但它们都具有认识论意义上的客观性。一般而言，社会科学的研究对象虽然都依赖于人类而存在，但它们都具有认识论意义上客观性。

塞尔认为，制度的根本作用或目的不是用来抑制人的权力（power）的，而是创造权力增加了人的能力。[②]这种由人类创造的权力又称道义权力（deontic power）。人类社会与动物种群的根本区别在于，人类社会充满了各种各样的道义权力。这些权力包括：权利、职责、义务、要求、授权、允许等。例如在棒球比赛中，投球手、击球手和跑垒手都具有各自不同的道义权力。由于人类具有道义的能力而其他动物没有这种能力，故而这些道义权力超出了群居动物围猎时的相互合作和生物圈内存在的弱肉强食。群狼在相互配合捕食时，不会因为 A 是狼王，便出现群狼要服从它的道义权力。

在塞尔看来，道义权力和社会地位是制度实在中两个不可忽视的要素。不同地位有不同的道义权力。因地位不同产生不同权力的现象，塞尔称之为地位性功能（status function）。例如，一位做出承诺的人具有在将来实施行动的义务；会议的召集者，具备在需要的时候宣布休会的权力。人的地位与生物圈中其他动物不同，不是来源于生理或物理意义上的自然属性，而是源于社会学意义上的集体承认（recognition）和接受 (acceptance)。一旦人们承认如此这般的一片纸是美元，这片纸就拥有了可以购买或偿贷的地位性功能。因为特朗普被接受为美国第 45 任总统，所以他拥有在美国上议院实施否决的权力。

地位性功能渗透在人类社会的各个方面。例如，作为一名教师，我既

---

① John R. Searle. The Basic Reality and the Human Reality. From Franken D, Karaku A, Michel J G. John R. Searle : *Thinking about the Real World*[M]. Ontos Verlag, 2010,19-44 ,27.

② John R. Searle. What is an institution?[J]. *Journal of Institutional Economics*, 2005, 1(1):1-22, p.10.

有执教的权力，也有为学生批改作业的义务。不管我喜欢不喜欢、愿意不愿意去做这些繁锁的工作，我必须去做，因为存在一个独立欲望的行动理由(desire-independent reason for action)要求我必须如此。与人不同，其他动物没有这种独立于欲望的行动理由。其他动物的活动（behavior）仅受生理欲望的驱使，或者仅受基于欲望的行动理由（desire-based reason for action）的支配。例如，通过反复训练，我可以使我家的小狗按照我的要求做出被要求的动作，但小狗的举动并非出于义务，而是被我实训出的一种行为倾向或对固定信号所做的一种恒常的条件反射。因此，即便再聪明的一条狗，我们也无法训练出它的义务感。

　　独立欲望的行动理由派生于基于欲望的行动理由。一般而言，所有有意识的、自愿的、具有意向性的行动都表达了实施某个行动的欲望。那么，这种独立于欲望的行动理由是如何可能的？塞尔说，那是因为主体认识到了独立于欲望的行动理由的有效性（validity）。例如，一个人之所以会去看牙医，因为他渴望有一口好牙，看牙医的欲望是拥有好牙欲望的派生欲望。人为了达到一种愉快目的，去实施一种过程不愉快的行动是合理的（合乎理性）。根据人对结果有效性的预期，结合基于欲望的理由，我们可以得到独立于欲望的行动理由。塞尔说：基于欲望的行动理由总区间预设了对独立于欲望的行动理由的接受。① 尽管知识与欲望之间可能存在冲突，但人们建立"独立于欲望的行动理由"是可能的。例如，对于一件自己不愿意相信的事情，如果你发现它是真的，那么尽管你不愿意相信它，你也会因为独立于欲望的行动理由而相信它是真的。同样，在现实生活中，我们也会有独立于欲望的理由去做一件我们本不愿意做的事情。当然，独立于愿望的行动理由并不必然产生实施某种行动的结果。② 至此，我们从散见于塞尔著作当中的论述得到了他对制度动力机制的概括：

　　制度性事实＝地位性功能→道义权力→欲望→独立的行动理由 ③

语言的功能

　　我们生活在制度的海洋中，所有的制度性事实毫无例外地与语言相关联，"都是语言性地被创立和语言性地被构建并维持的"[④,p.99]。塞尔对语

① John R. Searle. What is an institution?[J]. *Journal of Institutional Economics*, 2005, 1(1):1-22, p.11.

② 胡光远. 约翰·塞尔的意义理论研究 [D]. 华东师范大学，2014, pp.52-53.

③ John R. Searle. Language and Social Ontology[J]. *Theory & Society*, 2008, 37(5):443-459.

④ 约翰·塞尔著，文学平，盈俐译，人类文明的结构，北京：中国人民大学出版社，2015, p.455.

言的重要表述，几乎贯穿于从早期到近来的所有著作。我们从制度的动力机制来分析语言，需要先从功能的角度对语言给予说明。

语言的基本功能在于以言行事（illocution）。而实现以言行事，首要目的是完成对意向性的表征与交流。表征，不同于表露 (expression)。在塞尔看来，世界上大多数动物都可以表露。例如，狗用狂吠来表露愤怒。表露是主体心理状态（mental state）的一种展现方式（press out）。而表征不仅表露了主体的心理状态，还呈现 (present) 世界上的事态。例如，主体受到外部伤害时说"唉哟"和说"疼"不同，前者仅表露了主体的心理状态，后者不仅表露了主体的心理感受，而且具有"真""假"值。当我说"天在下雨"时，这句话不仅表露了我"相信"的心理状态，还呈现了当前的天气情况。语言的作用不在于表露，而在于表征（represent）世界上的世态。

很多语言前的（prelinguistic）动物能够以发信号的方式与其他动物交流。以非洲的绿长尾猴为例，这种猴子能够用不同信号表示类型不同的危险，遭遇猎豹时它们发出一种信号，遭遇蟒蛇时它们发出另一种信号，遭遇老鹰时它们再发出其他信号。单纯发信号与用发信号表达危险之间有很大不同。可以设想，在没有成熟的语言之前，人类可能只用一个词来表征世界。如，"食物""危险""火"等。从音韵学上讲，这些发出的声音具有各自的满足条件，但是，当它们被用于传达一定的意义时，这些声音就被赋予了新的满足条件。塞尔说："有意义的话语就是将满足条件赋予话语，但由于话语自身具有发出这些话语意向的满足条件，所以我们可以说，说话者意义是由故意将满足条件（B）赋予满足条件（A）构成的。这就是说话者意义的本质。"[①] 当然，人们可以撇开意义来说出一句话。例如，学生的发音练习，只有发音的满足条件（A）而没有意义的满足条件（B），该声音没有表征世界上对应的事态。

塞尔认为，不管以何种手段掌握一门语言，其目的必然是为了表征或交流。与其他动物不同，人类在前语言时期，已经具有了知觉、思维进程和意向行动。当人类能够结构化地说出"这儿危险"时，不仅表征了有危险的信念，而且要将这种信念传递给听话者。作为主体意向性状态的表征手段，语言为我们提供了一套公共表征系统，但这并不是语言的最重要功能。塞尔说，语言的"第一位的功能是这样的：我们需要语言为我们提供

---

① John R. Searle. Language and Social Ontology[J]. *Theory & Society*, 2008, 37(5):443-459. 括号中的 A、B 为笔者所加，以区分两个不同的满足条件，p.447。

一种可以在原人 (hominids) 之间相互交流的机制"①。在还没有现代语言的原人时期，信息交流对于动物来说具有巨大功效，最简单的情况是一个动物通过非结构化的表露向另一个动物传递关于世界的信息。

交流与表征的区别在于，交流关涉到说话人有意对听者造成某种影响，而表征不需要有这种意向。一个人可以意图表征某些事态而不关心在听者身上产生何种效果，或者不打算让听者认为那是说话人的信念，或者压根就不打算让听者明白自己在说些什么。但交流必须通过表征完成。表征在逻辑顺序上先于交流。你不可能既打算告诉我天正在下雨，又不打算用话语来表征关于下雨的事态。

语言

塞尔指出，语言由三部分构成：语音、句法和语义。其中前两部分是构成后一部分的要素。相对于语音，句法更为重要，因为有些形式的语言并不需要说出来（如旗语和哑语）。塞尔的研究认为，句法在组织语词形成语义时，呈现出如下三种特征。②

1. 分离性。分离性是指，组成句子的语词或语素，虽然能形成不同句意，但它们在不同的句子中都保持了自身的同一性。与此对比，制作面包时面包的成分就不具有自身的同一性。我们可以使用两个苹果，也可以使用两个半苹果制作面包，而且组成面包的各种成分（如黄油、苹果、面粉等）都会在制作过程中失去原有的同一性。而句子，可以由八个语词构成，却不可能由八个半语词构成。句子与构成句子的语词之间却始终保持分离性，换言之，塞尔认为，语词在形式上具有独立性，这种独立性不会因为语词构成语句而消失。

2. 组合性。句法的组合性指使用句法生成句子、安排语义的方式。有些表述可以构成句子，有些表述不能构成句子。由相同的语词构成的句子，句法布局不同，语意也不相同。例如，"汤姆杀死约翰"与"约翰杀死汤姆"。塞尔的组合性侧重于强调语词构成句子形式上可以多种多样。

3. 生成性。句法的生成性，一方面指自然语言利用一些连词、关系从句等规则，生成了无限多的语句。这就使得有了无限多的语句用于表达无限多的新思想和新语意。另一方面，在语意保持不变时，句法可以进行各种同义变换。句法的生成性侧重于从功能的角度展现语词对语句的作用。

---

① John R. Searle. Making the Social World[J]. *Arts & Humanities*, 2010, p.71.

② 约翰·塞尔著、文学平、盈俐译，人类文明的结构 [M]. 北京：中国人民大学出版社，2015, pp.67-69.

分析这三种特征在构成语意时的作用，能够让我们更加明显觉察到作为意向性的内在表征与作为语言的外在表征之间的区别。塞尔认为，像人一样聪明的动物，例如，前语言时期的原人，都有完整的知觉系统。它们的意识经验作为一个整体（unity）出现。对于知觉系统而言，不论是知觉经验还是欲望、信念等意向性状态，都不是关于简单对象的，而是作为一个统一的整体出现的。举例来说，如果环顾房间，我们会发现自己看到的不仅仅是一个个离散的对象，而是外表颜色各异、具有如此这般性质的对象。我们不可能只看到电脑屏幕，而看不见电脑屏幕在自己面前。概而言之，意识经验总是以一个事态而不是以单个对象的形式出现的，具有 S(p) 的逻辑结构。例如，如果你拥有"小偷闯入这间屋子"的信念，该信念既不只是"小偷""闯入"或"屋子"的意向性状态，也不是"没有小偷闯入屋子"的意向性状态，甚至也不会有"这间屋子被小偷闯入过"的外在表征变换。意识没有语句表征的分离性，也没有语句的组合性。

塞尔设想了一种拥有时间和空间、相同和差异、属性和关系等范畴的前语言时期的原人，他们没有依托的语言，没有形成像人这般细致的概念。不过原人具有把对象与属性分开的能力，能够分辨这个对象与以前看到的对象属于同一个对象，拥有此对象与彼对象是不同的意识经验。尽管他们能够看到如此这般东西，具有相应的感知经验，但由于没有辅助的符号或表征工具，还不能将对象与对象属性区分开来。他们辨别不同范畴的能力，使得他们逐步具有"一个—男人—向—我—走来"的意向性状态。不过，如果语言总是处于内感官中，那它就是私人语言，浮现出所指物的样子并不等于语言。虽然感觉语词和我的感觉自然外现连在一起，他们却不能将这种作为整体的意识经验（意向性状态）用外在的符号将其打碎，分离出相应的概念。

意向表征发展为语言表征受到了语言交流功能的驱动。如果 A 向 B 传达"这条石线是我们之间的分界线"，首先他需要外在媒介表征出这一信念。为了在 B 身上产生正确的理解，A 需要不时变换自己的外在表征以校正 B 的错误理解。如此反复就使得最初的意向性内容被不断分解、变换或强调。例如"这条石线"而不是"这棵树"；是"不可越过"的，不是"随便出入"的等。注意，意识中的对象和谓述，不同于语句中的指称或谓述，因为意识中的对象和谓述都具有满足条件——即使意识中最简单"火"，也对应着一个具有满足条件的句子。所以，塞尔称自己追随弗雷格，相信名词和动词短语派生于整个句子，而不是生成整个句子。[①]

将外在表征不断分解为句子的句法成分过程，也是不断形成概念、约定和承诺 (commitment) 的过程。塞尔说，承诺是对人类背负的行动依据（权利、责任、批准、义务、允许、授权等）的最一般表达。[②] 从逻辑上讲，意向性中（如意图或欲求）包含了承诺，正如当你的信念为假时，你必须放弃它。与此相应，当众做出的陈述 (包括指令式、承诺式、表态式和宣告式的言语行为) 也包含了承诺，并且包含了比意向性中更强的承诺。离开承诺，用公共约定的外在表征有意地向它人传达信息是不可能的。承诺与任何形式的外在表征，无法相互分割。

塞尔指出，承诺包含两个因素：一是难以推翻 (reverse)，二是义务 (obligation)。当我做出承诺时，我承担了一项不易推翻的任务，同时也建立了不得不如此的义务。不易推翻和义务在依照句法规则而实施的言语行为中结合在一起，通过约定转化为言语行为（表征出的意向性）[③]，因此，对于言语行为来说，（外在）约定属于外在的社会维度，承诺属于内在的意向性维度。两者是保证言语行为得以实现的必备条件。塞尔还说："没有约定步骤，承诺不会出现。"[④] 约定是承诺的形式外壳，承诺是约定的实际功能，这种功能的动力源于心灵的意向性。

此时提醒读者注意塞尔的一个基本观点是重要的，即在结构的逻辑顺序上，意向性 S(r) 先于言语行为 F(p)，没有 S（r）结构的意向性，就不可能产生言语行为，尽管言语行为 F(p) 与意向性 S(r) 的结构是一一对应的。但是，根据本节的前述分析，言语行为属于外在表征，意向性 S（r）属于内在表征。当塞尔提出"没有言语行为，意向性（如承诺）不可能存在"时，他又表达了同自己的基本观点相反的思想。笔者认为，塞尔的理论之所以出现这种矛盾，主要是因为他的制度理论、语言理论与意向性理论之间的单向还原论思想倾向（见第六章）。

塞尔的制度论缺陷与建议

塞尔对于制度的界定相当严格。制度不仅是"能让我们创立制度性事

---

① 约翰·塞尔著.文学平、盈俐译，人类文明的结构 [M].北京：中国人民大学出版社，2015, p.81.

② John R. Searle. Language and Social Ontology[J]. *Theory & Society*, 2008, 37(5):443-459, p.449.

③ 表征出的意向性与未表征出的意向性说明，见 胡光远.约翰·塞尔的意义理论研究 [D].华东师范大学，2014, p.103。

④ John R. Searle. Making the Social World[J]. *Arts & Humanities*, 2010, p.82.

实的被集体接受的规则系统（步骤、实践）"①，具有"在背景 C 中，X 被视为 Y"的逻辑形式，还需要最基本的要件，即地位功能和道义权力。塞尔说，人们具"有通过表征其存在而建立实在的能力，所以我们能够建立的唯一实在是道义实在。这种实在赋予了（我们）权力和义务"②。但是，由于许多制度——如太阳历、汽车靠右行驶，甚至语言等——不具有塞尔所宣称的地位功能和道义权力，因而难以将它们归为制度性事实。尽管如此，塞尔还是把语言视为一种制度，而且视为一种最基本的制度。有鉴于此，如何以制度为视角合理地解释语言，对制度做出合理辩护，既显迫切，又很必要。

根据塞尔的观点，制度性事实分为语言的制度性事实 (linguistic institutional facts) 和语言外制度性事实 (extra-linguistic institutional facts)。③为了使地位功能与语言的制度性事实不发生冲突，塞尔将建立制度的常设宣告句（standing declaration）分为语言的宣告句和语言外的宣告句，分别用于解释语言的制度性事实和语言外制度性事实。塞尔指出，虽然两者都是语言的，但语言的宣告句仅仅建立了像承诺、命令等语言的制度性事实，而语言外的宣告句则以语言为基础，建立了像婚姻、战争、休会等语言外制度性事实。④"因为这样的事实（制度性事实）只有在被表征为存在时存在，所以一切制度理论必须包括系统的语言、表征或其他方式的说明，以及它们在制度性事实中的作用。"⑤笔者基本同意塞尔对于语言外制度性事实的宣告式说明，但对语言内的制度性事实持保留意见。因为这种解释不仅没有从根本上避开用语言解释语言的循环⑥，也遗漏了地位功能何以在语言制度中缺失的解释。

基于以上原因，笔者接下来将尝试一种不以地位功能为根本依据的新方法，既将语言与其他符合常识的社会现象纳入制度实在的类中，同时又

---

① John R. Searle. What is an Institution?[J]. *Journal of Institutional Economics*, 2005, 1(1):1-22, p.21.

② John R. Searle. Making the Social World[J]. *Arts & Humanities*, 2010. 括号内容为笔者添加，p.89。

③ John R. Searle. How Performatives Work[J]. *Linguistics & Philosophy*, 1989, 12(5):535-558, p.555.

④ John R. Searle. How Performatives Work[J]. *Linguistics & Philosophy*, 1989, 12(5):535-558, p.549.

⑤ John R. Searle. Status Functions and Institutional Facts: Reply to Hindriks and Guala[J]. *Journal of Institutional Economics*, 2015, 11(3):507-514, p.508.

⑥ 如果诸如承诺、命令等类型的言语行为，是由语言宣告句建立的，那么，以言语行为为依据解释语言的意义要么是同语反复的，要么是循环的。

可以保留塞尔对婚姻、货币等制度实在的已有解释。

图梅拉 (Raimo Tuomela) 和塞尔都提出集体接受对于制度的存在非常必要，图梅拉尤其对"接受"有较为详细的说明。[①] 以此为基础，笔者认为，制度中包含了一个与两位学者理解的接受相关，但比他们理解的含义更广的意向行为：认可（approval）。相对于接受，认可一个命题或意向性内容 p，不但意味着在思想与行动上接受 p，具有接受的心灵到世界、世界到心灵的双重适应指向，而且具有建构认知的特征。具体讲，认可包含三层含义：(1) 能够形成意向性内容的内在表征；(2) 心灵向世界的表征意向；(3) 世界向心灵的信念意向。例如，我认可"烽火代表敌人入侵"。首先，我以某种方式形成了"烽火代表敌人入侵"的内在意向，其次，当遇到敌人入侵时，我会产生点燃烽火以表明敌人入侵的欲望和行动（适应方向从心灵到世界），最后，当烽火出现时，我具有敌人入侵的信念（适应方向从世界到心灵）。认可与接受的区别在于："接受"p 的逻辑起点是，命题或意向性内容 p 是由他人施加，而认可 p 既可以是他人施加的，也可以是观念自我创生的。例如，美国的建国者关于脱离英国殖民成立美利坚的意向性内容，不是由他人施加的，因而在严格意义上不是接受，而是认可。与此不同，美国人民响应建国者的号召，决定脱离英国殖民、成立美利坚的意向，则是建国者施加的，因而属于接受，也属于认可。值得注意的是，无论是认可还是接受，都包含了意向性中最基本的承诺，具有最基本的道义成分。可以说，承诺是构成约定进而构成道义的最基本要素。

集体认可是在个体认可的基础上形成的一种共同认可。笔者不赞同塞尔把集体意向性视为与个体意向性并列的一种基本意向性。理论上，集体意向性是在个体意向性和相互交流成为可能的情况下才会出现的一个次生概念。维特根斯坦曾反对存在私人语言，因为私人语言属于内在表征，这种表征无法被他人理解。类似的，如果不存在个体认可的意向表征形式和相互间可被理解的外在表征中介（无论是行为还是符号），集体认可就不可能产生。个体认可及其表征具有偶然性，被一个群体认可的命题或意向性内容 p 不一定被另一个群体认可（物理因果关系的表征除外），因此集体认可及其表征具有偶然性。注意，这里的集体，是以相同的个体接受为依据划分的类。世界上存在多种不同语言的制度性事实就是不同群体形成的不同集体认可的结果。

笔者的集体认可模型旨在解释没有地位功能和对应道义权力的语言的

---

① Tuomela R. *The Philosophy of Sociality : The Shared Point of View*[M]. Oxford University Press, 2007, pp.187-190.

制度性存在，以及具有地位功能和相应道义权力的语言外制度性实在的。我们认为，集体认可借用民主的方式源于个体认可，这种认可原则上不需要任何先验权威就能实现诸如以下言语表征：如"雪是白的"意指雪是白的，"下周我将来看你"被集体认可为我承诺下周来看你等。认可的形成机理与上文"烽火"意指有敌人入侵并没有理论上的区别。反观塞尔，他把宣告式表征看作解释制度的基本手段，进而又提出宣告式表征与制度具有相同结构，难免有陷入循环解释之嫌。不仅如此，塞尔发现，一方面，所有类型的言语行为同时都是宣告句，另一方面，所有类型的言语行为又都可被视为断定句。[1] 例如，承诺句"下周我来看你"，既是我宣告"下周我来看你"，又是我断定"下周我来看你"；命令句"你立即离开房间"，既是我宣告"你立即离开房间"，又是我断定"你立即离开房间"。塞尔坦言，这种现象是我们不易深究的。与之对比，我们的方法不会把具体的言语行为既视为宣告句又视为断定句，因为集体认可从开始就以公共的方式，固定了言语行为的类型。因此，集体认可在构造语言的制度性实在时，可以成为比宣告句或宣告式表征更基本、更原始的基点。

语言作为一种最基本的表征系统，的确是一种最基本的制度性实在。与语言的制度性事实不同，使用宣告句或宣告式表征，解释含有地位功能和相应道义权力的语言外制度性事实基本是可行的，但并不表示二者之间具有逻辑的先后性。只是我们使用一种更为基本的制度性实在，解释其他较为复杂的语言外制度性实在（像总统制、足球游戏等），有时会变得非常方便。需要强调的是，我们的集体认可模型，既可以解释语言的制度性实在，也可以解释包含了复杂地位功能和道义力量的语言外制度性实在。具体方法为，从最初不具有地位功能和道义权力的集体认可出发，以递归的方式逐步构造出制度性实在中一切地位功能和道义权力。概而言之，集体认可模型比塞尔的地位功能宣告句（或类似于地位功能宣告句的表征），在创立、维持和解释制度性实在时，具有更强的说服力。

第二节　从制度的逻辑结构看

语言既是制度性事实，也是一种规则。塞尔将规则分为两类：范导性规则（regulative rules）和构成性规则（constitutive rules）。前者对已存在

---

① John R. Searle. How Performatives Work[J]. *Linguistics & Philosophy*, 1989, 12(5):535-558, p.541.

的人类行为（act）起规范作用，后者依据规范创造出新的人类行为。[1] 塞尔的划分是建立在一种对规则的狭义理解之上的。实事上，规则包含广泛的内涵。从社会学的角度讲，一切知识都是规则，库恩（Thomas Samuel Kuhn）更是把科学视为由共同体规定的范式。

童世俊教授依据规则受约束的基础不同，将规则划分为：基于客观规律的规则，基于人与人相互约定的规则以及基于道德、善恶意识的规则。[2] 按照这种思路，我们可以把相应的知识分为三种：自然知识（natural knowledge）、制度性知识（institutional knowledge）和道德知识。自然知识外延上与童世俊教授的第一类规则趋同，其效果受到客观规律制约。例如进入工地要戴安全帽、高压危险禁止触摸等。制度性知识主要由受约束群体的群体规则构成，例如，英语中主语为第三人称单数，谓语动词的现在时态形式上要加 s；中国宪法修改要经过全国人大三分之二以上代表表决通过等。这种知识外延上大致与童教授的第二类规则趋同。第三种知识介于前两种类型之间，与人的实践理性有关。例如，不可说谎，己所不欲勿施与人等。塞尔的研究着力于社会制度的建构，因此，属于对第二类规则的研究，是围绕着制度性知识展开的。从功效上讲，塞尔的范导性规则目的是提升人类已有行为的效率，而构成性规则是为了创生出能够满足人需要的诸如娱乐、管理等行为活动。

在塞尔看来，语言创生了人类社会的制度性事实（institutional facts)，"制度性事实无一例外的是由语言构成的，尽管看到语言的此种功能非常困难"[3]。接下来，我们就追随塞尔的思路，来分析塞尔视域下的语言、规则与制度性事实之间的关系。

构成性规则

正如前一节分析所表明的，制度性事实存在的动力基础是功能，功能是为人服务的，围绕行为主体而展开。上帝对"起子、汽车、浴缸、钞票"不感兴趣，大自然所固有的存在物中没有这些东西。创造出这些事物不是外在于世界的、"全知全能全善"的上帝，而是融入于社会之中、具有不同功能需要的行为主体。行为主体在实现自身需要过程中，需要借助于两种不同方式。举例来说，如果想让 A 从我前方移开，我可以通过

---

① Searle J R. *The Construction of Social Reality[M]*. Free Press, 1995: (27)，p.27.

② 童世俊. 论规则 [M]. 上海：上海人民出版社，2015，P.16.

③ John.R.Searle. *Making the Social World: The Structure of Human Civilization*. New York: Oxford University Press, 2010, 90.

请求或命令，使他从我的前方走开；也可以施加物理力量，将他从我的前方推开。对于实现我目的的这两种行为，一个重要的区别在于，前者使用约定的 (conventional) 方式加以实现，后者使用物理因果（physical causation）的关系加以实现。假如我把 A 推离了我，我的成功依靠了加在 A 身上的作用力。如果 A 的身体过重，或碰巧他同时受到其他反方向的力，我的意图可能失败。但是如果我请求 A 从我前方移开，在听者理解声音"请走开"被视为走开的意义上，我的意图是明确的，并且起到了施动（performative）作用，尽管实际上存在有被他拒绝的可能性。

如果言语行动的功能是一种约定，我们就会发现，理论上这种约定并不包含完成意图的必然形式。正如一个说英语的人让 A 走开可能会说 "please move away"，说汉语的人则是另一套声音序列。在这个意义上，言语行动的约定是任意的。但是，如果我用强力的方式使 A 挪开，只要我使用的力足够大，A 一定会移开，这时我意图的实现就没有依赖任何约定方式。但约定的确可以让我们实现各种各样的目标和效果。汉语"请走开"一般被视为要听者走开的请求，承担这一功能的是声音"请走开"使用方式的构成性规则（constructive rules）。如果是另一种语言，同样的声音则有可能是无意义的或意味了其他完全不同的东西。

所有的构成性规则，在塞尔那里具有统一的逻辑形式，即"在背景 C 下 X 被视为 Y"。在塞尔的本体论意义上，X 指无情性事实（brute facts）或物理对象，可以是"风中的云朵"或"两块紧挨着的石头"等诸如此类的客观存在物；Y 是制度性事实或制度性对象，是通过使用构成性规则，令 X 获得一种新的合法地位；C 是背景记号，代表了 X 发生的背景条件。在 X 与 Y 之间没有什么必然联系（二者之间没有任何物理必然性），从这种意义说，构成性规则是种约定。在不同的社群和背景下，相同的制度性事实可能连接着完全不同的无情性事实。所以，讲德语的人和说英语的人发出不同的声音，却可以达到相同的以言行事效果。但我们必须及时对构成性规则的逻辑形式做出如下补充："在背景 C 下 X 被视为 Y"可以被递归地使用，递归后的 X 可以是递归前的 Y，因此形式中的 X 不仅可以是无情性事实或物理对象，也可以是约定后的功能对象自身。

理解规则中的词项

关于词项 X

X 最简单的情况就是，无论人们有没有觉察到 X 的存在，在本体论的意义上 X 都存在，例如分子运动。这些无情性事实或对象的存在一般与语言和解释无关。这是具有唯物主义性质的实在论观点。塞尔专门比较了无情性事实和精神事实（mental facts）。[1] 例如无情性事实"珠穆朗玛峰的上面有雪"。对塞尔来说，无论人们是否感受到这个事实存在或者是否理解这句话语的内容，珠穆朗玛峰上都有雪。

但是，对无情性事实和对象的理解也非想象的那样简单。塞尔还列举法律上的例子说明他的思想。在法律上杀人是指"一个人造成了另一个人的死亡"，句子中的每个语词如"人""造成""死亡"和"另一个人"都衍生出其他问题，也产生出新的"X 在背景 C 下被视为 Y"的问题。例如，人的概念需要自己的构成性规则，它可以做这样的理解："一个能成活的胎儿就是一个人。"但这时我们又要面对"能存活"概念的理解问题，能存活引起了另一个"X 在背景 C 下被视为 Y"命题。塞尔认识到构成性规则的叠加功能[2]，但他认为我们最终要有一个不需要制度规则的根基。塞尔的主要目的就是要证明我们的社会和制度必须有一个物理性基础。他说："因为我们的研究是本体论的，即，社会事实是如何存在的，我们需要找出社会实在是如何适用于我们整个本体论的，即社会事实的存在与其他事物的存在是如何相关联的。"[3] 说出某个语词使 X 得到满足，这是施为句的结构，施为句的作用就是 X 使 Y 得以产生。

对"被视为"的理解

塞尔认为从 X 向 Y 的过渡必然依赖于语言[4]，因此，从 X 到 Y 的变化也是语言的变化。例如踢足球时的得分，前语言时期的人类和动物不可能有踢球得分，他们可以把球踢进球门，使 X 得到满足，但没有语言，他们不可能为了得分而踢球。他们的行动可能偶尔符合某个事后的规则，但没有语言，他们不会因为规则而行动。他们不可能认为：如果我做出某个行动，将会出现某个结果，因而如此这般地行动。"被视为"体现了前后两个对象 X 与 Y 的功能关系，X 与 Y 的功能关系，不应当被理解为物理（或生理）结构与物理（或生理）性质的因果关系，而是一种新的与物理（或生理）结构没有必然联系的功能关系，一种与载体相联的随附关系。当然，这一点也存在争议，例如狗吃东西时的条件反射与服务员迎接顾客时的表现，两者之间是否能找出一条清晰的界线？

---

[1] John R. Searle. *The Construction of Social Reality*. New York: The Free Press, 1995, p.121.

[2] John R. Searle. *The Construction of Social Reality*. New York: The Free Press, 1995, pp.102-107.

[3] John R. Searle. *The Construction of Social Reality*. New York: The Free Press, 1995, pp.5-6.

[4] John R. Searle. *Speech Acts: an Essay in The Philosophy of Language*. London: The Syndics of the Cambridge University Press, 1969, pp.37.

将"被视为"的关系建立在语言存在的基础之上是有道理的，但语言的存在并不能必然得出无情性事实先于语言对它的描述。塞尔表达的外部实在（世界）可以独立存在，但也有反例，这涉及观念实在论背后的艰涩问题。例如，如果没有语言，质量就没有了界线，也无法被区分。当然塞尔只是为了强调，把"无情性事实"转变为"制度性事实"时语言所起的作用。

无情性事实 X 如何被视为制度性事实 Y 的，这一点并不明显。"被视为"相当于什么？塞尔的方法是假定一个构成性规则，该规则适用于 X 并且把 X 转变成 Y，但是什么使这个规则具有约束力呢？例如当我说"我承诺"时，我和别人如何领会"是在做出承诺"的呢？塞尔认为这是由于遵守该规则的实践（practice）[①]，这种规则暗含在被称为"实践"的习惯中。遗憾的是，在此后著述中塞尔几乎没有再用"实践"，而是更经常地使用"接受"（accepted）。如果构成性规则被接受，塞尔就认为，该规则就适用于 X 并且把 X 转变成了 Y。

"实践"和"接受"都有即时性和没有异议的错觉，塞尔的说明无法令人完全满意。试想一下"1776 年 7 月 4 日，美国人宣告独立"的情景，他们发表了即刻生效的《独立宣言》，但是，那时候没有人知道自称独立是否现实。美国宪法的情况也与此类似，这个 1789 年生效的宪法，当时的很多观察家，特别在当时的欧洲，几乎没有人相信时任总统华盛顿会像宪法要求的那样在 1797 年交出他的权力。独立宣言和宪法都有被赋予的权力，我们理解历史文献仅仅因为现在我们接受了它具有约束力，而不是当时接受了它。

塞尔认为，构成性规则是一种逻辑必然，如果你以象棋规则不允许的方式移动你的马，你完全不是在下棋。"逻辑必然"依赖下棋时对规则的共识。然而，律师和哲学家可能以不同的方式思考使构成性规则起作用的接受。对律师来说，分歧和冲突是生活的基本规则，因此律师很难相信任何规则都能被全面接受，问题只是多大程度上接受一个构成性规则成立才是必需的。例如，交通信号灯在红、黄、绿三灯之间变换，对很多人而言，黄灯代表过马路时要等一等，而对有些人而言却是不要过马路。换言之，各自的规则没有被所有的人接受。如果马路上没有行人，这种背景很难让我们知道黄灯亮时到底要等一等还是停下来。

哲学家们倾向于把语言看作接受的典范，受过专门母语教育的人说话

---

① John R. Searle. *Speech Acts: an Essay in The Philosophy of Language*. London: The Syndics of the Cambridge University Press, 1969, pp.39.

时的相似度达百分之九十九（只有某些细节上的差别），因此，他们觉得有权纠正其他希望掌握这种语言的人，如果语言是这样的"实际做法"模型或"接受"标准，这种规则大概是成立的，但也不是没有问题。当"X 在背景 C 下被视为 Y"将意义 Y 归于在那种语言中说出的语词 X 时，一方面它是成立的，另一方面，意义 Y 的精确性究竟如何不是没有争议的，这也暗合了奎因关于"意义不确定性"论断。

关于词项 Y

词项 Y 的关键区分在于制度性事实和无情性事实，构成性规则的要点就是产生制度性事实，例如货币。制度性事实有如下六个性质。[①] 首先，它们是精神事实，不是无情性事实。第二，它们是意向性的，不是非意向性的，意向性是"生物向自己表征世界上的对象和事态的能力"。[②] 塞尔把"我疼"视为非意向精神状态的例子，原因可能是第一人称的疼痛陈述不是对于生物体自身以外世界的表征。第三，制度性事实的重要例子都是共同的，不是单独的，货币、婚姻、财产都要求共同理解。如果没有任何人对所有权提出要求，一个单独的人不会认为一个物体是他的。第四，制度性事实要求共同指派功能的工序，例如钱，必须存在一个时刻，从这一刻起我们把用于交换的纸片叫作钞票。需要指出的是，非意向现象也可能有共同的指派功能，塞尔常常以心脏泵血的功能为例，但是，这种功能指派是建立在物理因果关系之上的。现金交换的目的或功能是货币思想的一部分，婚姻和财产的功能并不清晰，有人认为财产的功能是为了保护主人的隐私，也有人认为是为了有效的经济交往，但是对这个问题的研究结果并没有威胁本条性质。第五，制度性事实必须有施事性功能（agentive functions），施事性功能就是我们指派给事物的用作我们目的的功能，我们可以说心脏的功能就是泵血，但不会认为通过这个功能我们做什么。货币显然具有施事性功能，因为我们指派给这些特殊纸张的功能对我们的经济生活产生着直接的影响。第六，制度性事实需有地位功能。

我们要区分出具有因果关系的主体性功能和由指派地位获得的施事性功能。钱通过指派获得了一个地位，财产、婚姻就是如此。反例也有，例如"这是一把起子"，这句话强调的是对事物的施事性功能作器具上的理解，虽然还可以就此说更多东西，但是，我们只需弄清这样一个事实即可：货币的存在是制度性事实，而起子的存在不是制度性事实。制度性事实与基于物理因果关系的事实有着质的区别。

---

① John R. Searle. *The Construction of Social reality.* New York: The Free Press, 1995, pp.121.

② John R. Searle. *The Construction of Social reality.* New York: The Free Press, 1995, pp.7.

背景 C

背景主要指涉适用制度规则的场景，只有在具体的场景下，话语"我愿意"才缔结了一场姻缘。说出"我愿意"的背景必须是一场婚礼，不是表演也不是在排练婚礼，主持婚礼的人必须有法律授权，必须有一定数量的见证人出席，婚姻双方还必须都是成年人，并且没有违反任何婚姻不允许的禁忌，类似的条件不一而足。

决定具体事实属于 X 还是属于背景 C 是个有趣的问题。我们以在背景 C 下被视为谋杀的事件为例，什么东西是属于 X 的，什么东西是属于背景 C 的？故意杀害的对象是"人"而不是妊娠中的胎儿是属于背景 C 的还是属于 X 的？我们可能把 X 描述为"杀了一个生物"作为背景 C 的一部分，也可能把被杀的对象是人当作背景 C 的一部分。我们越是把 X 看成"无情性"事实，越倾向于把"被害者的人格"这样的因素看成背景 C，在某种程度上，X 无法做任何抽象。"杀害"在语言中有它的本意，人们接受的意义包含了很多理论上被视为外围的因素，例如受害者的人格，"凶手"的目的，凶手的行为与受害者死亡之间的因果关系等。

能否从既充分又必要的角度对 C 的条件提前做出一个说明，很有争议。正常条件下把人杀害就是谋杀，但在非正常条件下不是谋杀，例如战争时期杀人就不是谋杀，自卫时杀人也不是谋杀，为了救人而杀死某人是不是正当的，在法律上也存有争议。人们可能说，在伦理和法律上，一个精神病患者杀了人也是谋杀，但谋杀是可宽恕的。为了避免从"是"推出"应该"出现相互冲突的情况，塞尔在这个推理的论证中每一步都加了个条件，即其他条件不变。

分析了塞尔关于构成性规则形式中的三个关键词项，让我们再回过头来，综合地理解制度性事实是如何构成的这一问题。我们说，要让具体的纸头被视为钞票似乎有两种途径，一是使用公式"在背景 C 下 X 视为 Y"，其中 X 指那种确定的纸张，Y 是具有了地位功能的相同的那个纸头。另一个是应用以上指出的六个性质，把货币建成一个制度性事实，把一张纸头理解成货币必须有如下特征：1. 它是精神事实；2. 它是有意向的；3. 它是共同的；4. 它必须表征了被指派的功能；5. 它代表了行为者功能和 6. 具有地位功能。目前我们无法知道这两种方法是否会在某一点汇合，构成性规则有很多由第一种方式得到的事实但不满足塞尔的判决树型图中（如图4–1）[1] 的六个有序区分条件。例如，婚姻毫无疑问是制度性事实，但这种

---

① John R. Searle. *The Construction of Social Reality.* New York: The Free Press, 1995, pp.121.

制度有没有功能，它的功能是什么？理解上很可能产生诸多歧义。

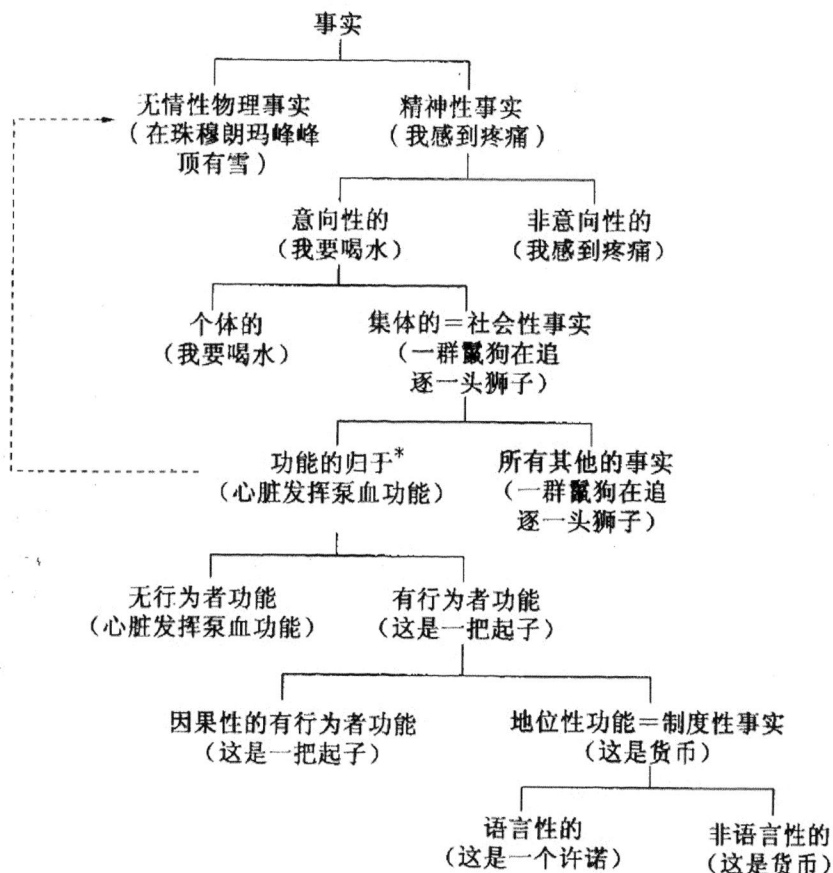

图 4–1

制度与功能

我们在社会实在的建构中看到，塞尔区分制度性事实和功能事实（包括社会事实）的标准如下：和刀子、墙及心脏不同，制度性事实凭借除事物的物理特点之外的东西执行它们的功能。如果制度性事实不单纯依赖 X 的物理构造而产生结果，那么我们很容易理解塞尔为什么把所有的语言都看作制度性事实。在某种背景下"停"用来阻止某个动作，一面墙可以执行相似的功能，但它是依赖物质的物理构造做到这一点的，言语行动（speech action）"停"是一种制度性事实，因为对于声音来说没有什么物理因果可以用来阻止一个动作，语言的所有例子都有约定的性质，例如在声音"巴拉克·奥巴马是美国总统"中，没有任何物质性的东西表征了该声音所意指的东西。一个大的声音可能凭借这种噪音带来的痛苦阻止一个听者向这个声音靠近，也具有话语"停"对能听懂它的人具有的作用，但是塞尔认为刺耳的噪音类似于墙，不是言语行动也不是制度性事实，噪音只凭借它的无情性构造实现了那种功能。我听不见一个人说了什么，不是因为他的声音不够大，而是因为他的话语中含有我无法识别或不知道的约定规则。

但是，我们只把制度性事实看成不是凭借它们基本的物理构造而实现其功能是不够的。如果声音"停"非常大，它就不是一个言语行动了？按照塞尔的标准，我们必须把声音的强度从制度性事实里排除出去。当然，这样的声音不仅让人非常痛苦，而且也意指了它所意味的东西。

概而言之，语言和制度性事实是通过制度化的第二个标准才有意义的，这就牵涉到处于道义规范网络中的使用者。人们很容易看到言语行动可以做到这些，在承诺时，我强制自己实现这句承诺。当一个军官向一名士兵喊"停"时，士兵有义务停下来。类似的情况也出现在维特根斯坦的原始语言中，在原始语言中，建筑师使用多种命令让他的助手行动，但是相对来说这些都是特殊情况，如果我向一个无意间迎面奔向飞驰车辆的某人说"停"，我正在为"停"赋予义务吗？如果考虑断定句的情况会更加棘手。例如，当我说"奥巴马是美国总统"时，这涉及了什么样的权利和义务呢？警告、玩笑或童话的道义是什么呢？但是，塞尔似乎还是相信言语行为具有根本的道义成分。这种观点最初出现在塞尔论如何从"是"推出"应该"中，他说道："事实常常是一个人有某些义务、承诺、权利和责任，但这是制度不是无情性事实，正是上面我提到的这样一种制度化形式的义务、承诺才从'是'推出了'应该'。"①

一般情况下，制度包括承诺暗示着权利和义务。在《社会实在的建构》中，塞尔在很多方面强调了制度和语言作用之间的关系。

首先，根据塞尔早期的观点，有些制度性事实与规范有关，他把道义力量解释为制度的基本组成部分（即地位功能，构成性规则系统）。在早期的文章中，塞尔的断定较弱，只说："某个构成性规则系统牵涉到义务、承诺和责任。"② 在《社会实在的建构》中，塞尔说："所有道义上的地位功

---

① John R. Searle. *Speech Acts: An Essay in the Philosophy of Language*. London: The Syndics of the Cambridge University Press, 1969, pp.185.

② John R. Searle. *Speech Acts: An Essay in the Philosophy of Language*. London: The Syndics of the Cambridge University Press, 1969, pp.186.

能是约定力量"，①

其次，塞尔认为所有的言语活动都牵涉到义务、承诺和责任。如果包括言语行动的所有制度性事实都有道义成分，那么我们可以预见，不仅仅是许诺（promise），其他的言语行动都由权利、义务和承诺（commitment）构成。实际上，这是塞尔在《行为合理性》中对断定句的要求。如果说话人说出具有向下适应方向的话语，如"天正在下雨"，塞尔说："他的话有地位功能，无论真假，它表征了天气的状况，并且在真假值上无法中立，因为他的断言是对事实的断言。赋予那种地位功能和满足条件的满足条件已经成为承诺。"② 所以，断定句预设了一个向上适应指向（由世界到语词）的义务，真不是加在断定句上的东西，断定句已经暗含了说话者对真的承诺。正如塞尔所说："对真的承诺内在于做出的陈述。"③ 不仅如此，塞尔还断言所有的言语行动都暗示了道义力量的指派："到目前为止，我们只考虑了断定句，而事实上带有命题内容的标准形式的言语行动都牵涉到为行为找出独立欲望的理由，因为意向赋予的满足条件以多种方式让说者做了承诺或担起了义务。"④

为什么言语行动暗示了说话者的义务和承诺？塞尔认为，言语行动属于最基本的制度性事实，具有地位功能，而地位功能含有道义力量。所以，言语行动都暗示了权利和义务。在《行为合理性》中，塞尔给了更进一步的回答：包括语言事实在内的所有制度性事实牵涉到道义力量的原因是通过把地位功能附加在无情性事实上，我们自由而合理地创造了制度性事实，我们受附加的承诺和义务束缚。简言之，"你承担的承诺束缚着你，因为它们是你的承诺"⑤ 也许行为人承担那个具有无条件约束力的行为理由，是他自己自由选择或认可。这不同于依赖欲望的行为理由，依赖欲望的行为理由依赖于我们是否有这种欲望。如果你自由合理地下棋，一定要沿着斜线移动你的"相"，如果你说明某事是事实，你不能对你所下断言的真值漠不关心，因为你自主地、有意向地做出断定，你承诺了它的真实性，从理性上说，你不能公开声称你对事实、忠实性、连贯性和推理漠不关心。

塞尔后来的观点和前期从"是"推出"应该"时的观点的第三个区别

① John R. Searle. *The Construction of Society*. New York: The free press, 1995, p.100.
② John R.Searle. *Rationality in Action*. Cambridge MA: MIT Press, 2001, p.173.
③ John R.Searle. *Rationality in Action*. Cambridge MA: MIT Press, 2001, p.185.
④ John R.Searle. *Rationality in Action*. Cambridge MA: MIT Press, 2001, p.174.
⑤ John R.Searle. *Rationality in Action*. Cambridge MA: MIT Press, 2001, p.180.

是：在前期，塞尔没有要求所有的制度或构成性规则系统都由语言构成。尽管塞尔把以言行事行为看作一种制度性事实，在《社会实在的建构》第三章以及近作《人类文明的结构》中，他声称是语言构成了制度性事实，"所有制度性事实都是语言性地被创立和语言性地被构建并维持的"①。之所以如此，他认为：所有的制度性事实或地位功能都是由权利和义务构成，都具有制度实在的道义构造所涉及的错误可能性。正如我们看到的，参与者违背了加在他身上的义务，有别于没有执行指定功能。我们要求外交官不但要谈判，而且要在外交官的地位功能涉及的道义力量的范围内以正确的方式谈判。塞尔认为承担权利和义务的能力需要有向自己表征这些权利和义务的能力，而这就需要语言。

塞尔将语言与制度性事实做出区分，并从逻辑上将前者视为后者的基础不是没有问题的。让我们看看塞尔关于两个部落边界记号的例子。"如果我们想象中的部落并不倾向于越过边界，那么他们并没有我们所说的意义上的制度性事实。他们只是具有以某种方式行事的倾向，他们的行为正像某些动物标示它们的领土界线的情况那样……但是，如果我们假定这个部落的成员承认这种石头线创造了权利和义务，他们被禁止越过这条线，他们不应当越过这条线，那么我们就有了符号化表示方法。"②

如果我们将两部落用石线被视为边界，与语词符号"边界"被视为边界的情况做个比较，二者的差别在哪儿呢？笔者认为，共同之处在于两者都具有形成制度的"X被视为Y"的逻辑结构。区别在于，石线被视为边界，没有脱离具体场境"在背景C中"的支持，具有现场特征（feature-placing）；而"边界"被视为边界，脱离了具体场境，被视为的边界具有一般性。事实上，语词"边界"与"石线"一样，都指代"在背景C下，X被视为Y"的那个X。既然如此，两者都是制度的逻辑结构L的产物，那么塞尔为何提出，所有的制度性事实都是由语言或类似语言的表征建立并维持的呢？塞尔将语言从制度当中分离出来，区分了语言自身的满足条件与制度性事实的满足条件。塞尔说："仅仅有意地产生出一个话语与产生出一个话语并以此意指某事物……这两种情形中，说话者都有说出一个话语的意图，但是，如果这话语是具有意义的，那么说话者就想要话语本身还有进一步的满足条件。"③ 笔者认为，塞尔的这种做法不但是多余的，而且是错误的，因为塞尔"将满足条件赋予满足条件"的结果，剥夺了语言

<hr>

① 塞尔著，文学平译 . 人类文明的结构 . 北京：中国人民大学出版社，2015, p.99.
② 塞尔著，李步楼译 . 社会实在的建构 . 上海：上海人民出版社，2008, pp.62-63.
③ 塞尔著，文学平译 . 人类文明的结构 . 北京：中国人民大学出版社，2015, p.78.

作为一种制度的依据。说出话语的意图并不是话语的充分条件，加上具有承诺性质的约定，才能成为构成语言或话语的充分条件。从 20 世纪以来，至少从奥斯汀以来，言语行为论者一直坚持的是，语言的意义来源于它的使用，源于以言行事，其基本结构与所有的制度性事实一样，具有"在背景 C 下，X 被视为 Y"的逻辑结构。例如，"承诺"被视为承诺，其满足条件不仅仅具有表征意图，而且还要满足条件："对某项事务答应照办"的约定。

因此，笔者认为，在制度性事实中起基础作用的并不是语言，也不是塞尔弱化之后所谓的"类似于语言的表征"。"类似于语言的表征"可以有多种形式，而这种形式本身就是制度性事实的表征形式。同语言现象一样，我们没有必要将语言的制度性事实与其他的制度性事实区别对待，进而将语言作为最基本的制度性事实（基于方便的考虑除外）。只不过，"在背景 C 下，X 被视为 Y"的基本逻辑结构，经过了迭代使用后，X 已不是最初的原始直观的客观对象，它有可能是由人类使用这种逻辑结构新创造出的功能 Y。当塞尔宣称"一切制度性实都是由语言性表征建立并维持"时，从基本的逻辑结构看，其中的 X 已经是制度性事实 Y 的递归应用了。

第三节　从功能的角度看

施事功能与事实

施事功能是塞尔为了解释制度性实在，在《人类文明的构造》中使用的一个重要概念[1]，有十分重要的意义。根据有没有人的意向性的参与，一个对象的功能可以被分为两类，一种是施事功能（agentive functions），一种是非施事功能（non-agentive functions）。施事功能专指对象发挥的作用与行为人的目的（intention）一致的功能。例如，撰写书法时压在宣纸上的石头属于施事功能（a），用作货币的贝壳也属于施事功能（b）。一切不含有人的目的或与人的目的不吻合的对象功能都是非施事功能。例如，果园熟透的苹果，其自由落地就不包含人的目的，不是施事功能；螺丝刀紧木丝时不小心将木丝拧坏，也不是行为人的目的，所以，也不是螺丝刀的施事功能。非施事功能不在意向性之中，外部表现上往往是一些由物理因

---

[1]　John R. Searle. Making the Social World[J]. *Arts & Humanities*, 2010, p.58.

果性决定的物理现象。一个对象在实现某种施事功能时常常伴随着其他非施事功能，例如，人类建造的沿河大坝在实施水力发电时，导致了对河道中生物链的破坏。

依据凭借的手段或实现的方式不同，还可以将施事功能再分为两类：一种是制度性施事功能（institutional agentive functions），一种是非制度性施事功能（non-institutional agentive functions）。前段中例（a）与例（b）的区别在于，例（a）中石头所起的功能使用了镇尺的自然属性（物理属性），例（b）中贝壳所起的功能与货币的物理属性无直接关系，它仅仅借助于在施事者之间形成的规则（norms）。所以（a）属于非制度性施事功能，（b）属于制度性施事功能。属于非制度性施事功能的对象有桌子、锤子、镇尺等，属于制度性施事功能的对象有：货币、法官、语言等。为了加深对这两种功能在实现方式与手段上区别的理解，我们可将非制度性施事功能称为物理性施事功能，制度性施事功能称为非物理性施事功能。

事实上，在物理性施事功能与制度性实事功能之间划出一条严格界线是相当困难的。严格说来，制度性施事功能并不纯粹是制度性的或约定性的，它也依赖对象的自然属性或物理性质。例如，100 元的钞票，一方面它的购买能力是通过约定实现的，另一方面，这张钞票之所以能在市场上流通，也因为它是带有如此这般印纹的纸张。尽管如此，前一个因素是主要的，后一个因素是次要的。虽然将一个对象的施事功能分为制度性的和物理性的，只是一种大致的说法，但这种区分无疑是非常重要的。

我们说对象的功能，既不限于哲学上的单个实体，也不限于逻辑学上的一阶概念。小到一个个体，一个性质，大到具有相同性质的类，或者类的相同属性，都可以是一个对象。对象可以以递归的方式形成，个体、类与属性共同构成的判断或概念，也可以再次成为一个新的对象。例如，众多如此这般的个体构成一次战斗，战斗是一个对象；由一系列如此这般的战斗构成战争，战争也是一个对象。

塞尔在言语行为论中区分了无情性事实和制度性事实（institutional facts）。无情性事实（brute facts）指"我们拥有一类关于何物构成世界以及何物构成关于世界知识的描述"。这类事实包括："这块石头与那块石头紧挨着"，"物理的引力与距离的平方成反比，与物体质量乘积成正比"等。在解释无情性事实时，塞尔注意到施事者自身作为客体，属于无情性事实的情况。例如，"我身上疼痛"[①]。

---

① John R. Searle, *Speech Acts: An Eessay in the Philosophy of Language*, Cambridge: Cambridge University Press, 1969, p.50.

从有无施事者参与的角度讲，所有的无情性事实都具有一个共同特征，即："构成知识的概念本质上都是物理性的，或者使用二元论的说法，不管它是精神的或是物理的（本质上都是物理的）"，这种事实"一般应当是记录了感觉经验的经验观察"，[①] 或参与者被完全置身事外，其典范是自然科学。从以上对功能的分类看，无情性事实没有直接涉及施事者的目的，对人而言是中立的，因此与无情性事实对应的是非施事功能。

与制度性事实对应的施事功能比较复杂，并非所有的施事功能都属于制度性事实。按照我们对施事功能的再分类，与制度性事实对应的是以非物理方式产生的施事功能，实现这种功能的方式是以被普遍接受的规则为基础的。例如，"唐纳德·特朗普被选为美国第 45 任总统"的陈述，表达"道歉""承诺""命令"的言语行为，都属于制度性事实。与此不同，敲东西的锤子、压宣纸的镇尺，以及借用一条绑有绷带的胳膊传达"受伤"信息等事实，都包含施事功能，并且都使用了事物的物理性质，因而与物理性施事功能相对应。由于物理性施事功能中包含人类的集体意向性，故而属于塞尔定义的社会事实。[②] 如果笼统地将是否包含人类集体意向性作为社会性事实的依据，那么制度性事实就是社会性事实的一个子集。但是，制度性事实与社会事实由于概念上的交叉，不利于我们对问题的精确分析。笔者建议，我们可以引入"社会的非制度性事实"概念，简称"非制度性事实"，以此表达在社会性事实中那些非制度性事实之情况。非制度性事实是与物理性施事功能相对应的，二者均包含行为人的目的，并且必然要利用对象的物理属性。认识到这一点，我们不难得出，一方面，在非制度性事实中，不存在对象的物理性质不被集体认识、利用的情况；另一方面，作为社会事实的一个子集，非制度性事实不违背塞尔"社会事实（social facts）是所有包含两个或多个人或动物集体意向性的事实"[③] 的定义。如此，我们便得到了无情性事实、制度性事实和非制度性事实这三个互斥且穷举的概念。

施事功能、预期目的与实现方式

任何施事功能，需要区分出施事的目的与实效 (result)。具有意向性 (intentionality) 的行为人，在实践中总是在一定的目的驱动下而行动。目

---

① John R. Searle, *Speech Acts: An Essay in the Philosophy of language*, Cambridge: Cambridge University Press, 1969, p.50.

② John R. Searle. Making the Social World[J]. Arts & Humanities, 2010, p.156.

③ John R. Searle. Making the Social World[J]. Arts & Humanities, 2010, p.156.

的先于行动，行动先于效果。目的为行动指定了预期效果，但并不等于行动的实际效果（实效）。塞尔所说的施事功能，即施事目的，在这里仅指行动的预期效果。在本书第一章的第一节，我们已经周知，言语行为的施事功能是以言行事，并不等于以言取效，这里所说的以言取效即以言行事实施后招致的实际结果。话语中，言语行为产生的意外效果与言语行为的施事功能并不完全吻合。无论是制度性事实还是非制度性事实，都存在着功能、预期效果与实际效果不一致的情况。

施事功能的实际效果（Y）能否达到预期效果 X1，由两个因素决定：一个是预期效果 X1 自身，一个是实现预期效果的方式 X2。奥斯汀早在《如何以言行事》中就注意到，一句施事话语如果被不正当地使用，这句施事话语就是无效的。他说道："我看到建造中的一艘战舰，我走上去打碎挂在战舰上的瓶子，并宣布'我为这艘船命名为斯大林'（撇开其他的复杂性，无论这艘船是否是最终的名字，如果的确这样，某种程度上也许非常丢人），我们可能都同意：

那艘船并没有因此而被命名；

它令人相当遗憾。

有人可能会说：'我采用一种形式为该战舰命名，但我的"行动"是"无效的"或"没有作用"，因为我不是位合适的命名者，我没有"能力"这样做'"。①

实现的施事功能 Y 的方式是预期效果 X1 和实现 X1 的方式 X2 共同决定的。奥斯汀的意思是，对于制度参与者而言，方式 X2 是效果 Y 的重要环节。为一艘战舰命名有规定的程序与步骤，如果这些程序与步骤没有满足，我们不能称为这艘战舰命名。丹·布朗曾在《达芬奇密码》的第一段写道："一个非常近的声音说道，'不要动'。"语言学家普勒姆（Geoffrey Pullum）分析认为，"一个声音不会说——一个人说。一个声音是人说话时使用的工具"②。普勒姆指出这样一个问题：布朗的表达方式（X2）是否是传达叙述（X1）的恰当方式？问题不在于布朗有没有预期目的 X1，而是 X2 是否为语言使用者实现 X1 的恰当方式。这两个例子都涉及实现预期效果 X1 的预期方式 X2 没有得到满足问题。

如果处于制度之外，具有某种目标导向的举止（behaver）不涉及实现目标的方式要求，但是，如果对于处在制度之内的人而言，构成施事功能 Y 的实现方式 X2 是非常重要的。塞尔也强调："要注意的另一个特点

---

① J. L. Austin, *How to Do Things with Words*, 北京：外语教学与研究出版社，2002, p.23.

② http://itre.cis.upenn.edu/~myl/languagelog/archives/000844.html.

是在制度中应用的内部观点和外部观点。在本书中我主要关心内部观点，因为只有从参与者的内部观点看，制度才能存在。"①

我们可以引用鲁斯特举过的一个例子说明制度内与制度外的区别。2000年时，美国总统布什提名博尔顿出任驻联合国大使，批评者担心，作为发言人并一贯批评联合国的博尔顿，会进一步使美国与盟国的关系恶化。他的前任评价说：博尔顿爱斗，可以为美国做外交工作，但不是一个外交官。②前任对博尔顿的批评透露了两层意思：第一，外交工作的预期目的 X1 如果是以非军事的方式解决政治争端，博尔顿是可以做外交工作的，并且实事上，博尔顿于此也有不菲的成绩。能够实现预期效果也是博尔顿能够获得这一职位的根本原因。第二，博尔顿不是一位外交官，不是说他没能实现外交的预期目的 X1，而是他实现外交的预期目的不是靠方式 X2 实现的。第一层意义是在制度外的层面上说的，第二层意义是在制度内的层面上说的。从内部的观点讲，博尔顿施事功能的实际效果如同命名战舰"斯大林"的命名者，都是功能失败（dysfunction）的行为，因为制度性事实，主要强调实现方式 X2 与施事功能 Y 的关系。这就是内部观点与外部观点的区别。

至此我们可以说，塞尔引入的施事功能与非施事功能、社会性事实与制度性事实，不论对于早期的言语行为理论，还是对于后来的社会制度建构、人类文明的结构等理论，都表现出思想的系统化延伸。

建构公式与地位功能

塞尔一方面宣称制度性实在的逻辑结构由"X 在背景 C 下被视为 Y"构成③，这种建构公式带有很强的原子论色彩（见第六章塞尔思想的原子论进路），另一方面，他又将道义上的地位功能描述为制度性实在的核心。④塞尔给人的印象好像是，我们一旦理解了制度性实在，建构性公式就可以拿掉，接下来只需要分析制度性对象的地位功能就行了。如何将前一种建构公式与地位功能相协调，塞尔却没有过多用力。下面笔者根据上文我们对施事功能的分类和论述，对塞尔的地位功能与制度的建构公式关系加以

① John R. Searle, *The Construction of Social Reality*[M]. New York: A Division of Simon & Schuster Inc, 1995, p98.

② Joshua Rust, *John Searle And The Construction Of Social Reality*[M].Continuum,2006, p.144.

③ John R. Searle, *The Construction of Social Reality*[M].New York: A Division of Simon & Schuster Inc, 1995, p.55.

④ John R. Searle, *The Construction of Social Reality*[M]. New York: A Division of Simon & Schuster Inc, 1995, p.109.

辨析。

地位功能属于非物理性施事功能,它的实际效果 Y 由施事功能的预期效果 X1 和实现 X1 凭借的预期方式 X2 组成。从形式上讲,施事功能的表征形式可以对应于塞尔所给出的建构公式:"在背景 C 下 X 被视为 Y"。塞尔说:"当我在写建构性规则时我认为:这创立和维持制度性事实的第三个要素,实际上只相当于构成性规则或我们将地位功能加在其上的步骤,二者都有'在 C 下 X 被视为 Y'的形式。"[①] 因此,在塞尔那里,建构公式"在背景 C 下 X 被视为 Y"与地位功能可以看作制度构成的两种不同表达,前者是功能赋予的形式,后者是功能赋予的预期目的或结果。

建构公式是施事功能发生的形式,地位功能是施事功能的结果。如果我们对比施事功能与制度的建构公式,我们就会发现公式中的"背景 C 下的 X",包含了地位功能 Y 或预期效果 X1 的满足条件,即"地位功能"中"地位"的满足条件,而建构公式中的"被视为 Y",则包含地位功能的预期效果,即"地位功能"中的权利与义务,而这些权利与义务就是 Y 的固有含义。

举例来说,制度性对象"美国总统",从建构公式的维度讲,被称为"美国总统"(Y)的对象(X)需要满足条件:在现行的美国社会下,依照美国宪法与相关法律,获得选票超过一定数额的某个美国公民。这些满足条件就是"美国总统"实现的方式 X2。注意,在解释中涉及的制度性对象的满足条件可以递归地使用这种分析。如果 Y 通过了正确的实现方式 X2,则它顺利成为制度性对象"美国总统"。前文已经说过,施事功能包括 X1 和 X2 两个基本成分,通过建构公式我们说明了"美国总统"的实现方式 X2,而 X1,即 Y 的地位功能,我们只能诉诸施事功能的预期目的。这里的 X1 包括:由宪法与相关法律规定的,如签署法案、宣布战争等一系列的总统权利和义务。同样,我们可以从施事功能的角度对对象"美元"分析如下:一张纸要实现成为美元的预期目的 X1,必须通过 X2 的方式来实现,X2 的方式是:这张纸必须具有如此这般材质、尺寸、颜色和印有如此这般标识等;施事功能的预期效果 X1 包括,等价交换、价值尺度、财富贮藏等。X1 与 X2 同时满足,施事功能完成。对于任何制度性对象,无论根据建构公式,还是施事功能中的 X1 与 X2,都可以得到说明。区别仅在于,建构公式是被集体认可或接受的施事功能的外在形式,施事功能是强调在社会事实的建构中集体意向性所起的源发性作用。

---

① John R. Searle. Making the Social World[M]. *Arts & Humanities*, 2010, p.101.

相比而言，笔者认为建构公式"在背景 C 下 X 被视为 Y"逻辑形式更为直观，它不仅暗含了内在于人的集体意向性，而且将对象的施事功能通过外在约定的方式揭示出来。建构公式在解释制度性事实的过程中，不仅具有特有的形式上的优越性，而且可以相对清晰地解释地位功能，而不是相反。

地位功能，有时不像是在解释制度性对象，相反，倒像是用制度现象来解释地位功能。地位功能给予我们强烈的意向性印象，而制度性事实所包含的意向性色彩非常微弱，以至于我们有时意识不到地位功能中的意向性意蕴。塞尔注意到了这一点，因此他说："指出功能总是关联意向性很重要"，"当我们发现自然界中的功能时，我们所做的事情就是找出一定的事由是如何用以满足一定的目的的，此处的概念并不内在于独立于心灵的自然，而是相对于我们的价值的"。① 地位功能是功能赋予的产物，是施事功能的预期效果。当塞尔说，制度性实在主要通过地位功能得以维持时，他坚持了自己的如下一致观点：专名在传递指称时，传递的不是克里普所谓的因果关系，而是人的意向性。类似的，制度性实在之所以能得以维持，不是靠建构公式"在 C 中 X 被视为 Y"因果键条，而是依赖于人的意向性。因此，可以推测，塞尔很可能认为，制度性实在在建立与维系过程中，如果非要在地位功能与建构公式两者之间取舍的话，前者比后者起更基本的作用。但是，正如笔者前面的分析所表明的，建构公式属于社会事实（更具体说，是制度性事实）构成的外在形式，地位功能属于制度性事实构成的意向性本质，二者是相辅相成的。如果只强调地位功能，不要建构公式的外在表征形式，地位功能所强调的意向性极易成为维特根斯坦所讲的"私人语言"，而"私人语言"最终是无法存在的。如果只强调建构公式，而丢掉地位功能，则制度性实在就失去了意向性基础，成为独立于人类心灵的实在，从而使语言的意义独立于人的活动，这也有悖于常识（common sense）。

需要注意的是，尽管制度性事实具有对表征形式的客观要求以及地位功能的内在本质，但由于外在形式本身也可以暗含人类的意向，因此，用建构公式是能够充分谈论制度性实在的。引入地位功能的好处在于，它强调了制度现象中所包含的人类目的，以及它对人的依赖。但是，当塞尔强调，制度性实在的建立必须以"宣告"式语言或类似于"宣告"式语言的表征方式，他再一次回到了规则的外在形式上。概而言之，建构规则可以

---

① John R. Searle. Making the Social World[M]. *Arts & Humanities*, 2010, p.59.

成为解释制度性实在的一种基本模型，而引入地位功能，则使得这种解释变得更加方便。

如果出于表达上的方便或记忆上的便利，使用地位功能作为说明制度性对象和制度性事实的手段，是可取的，像使用语言构建制度性事实一样，虽然语言也是制度，但有了语言，建构各种制度就变得无比方便。但是，从逻辑顺序上而言，地位功能与建构性规则一样，都是施事功能的结果，具有人类的意向本质，都可以用建构公式表述。认识到这一点，也就认识了施事功能与建构公式在制度性实在中的基础地位，也就不再混淆制度与地位功能的因果关系了。

第五章　意义、指称和真理

意义是如何与对象相关联的？塞尔认为，以往对这个问题的回答都是错误的，这些错误具有一种家族相似性，其共同特点是认为"说话者的意向性内容不能充分决定说话者的指称对象"[①]，塞尔试图证明，说话者的意向性内容完全能够决定说话者的指称对象，一切名称都有意义，这种意义不在别处，只在我们的头脑之中。

如果带着这个问题分析弗雷格的著作，我们会发现弗雷格对表达式和对象的关系有两条重要论断：一、专名既有含义（sinn）又有指称（Bedeutung）。因为对象满足了与表达式关联的含义，所以表达式指称对象；二、为了反对逻辑心理主义，弗雷格认为必须假定存在像命题、含义等第三域（third realm）的抽象实体，话语之所以能够交流，恰恰因为说话者和听话者能够捕捉到（capture）与表达式相关联的抽象实体。塞尔自称是弗雷格的追随者，他对这个问题的回答大体上是弗雷格型的。但塞尔的观点又不完全等同于弗雷格，两者的区别在于：塞尔仅接受弗雷格的第一个观点，反对第二个观点。由于使用了意向性来解释表达式的含义，所以塞尔不再需要弗雷格对抽象实体的第三域假定。有趣的是，塞尔引入的意向性和弗雷格假定的第三域表面上虽然毫不相干，实质上却有相通之处。塞尔自称是生物自然主义者[②]，他把意向性看作客观存在的东西（thing），认为存在诸如信念、渴望和意向等意向性实体（intentional entities）[③]。在解释意义时，塞尔把它归结为意向性的抽象实体，这和弗雷格把意义视为客观存在的第三域本质上有着异曲同工之妙。尽管意向性实体不同于弗雷格所谓的第三域，但在解释名称的意义时，塞尔与弗雷格一样也是从某些抽象实体进行的。当然，塞尔的意向性实体与行为主体的人之间具有密切关

[①] John R. Searle, *Intentionality*, Cambridge: Cambridge University Press, 1983, p.199.

[②] John R. Searle, *Intentionality*, Cambridge: Cambridge University Press, 1983, p.230.

[③] John R. Searle, Response: Reference and Intentionality, in *John Searle and his Ritics*, Ernest Lepore and Robert Van Gulick (ed), Oxford: Basil blackwell Ltd, 1991, p.227.

系。由于他对意向、渴望、信念等意向性的细致分析，使得他关于专名、名称的描述理论相对于弗雷格的解释，具有了更强的辩护力量，更不容易被指称的外在因果论驳倒。

在这一章中，我们将以先前的知识为基础，考察与意义有关的逻辑哲学问题，具体包括专名、描述语的指称问题以及真理问题。下面我们从塞尔对意义的辩护开始。

第一节　对意义的辩护

意义在头脑中

塞尔认为意义实质上是一种意向性，由于意向性是一种独特的心理状态，因此，意义实质上又表现为一种心理状态，塞尔称自己的意义观为内在意向论。内在意向论者认为意义在头脑之中。但是，普特南（H.Putnam）认为，意义不可能在头脑中，于是两人产生了一场关于意义是否在头脑中的针锋相对的论争。

内在意向性理论支持如下两个观点：

1. 知道一个语词的意义，就是处于某种心理状态；

2. 意义（内涵）确定外延。

经过适当解释，内在意向论可以推出：

3. 心理状态决定外延。即 $1 \wedge 2 \rightarrow 3$。

普特南并没有通过反对观点 1 和观点 2 来反驳内在意向论，而是集中批判推出的观点 3。如果观点 3 不成立，那么依据推理规则，蕴涵前件的合取支中至少有一个为假，这自然证明了内在意向论是错的。因此，塞尔和普特南的激烈辩论集中在对观点 3 是否成立的论证上。

普特南用来证明心理状态不能决定外延的第一个论证是语言的"劳动分工"思想。[①]普特南认为：在语言共同体内语词被人们不一样地使用，有些人比其他人更擅长使用某些语词，所以与这些语词相关的"标准"只有少数掌握它的人知道。例如，在我们的语言共同体内，有一类人 A 精通各种玉的知识，他们知道哪些是软玉（nephrite）、哪些是硬玉（jadeite），另一类人 B 不知道软玉和硬玉有何差别，软玉和硬玉在 B 心中的概念

---

① Hilary Putnam, *Mind, Language and Reality*, Cambridge: Cambridge University Press, 1975,pp464-467.

（concept）完全一样，也许 B 只知道它们看上去都是晶莹剔透的。在这种情况下，普特南认为，若心理状态决定外延，B 对软玉和硬玉有相同的概念，软玉和硬玉就应该有相同的外延，但实际上两者有不同的外延。因此，心理状态不能决定外延。

众所周知，塞尔把语言的意义分为说话者意义和语句意义。根据我们在第一章第四节对塞尔的分析，说话者意义是说话者的意向性，语句意义是语言共同体的意向性。如果普特南的劳动分工理论只涉及一部分人在认知上存在差别，不涉及语言共同体的心理状态而存在论证漏洞的话，那么，他给出的第二个孪生地球论证则弥补了这种缺陷，使心理状态不能决定外延的论断延伸到了塞尔的语句意义（语言共同体的意向性）。

普特南设想，在遥远的星系中存在一个像地球一样的星球，上面居住着像我们一样的智慧生物，并且他们说着像我们一样的语言。出于方便，我们称这样的星球为孪生地球。他接着假定，在孪生地球上有一种叫作"水"的物质虽然在感觉上和地球上的水没有任何区别，但它的分子结构却不是 H_2O，而是另一种复杂的分子结构，比如是 XYZ。普特南认为，在水的分子式被发现之前，虽然地球上的人和孪生地球上的人对"水"具有相同的心理状态（水是一种看起来无色、透明，尝起来无味的液体），但"水"在两个地方仍然具有不同的外延，地球上的"水"指 H_2O，孪生地球上的水指 XYZ。[①] 综上所述，普特南断定心理状态无法决定外延。

塞尔认为，普特南的第一个论证不但不能驳倒心理状态决定外延，甚至对内涵决定外延的传统观点（弗雷格观点）也没有反驳作用。[②] 在弗雷格那里，意义被看作一种抽象实体。名称的意义有可能没有被某些说话者所掌握，但是某些说话者没有掌握名称的意义并不能证明内涵不决定外延，因为不理解名称意义的说话者也不会知道该名称的外延。如果语言的"劳动分工"是以对语言和事实的无知为基础，那么这种理论似乎从开始就受到了驳斥。像上例，当说话者因不知"软玉"和"硬玉"而请专家定夺时，对专家来说，仍然是内涵决定外延。塞尔反驳普特南论证 1 的推理过程如下：[③]

1. 对说话者来说，"软玉"概念 = 说话者的"硬玉"概念；

---

① Hilary Putnam, Mind, *Language and Reality*, Cambridge: Cambridge University Press, 1975, pp.223-227.

② 因为 A ∧ B → C → (¬C → (¬A ∨ ¬B))，由 A ∧ B → C 与 ¬C，并不能必然得出 ¬A。

③ 我用软玉和硬玉分别代替了证明中的榆树和山毛榉，见 John R. Searle, *Intentionality*, Cambridge: Cambridge University Press, 1983, pp.202。

2. 在说话者的个人话语中，"软玉"的外延≠"硬玉"的外延；

由 2 可以推出：

3. 说话者知道硬玉不是软玉，软玉也不是硬玉；

根据 3，我们发现说话者具有关于软玉和硬玉的相关知识，说话者知道它们是两种不同的玉，所以得出

4. (3) 是有关玉的概念知识；

继而得出

5. 在说话者的个人话语中，"软玉"的概念≠"硬玉"的概念。

结论 5 和前提 1 矛盾，由归谬原理得：前提 1 不成立。

塞尔的意思是："软玉"和"硬玉"在说话者话语中表征了两种不同的心理状态，因此具有不同的外延。但是，塞尔也需正视一个问题，是否任何两个不同的语词对说话者来说都是两个不同的概念，不同的概念是否一定决定不同的外延。如果答案都是肯定的，那么塞尔的反驳就有一个问题，他还需要说明不同的语词、不同的概念有时也可以决定相同的外延，例如，"长庚星"和"启明星"的外延都是金星。

塞尔对普特南第二个论证的反驳较之第一个更加复杂。根据传统定义，"水"的外延被定义为一种无色、无味、透明的液体。而在普特南的论证中，像"水"这样的一般词项（general terms）是以索引的方式定义的。例如，"水"的外延被定义为和所指物质具有相同结构关系的物质，不论那种物质的结构是什么。根据这种索引定义，孪生地球上的"水"不同于地球上的"水"，因为在做出索引识别时两者具有不同的内部结构。

塞尔认为，普特南以索引方式定义语词的方法也是我们定义自然种类词时常用的方法。[①] 当我们以实指的方式定义自然种类词时，语词的外延被定义为与那个与被指对象具有相同结构关系的所有东西。塞尔承认，普特南的这种索引定义较之传统定义或许是个进步。但即使如此，塞尔认为这也不能证明意义不在头脑中，普特南的做法只不过是以一种意向性内容代替了另一种意向性内容，即以索引的意向性内容代替了传统定义中簇概念的意向性内容（cluster-of-concepts intentional content）。这种情况下，仍然是头脑中的意义决定外延。[②]

塞尔认为导致普特南认为意义不在头脑中的原因来源于一个错误假定，即他本人关于意义的解释同意义在头脑中的观点相矛盾。[③] 塞尔推测，

① John R. Searle, *Intentionality*, Cambridge: Cambridge University Press, 1983, p.204.

② John R. Searle, *Intentionality*, Cambridge: Cambridge University Press, 1983, p.204.

③ John R. Searle, *Intentionality*, Cambridge: Cambridge University Press, 1983, p.205.

普特南接受如下 3 个论题：[①]

　　1. 相关的簇概念不能决定外延；

　　2. 索引定义的确决定外延；

　　3. 头脑中的东西不能决定外延。

　　塞尔指出，从前两个论题推不出第三个论题。如果假定了第三个论题成立，那么就假定了索引定义不在头脑中。为什么普特南认为索引定义不在头脑中呢？为什么他认为在索引定义情况下，头脑中的东西不决定外延呢？塞尔认为造成普特南这种错误认识的原因有两个。[②]

　　首先，普特南认为微观结构决定外延，由于我们不知道那种微观结构，所以头脑中的东西不足以决定外延，而且，如果两个说话者具有相同的心理状态，两人心理状态的满足条件必然是相同的。另外一个更深层的原因是：普特南认为头脑中的东西决定外延不适用于索引情况。普特南为第二个原因提供如下论据：[③] 对索引词来说，从没有人提出过一个"内涵决定外延"的传统理论。以我们的孪生地球为例，如果我在孪生地球上有个对应体，我认为"我头痛"，他也认为"我头痛"，那么，在这两种言说的思想里，在孪生地球上他的具体殊型（token）"我"，外延指他自己（更准确地说，是他的单元类），在地球上我的具体殊型"我"，外延指我自己（我的单元类）。所以，相同的语词"我"在不同的个人言语中有不同的外延，但是，由此不能得出我所说的"我"在概念上完全不同于我的对应体所说的"我"。换言之，塞尔指出这两个原因都是不能成立的。

　　我们先看塞尔对第一个原因的反驳。考虑表达式"布朗的谋杀者"，该话语把布朗的谋杀者作为其外延。尽管谁谋杀布朗是一个关于世界的事实，内涵"布朗的谋杀者"还是固定了其外延，即便对于一个不知道谁谋杀了布朗的人来说，"布朗的谋杀者"的外延仍然是布朗的谋杀者。与此相似，塞尔指出意向性内容"与这个物质（通过索引方式识别的）结构相同"同样是一个决定了外延的意向性内容，尽管我们不知道所说对象的结构。内涵决定外延的理论只是相当于说：任何对象要成为与内涵关联的外延的组成部分，它必须满足内涵设定的条件。再来看普特南的例子。水的索引定义具有意向性内容，这种意向性内容设定了任何潜在样本要成为"水"外延的一部分时必须满足的具体条件，这和"布朗的谋杀者"对任

[①]　John R. Searle, *Intentionality*, Cambridge: Cambridge University Press, 1983, p.205.

[②]　John R. Searle, *Intentionality*, Cambridge: Cambridge University Press, 1983, pp.205-208.

[③]　Hilary Putnam, The meaning of "Meaning", in *Mind, Language and Reality*, Cambridge: Cambridge University Press, 1975, pp.215-271, p.234.

第五章　意义、指称和真理 | 147

何潜在的候选者要成为该表达式的外延所必须满足的某种条件相类似。在这两种情况中，不论有没有实体满足意向性内容，意向性内容都是关于世界的。所以，认为我们依据一种不知道的结构定义了"水"，而不是那种意向性内容决定了它的外延，是完全错误的。①

塞尔认为普特南的第二个原因也是错误的。他指出：首先，如果我们的"内涵"指意向性内容，那么话语中的索引表达式的内涵恰恰决定了外延；其次，在感知上具有相同心理状态的两个人，例如我和我的对应体，我们甚至可以假定组成他们最小的微观粒子都是相同的，但是，他们的意向性内容仍然是不同的，因为他们的意向性内容有不同的满足条件。感知意向性和索引性以自指的方式指示它们的意向性内容或语义内容。②结合孪生地球的例子，我们来看塞尔的感知意向性是如何自指的。

我们假设 1750 年的时候，地球上的琼斯以索引的方式认识并命名某东西为"水"，孪生地球上的琼斯也以索引的方式认识并命名了"水"。我们再假定，他们在做出索引识别时具有相同的心理内容以及相同的视觉和其他类型的经验。现在，他们以相同的方式定义了水，即"水"被定义为和这种物质结构相同的任何东西。普特南认为，根据两人的心理内容，我们无法说明"水"在地球上和在孪生地球上具有不同的外延。但是，塞尔认为，在他们感知经验相同的情况下，他们的心理内容也可以是不同的（参见第三章第二节中对视觉感知自指的介绍）。塞尔说，尽管他们各自以索引方式识别"水"时，他们具有相同的视觉经验，仍然没有相同的意向性内容，因为每一种视觉经验在因果的方式上都是自指的。③根据因果自指性，地球上的琼斯对"水"的索引定义可以做如下分析："水"以索引的方式被定义为和造成地球上的琼斯那种视觉经验具有相同结构的物质，不论那种东西的结构是什么。同样，孪生地球上的琼斯以索引的方式定义"水"为和造成孪生地球上的琼斯那种视觉经验具有相同结构的物质，不论那种东西的结构是什么。显然，他们俩具有类型相同的经验，类型相同的话语，但是，由于感知经验的因果自指性，他们头脑中的心理内容给出的满足条件不一样。

塞尔强调，这种说明不能得出地球上的不同说话者用"水"意指不同的物质，大多数人不会到处去命名大自然的种类，他们仅打算用语词来意味和指称大多数共同体使用那些语词意味和指称的东西。即使存在这样一

---

① John R. Searle, *Intentionality*, Cambridge: Cambridge University Press, 1983, p.206.

② John R. Searle, *Intentionality*, Cambridge: Cambridge University Press, 1983, p.207.

③ John R. Searle, *Intentionality*, Cambridge: Cambridge University Press, 1983, p.207.

个公开的命名仪式，就参加者而言，同样存在着我们所说的视觉和其他类型的那种经验，这恰恰证明了在做出索引定义时，不同的说话者因为意向性内容指向各自意向经验的殊型（token）可能指称不同的事物。所以，塞尔得出：普特南不但不能证明意义不在头脑中，相反，他关于索引的表述，恰恰给出了意向论对一般词项意义的另一种解释。[①]

就说话者意义而言，笔者认为塞尔的意义在头脑中的分析是正确的。因为说话者意义就是说话者当下的意向性，属于说话者的心理状态，所以处于说话者的头脑之中。

但是，除了说话者意义以外，还有语句意义，它和说话者意义可以相同，也可以不同。语句意义表征语言共同体的意向性，说话者意义表征的是说话者的意向性。当后者不同于前者时，处在说话者头脑中的意义是说话者的意向性而非语言共同体的意向性。如果把这时的语句意义也看作处于说话者头脑中，只不过它没有被说话者所意识到，因而属于没有被意识到的意向性，那么，这种对"意义在头脑中"的辩护就太过于牵强了。

塞尔正确地看到说话者意义是说话者的意向性，但是他未注意到意向性本身还不是意义。人的意向性包括了表征出的意向性和未表征出的意向性，只有被表征出来（通过语言、文字、行为、肢体活动等）的意向性才可以视为意义，塞尔没有在表征出的和未表征出的意向性之间做出区分，就把意义完全等同于了意向性。他不加区分地把意义（说话者意义和语句意义）视为处于头脑之中，根本原因在于对这种区分的忽视。意义，作为表征出的意向性，不同于未表征出的意向性。表征出的意向性具有客观性，虽然它产生于人脑，却可以通过约定规则被固定下来，作为一个抽象实体而独立存在（例如语句意义），被人们理解。与之相比，未表征的意向性无法脱离人脑，只能存在于头脑之中。塞尔混淆了意义和意向性之间的这种区别，导致他还要面对如下一种棘手的情况：当语句意义和说话者意义不一致时，即说话者的意向性不是语句意义时，如何解释不包含说话者意向性的语句意义？塞尔把意义宽泛地看作包括了未表征的意向性的所有意向性状态，也导致了他把从言信念等同于人的意向性内容，因而把本已区分清晰的从言信念和从物信念搞得非常复杂，却没收到像奎因那样简单明了的区分效果。

---

① John R. Searle, *Intentionality*, Cambridge: Cambridge University Press, 1983, p.208.

所有从物信念都可化归为从言信念

学界对从物信念的关注最初来自奎因（W. V. Quine）对信念语境（belief context）的研究。奎因在《量词和命题态度》中论述了如何使用外延方法和一阶逻辑符号处理含有诸如"想要""相信"等动词的模糊的自然语言问题。[①] 依据奎因的分析，像"拉尔夫相信有人是间谍"有两种意义，使用量词分别可以表示为：

1. (∃x)（拉尔夫相信 x 就是间谍)；
2. 拉尔夫相信 (∃x)(x 就是间谍)。

人们一般把后一种信念称为从言的（de dicto），前一种信念称为从物的（de re）。塞尔说他从没有见过任何一个对从言信念和从物信念的清晰而准确的说明，"从言"和"从物"也远远超出了它在拉丁语中的最初意义：关于语词的（of words）和关于事物的（of thing）。[②]

塞尔认为，如果接受他的意义在头脑中的分析和结论，那么，所有对信念的解释就都是从言的，我们完全可以根据信念的意向性内容和心理模式区分出不同的信念。但是，由于事实上的确有些信念是关于现实世界中的实在对象的，在它指称实际对象的意义上，塞尔也承认它是从物的。因此，塞尔认为，从物信念是从言信念的一个子类，并且在所有信念都是从言信念的意义上，"从言信念"一词根本就是多余的。[③] 根据这种观点，"圣诞老人在圣诞前夜到来"和"戴高乐是法国总统"的信念都是从言的，由于第二个又是关于实在对象法国和戴高乐总统的，所以它又是从物的。也就是说，在塞尔看来，从言信念与从物信念不是一种互斥关系，而是一种包含与被包含的差等关系。

塞尔并不反对从物和从言的区分，他只是反对奎因对于信念的强解释：除了由意向性内容和心理模式来鉴别（individuate）的从言信念以外，还存在一类信念，它们不能由头脑中的东西来鉴别，因为这种信念涉及信念持有者和作为信念组成部分的外在对象，这种信念不是从言信念的一个子类，它们是不能化归的从物信念。塞尔创造性地提出，所有的信念都是从言信念，除了其中一部分是从物信念——它们是信念持有者同对象的关系，如果世界在某些方面变化了，即使头脑中的东西不变，从物的信念也

---

① W. V. Quine, Quantifiers and Propositional Attitudes, *The Journal of Philosophy*, Vol. 53, No. 5 Mar. 1, 1956, pp.177-187.

② John R. Searle, *Intentionality*, Cambridge: Cambridge University Press, 1983, p.208.

③ John R. Searle, *Intentionality*, Cambridge: Cambridge University Press, 1983, p.208.

会改变。还有一种纯粹的从言信念，它们可以被"缸中之脑"所持有，独立于外在世界的实际情境。

之所以会有奎因关于从物信念的强解释，塞尔分析可能原因有三个：第一，这类关于对象的从物信念，不仅关联了信念持有者和命题，而且还关联着信念持有者和对象。例如，假如乔治·布什相信罗纳尔德·里根是美国总统，很明显，这是关于布什的事实。同样，在这种情境下，它也是关于里根的，即，关于里根，布什相信他是美国总统，我们无法仅根据关于布什的事实解释命题表达的全部事实。也就是说，我们可以用如下命题来解释例子中的信念：

关于里根，布什相信他是美国总统，或里根就是布什相信是美国总统的那个人

以上从物信念的命题，允许量词对"信念语境"（belief contexts）量化（quantification），也就是说，我们可以表述为：

(∃x)（关于 x，布什相信"x 是美国总统"）

塞尔说：一种公认的观点认为，我们的逻辑和心灵理论都使我们不得不做出这种分析。[①]

原因二，在指向和不指向具体对象的命题态度之间存在着明显区分。例如奎因区分了：某人一旦拥有帆船，就实现了他拥有帆船的渴望，和一个人拥有某个具体帆船的渴望（如他渴望的是那个停泊在"索萨利托"港一艘名为"奈丽"的帆船）。在第一个从言的渴望中，那个人试图解脱没有帆船（relief from slooplessness）的状态，而在第二个从物的渴望中，他的渴望与具体的对象有关。奎因用两个句子表达了这种区别：[②]

从言的：我希望（(x)(x 是帆船，我拥有 x)）

从物的：(∃x)(x 是帆船，我希望（我拥有 x))

原因三，也是塞尔认为最重要的原因：人们认为存在一类包含着"语境"和"非概念"成分的信念，这种信念不符合从言的解释。伯奇（Tyler Burge）说仅仅根据我们对从言信念认识的否定来刻画这个概念还不够，更准确地说，"从物信念的正确归属把信念持有者置入了一个与该信念关联对象具有恰当的非概念语境关系之下"[③]。在伯奇看来，语境的非概念因

---

① John R. Searle, *Intentionality*, Cambridge: Cambridge University Press, 1983, p.210.

② W. V. Quine, Quantifiers and Propositional Attitudes, *The Journal of Philosophy*, Vol. 53, No. 5 Mar. 1, 1956, p.178.

③ Tyler Burge, Belief De Re, *The Journal of Philosophy*, Vol. 74, No. 6 Jun., 1977, pp. 338-362, p.346.

素是从物信念的关键。

塞尔认为，以上这三个原因都体现了对意向性概念的混淆，从第三个原因开始解答可以为回应前两个原因铺平道路。[①] 伯奇的解释暗含着概念和语境的不同：关于概念的信念是从言的，能够根据一般词项进行完全分析；关于语境的信念是从物的，因为在某种程度上，它可以通过信念持有者和现实对象间的关系鉴别出来。伯奇通过举例证明存在着不完全是概念的语境信念。塞尔认为，从信念不用一般词项进行口头描述的意义上说，的确存在着不完全是概念的信念（conceptual belief），但是，伯奇也不能证明这种信念就是语境的或从物的，除了"从言"和"从物"两个概念之外，还有第三种可能性。那就是完全在头脑中的意向性。意向性可以包含感知、记忆、意向和行动中的因果自指因素，又可包含我们在本节稍前所讲的那种索引因素。塞尔认为，对具体意向性自指的正确理解可以充分说明伯奇所谓从物信念的所有例子，因为在所有的情况下，意向性内容都可以完全说明信念内容。[②] 换言之，由于从物信念离不开人的意向性，我们可以用意向性内容解释所有的从物信念，所以从物信念都是从言的。

塞尔分析了伯奇的两个例子。第一个例子，从远处雾中走来的一个人，"对于他，可以合理地说我们相信他戴着红帽。但是，我们虽然看见这个人，这并不足以使我们以完全鉴别他的方式描述或反映他。当然，我们可以在能够使用的描述语帮助下，实指地鉴别他，但是，没有理由认为在说明中，我们总可以描述出或概念化那个我们所依赖的实体或时空场点"。[③] 塞尔认为，伯奇的解释并没有涉及视觉经验的意向性内容，一旦人们理解：视觉经验具有因果自指的命题内容，我们就不需要担心鉴别那个人时，使用语词可做出任何描述，因为视觉经验的意向性内容已经做到了这一点。[④] 根据这个解释，正是视觉经验的意向性内容（从言的）鉴别了那个人，这种视觉经验的意向性内容是该信念内容（从言的）的组成部分。与该信念关联的从言意向性内容可表示如下：

那个人引起了我的视觉经验，并且他戴着红帽。

塞尔指出，在本例中，"语境"因素的确是存在的，但在它们都是意向性内容组成部分的意义上，这些"语境"因素完全被内化了

---

① John R. Searle, *Intentionality*, Cambridge: Cambridge University Press, 1983, p.211.

② John R. Searle, *Intentionality*, Cambridge: Cambridge University Press, 1983, p.211.

③ Tyler Burge, Belief De Re, *The Journal of Philosophy*, Vol. 74, No. 6 Jun., 1977, pp. 338-362,p.352.

④ John R. Searle, *Intentionality*, Cambridge: Cambridge University Press, 1983, p.212.

(internalized)。这时的从言信念不但能完全鉴别出从物信念，而且不会和没有任何东西存在的假设相矛盾。塞尔说，像这样的信念也可以被"缸中之脑"所持有。人们可能认为这就相当于说，两个不同的人原则上不可能具有完全相同的感知信念，但这点无关紧要，重要的是同一人可以成为两个不同感知信念的满足条件。把同一个人作为两个不同信念的满足条件成为各自感知内容的组成部分。① 在共有视觉经验时，比较容易理解，不仅我看见一个人，你看见一个人，而且，我们正看着同一个人。在这种情况下，我信念的满足条件要求不仅存在着引起我视觉经验的人，而且这个人也引起了你的视觉经验。当然，在如下不足道的意义上（trivial sense），我们的信念是不同的，即任何自指的感知内容都指具体殊型（token）而不是性质相似的殊型。总之，当你和我共有一个视觉经验时，我们共有的是一组满足条件集而不是相同殊型的视觉经验。

对于伯奇的第二个例子，"'我相信目前在二十世纪'，或'今天是十年中最冷的'，我们不能认为这个人能够以一个标准方式或纯粹的描述语鉴别出目前寒冷的程度"②。塞尔认为，伯奇的例子涉及索引词，同感知情形类似，它也符合内在意向论分析。③ 分析的方法是问，为了满足这种意向性内容，实际情况必须是什么？在视觉感知中，视觉经验自身必须以因果方式出现在满足条件中，对索引词而言，尽管不是因果的，同样是自我指称的，像目前、今天。"目前在二十世纪"的真值条件是，说话的时刻在二十世纪。像感知情况自指那种经验一样，索引情况自指那个话语。塞尔接着澄清说："说明这种满足条件不是意指对原句的翻译，我不是在说'目前'是'说话的那个时刻'，而是说明句子中的索引算子暗示了那种自指，尽管这一点没有被表征或描述出来。""正如视觉经验的自指被'显示'（presented）而不是被看见一样。"所以塞尔断言，感知信念或索引信念中没有不可化归的从物信念，它们都符合意向论或从言的分析。错误地认为存在不可化归的感知或索引信念的原因在于，它假定了所有从言的意向分析必须要用纯粹的语词才能给出。一旦解释清楚了索引和感知经验的自指形式，就很容易明白存在着这样的意向性形式，即意向性内容充分决定满足条件集但并不规定一般条件，而是靠暗示满足条件的其余部分一定和意向性状态或事件自身具有关系的方式实现的。

---

① John R. Searle, *Intentionality*, Cambridge: Cambridge University Press, 1983, p.212.
② Tyler Burge, Belief De Re, *The Journal of Philosophy*, Vol. 74, No. 6 Jun., 1977, pp. 338-362, p.352.
③ John R. Searle, *Intentionality*, Cambridge: Cambridge University Press, 1983, p.213.

对于依赖感知和索引信念而接受从物信念的理论家，他们不但认为存在着一类使用纯粹一般词项无法说明的信念——这些信念依赖于语境，而且认为语境特征自身无法被全部表征为意向性内容的组成部分。塞尔通过对比概念（一般语词）和语境（涉及实际世界），指出后一个观点是错误的，他们忽略了对非概念信念做意向论说明的可能性。塞尔支持一种既不是概念的也不是从物的意向性。

为了说明自己的观点，塞尔设想了问题"所有信念是从言的吗？"可能存在的四种理解，它们分别是：①

1. 纯粹使用一般词项可表达信念吗？

2. 使用充分说明内容的语词，我们想到所有信念了吗？

3. 所有的信念完全存在于意向性内容中吗？

4. 没有充分鉴别对象的意向性内容作为中介，有些意向性内容直接把信念持有者和对象关联起来了吗？也就是说，尽管头脑中的东西不变，世界上的变化必然意味着信念的变化吗？

对前两个问题的回答显然是否定的。对第一个问题的否定回答是因为，许多信念本质上包含着单称词项（singular），如同前面讨论索引的例子中所见到的，例如"我""此刻"等；对第二个问题的否定回答是因为，很多信念包含了感知内容，如同我们在讨论信念以视觉经验作为其组成部分时的情况，例如，我之所以相信他戴着红帽，是因为我看见他戴着红帽。塞尔认为，对问题1、2的否定回答并不能推出第三个问题的回答也是否定的。"意向性内容可以穷尽地（exhaustively）描述信念，在这种意义上，信念可以是从言信念，尽管它没有用一般词项来刻画，并且包含了非语词形式的意向性内容。"塞尔解释说，如果此处的从言意味着使用语词，固然不是所有信念是从言的，但存在着不可化归的从物信念推不出这个结论。如果问题3的答案是肯定的，那么可以一致地认为问题1、2、4的答案是否定的。对前两个问题的否定回答也推不出对问题4的肯定回答。塞尔总结道，在使用语词的意义上，存在不是从言的信念，并不能证明存在不可化归的从物信念；在从言就是意向性内容的另一种意义上，所有的信念都是从言的。②

塞尔反驳另外两个支持有不可还原从物信念的论证如下。第一个证论说，布什相信里根是美国总统是一个关于里根的事实，这是正确的。但是这种事实在哪儿呢？塞尔认为，布什相信里根是美国总统完全在于命题，

① John R. Searle, *Intentionality*, Cambridge: Cambridge University Press, 1983, p.214.

② John R. Searle, *Intentionality*, Cambridge: Cambridge University Press, 1983, pp.214-215.

即里根是美国总统，并且，里根满足布什用法中"里根"关联的意向性内容。这些内容有些是感知的，有些是索引的，更多是因果的。但是，就它们都是意向性内容的意义上讲，它们都是从言的。[①] 试想如下情况：罗纳尔德·里根从来不曾存在，整个事情包括感知是一个巨大幻觉，此时，布什就可能拥有一个没任何东西满足的一个含有感知的、索引的和因果的意向性内容。

在塞尔的堂奥里，的确存在着指称具体对象和不指称具体对象区别的意向性内容，但由于塞尔把意向性内容和意义或语言的意义划了等号，所以认为它们都是从言的。塞尔提出，奎因关于从言、从物命题态度的区分是对两种意向性内容的混淆。[②] 让我们回到奎因关于渴望具体帆船的例子。塞尔说，在没有用某种方式向自己表征具体对象的情况下，主体不可能有对具体对象的渴望，如此表达从物命题态度的句子是不完整的（incomplete）。换言之，在奎因所谓从物的命题态度中，使用的量词表达式是不完整的。在奎因的例子中，行为人（agent）具有存在具体帆船的信念和对它的渴望，这是两种不同的关系。如果用自然语言表达这种心理状态，行为人可能会说：

"在那个港湾里停泊着一艘很好的帆船，我确实希望得到它。"

这种心理状态既表达了存在一艘具体帆船的信念，又表达了拥有它的渴望，即：

"我相信那个港湾里停泊着一艘很好的帆船，并且我希望拥有它。"

在这种表述中，尽管渴望不在信念的辖域内，信念内容的量词辖域仍然延伸到了渴望的内容中。如果用中括号表示意向动词辖域，小括号表示量词辖域，F 表示识别具体帆船的意向性内容，那么以上心理状态可表示如下：

Bel [(x) ((sloop x & F x) & (y) (sloop y & F y → y=x)] & Des [我拥有 x])[③]

这种从言形式表征了渴望具体对象的全部内容。

在塞尔看来，人们对于从言、从物命题态度的传统区分源自我们对命题态度报道的区分，即从言报道和从物报道。例如，"拉尔夫相信戴棕色帽子的人是名间谍"，该陈述被用作拉尔夫信念的表达，由于拉尔夫的信念是一种表征，而对它的表达也是一种表征，因此以上陈述实质上就是一

---

① John R. Searle, *Intentionality*, Cambridge: Cambridge University Press, 1983, p.215.
② John R. Searle, *Intentionality*, Cambridge: Cambridge University Press, 1983, p.215.
③ John R. Searle, *Intentionality*, Cambridge: Cambridge University Press, 1983, p.216.

种表征的表征。对于拉尔夫的信念，即戴棕色帽子的人是名间谍，自身具有满足条件，其满足条件是，存在着戴棕色帽子的那个人，并且他是间谍。如果用 F 表示行为人指向对象的意向性状态，则它的符号化形式是：(∃x)(F(x) & x 是间谍)。与拉尔夫的信念不同，话语"拉尔夫相信戴棕色帽子的人是名间谍"是表征的表征，它的真值条件不同于前者，即使拉尔夫信念的满足条件不被满足，这种表征的表征真值条件也可能是真的。它的真仅要求拉尔夫具有一个信念，而且"相信"之后的内容准确表达了拉尔夫的信念内容。这种表征的表征实质上就是对信念的报道。我们在做出这种报道时，的确会产生两种判断真值的方式，具有不同的真值条件，即：

1. (∃x)(F(x)) & 拉尔夫相信 (X 是间谍)；

2. 拉尔夫相信 (∃x)(F(x) & x 是间谍)；

尽管如此，在塞尔看来，当我们报道拉尔夫的信念时，我们只表达了拉尔夫的信念内容，并没有对它的真值条件做出表态。[①]

塞尔指出，认为存在从言、从物两种命题态度的观点，从根本上说，是把命题态度混同了意向性状态的从言报道和从物报道。从拉尔夫的视角看，拉尔夫本人并不会具有报道拉尔夫信念时我们做出的那种从言、从物区分。为此，塞尔构造了一个混淆从言报道和从物报道可能会导致的一个奇怪对话，以证明他的正确：[②]

奎因：对于那个戴棕色帽子的人，拉尔夫，你认为他是间谍吗？

拉尔夫：不，奎因，你是在问我是否持有一个从物的信念吗？但情况并不是对于那个戴棕色帽子的人，我认为他是间谍，相反，我拥有的是从言信念，我相信戴棕色帽子的那个人是间谍。

在笔者看来，塞尔构造的上述例子并没有反驳倒奎因。塞尔一方面批评人们不应把命题态度区分为从言报道和从物报道，另一方面又强调自己在从言报道和从物报道的立场上选择的是前者，指出即使拉尔夫信念的表征内容没有被满足，拉尔夫的信念也可能是真的，塞尔所谓的信念报道实质上就是奎因关于信念的量化公式 2。塞尔依据意向性内容，取消了从言、从物信念的区分之后，还是选择了奎因的一个解释，这种做法很难说是对命题态度研究的一个推进，且这种复杂的分析方法还可能引起不必要的混乱，例如，从言命题就是关于意向性的命题。再者，塞尔也没有把这种从言的概念一以贯之地运用到含有模态算子的命题中去。

如果塞尔把意义看作表征出的意向性，这种表征是由意向性内容和心

---

① 约翰·塞尔著，刘叶涛译，意向性——论心灵哲学 . 上海：上海人民出版社，2007, p.22.

② John R. Searle, *Intentionality*, Cambridge: Cambridge University Press, 1983, p.217.

理模式组成，无可厚非。如同我们下面将要分析的，这种观点为他解释专名和单称限定描述语的指称理论提供了便利。但是，塞尔把意向性的表征混同于意向性，把意向性这种心理状态本身等同于意义，由此产生的意义在头脑之中、不存在不可化归为从言信念的从物信念的结论都是难以站得住脚的。

第二节　塞尔论专名

专名如何与实在相关联的，存在两种对立的观点：一种是以克里普克（Kripke）、唐纳兰为代表的历史因果理论，由于历史的因果链条是外在的，所以又被称为外在因果论；另一种是以塞尔为代表的内在意向理论，由于塞尔称自己的观点源自弗雷格专名描述论，所以我们称其为内在描述论。外在因果论的肇始者可追溯到密尔（John Stuart Mill），他认为：专名有指称但没有含义（connotation），是无意义的符号。[①] 限定描述语凭借描述对象的某个方面来指称对象，专名不描述对象，知道一个限定描述语适合对象就是知道了关于该对象的某个事实，而知道一个专名却不意味知道了它的某个或某些事实。

塞尔认为，如果我们不加批判地接受这种观点，就会掉入某些形而上学的陷阱。[②] 依据密尔或外在因果论者的观点，描述语同对象的某些属性关联，专名与对象自身关联，正如对象不是对象所有属性的集合一样，专名也不是描述语的集合。所以，专名没有意义。这种将对象和对象属性的形而上学区分引入专名和描述语区分的结果，导致了维特根斯坦的著名结论：名称意指对象，对象就是它的意义。[③] 维特根斯坦的错误在于他试图把语言的这种特征看作世界上的对象。

内在描述论的滥觞可追至弗雷格，弗雷格认为专名不仅有指称（偶然地有指称），同时也有含义（sinn）。[④] 例如，长庚星（Hesperus）是启明星（Phosphorus），该陈述不是只有它的字典意义，更是天文学上的一个重要发现，因为长庚星和启明星具有不同的含义。如果专名没有含义，长庚星

---

① John Stuart Mill, *A System of Logic*, Book1, Toronto: University of Toronto Press, 1974, p.31.

② John R. Searle, *Speech Acts: An Essay in the Philosophy of Language*, Foreign Language Teaching and Research Press, Cambridge University Press,2001.

③ Ludwig Wittgenstein, *Tractatus Logico-Philosophicus*, Translated by D. F. Pears and B. F. McGuinness, London: Routledge & Kegan Paul, 1974, p.15.

④ 弗雷格.论涵义和所指.载语言哲学名著选辑.上海：三联书店，1988, p.6.

是启明星，如同长庚星是长庚星一样，以上陈述就不会为我们增加任何天文学知识。再者，如果专名出现在陈述中，例如"刻耳柏洛斯（cerberus）[1]不存在"，由于我们在现实世界中找不到与主词对应的对象，它只能是作为一个概念被"存在"所说明，所以此时的专名必然是有含义的。

但是，弗雷格的观点同密尔一样，也面临诸多问题。根据塞尔识别对象的确认原则[2]，如果对象的指称被成功实现，专名必须像单称限定描述语那样传达一个描述，如此以来，专名就成了一个缩略的单称限定描述语，该描述语也就成了专名的对等物，于是我们就可以使用描述语为专名下定义。但是，人们一般并没有专名的定义，也很难为专名给出这样的定义。此外，如果人们尽力为专名给出一个完整的描述语，就会发现任何一个使用专名作主语的真陈述都是分析的，假陈述都是自相矛盾的；并且，当世界上的对象发生任何变化时，专名的意义都会发生变化，不同的人对于同一个专名也会有不同的意义。但是，这违背了人们使用恒定的意义描述变化着的世界的直觉。

专名与含义

塞尔拒斥密尔的专名理论，认为弗雷格的专名理论是最有前途的。[3]让我们重新回到这个基本问题：专名有含义吗？或者它的导出问题，在主语是专名，谓语是描述性表达式时，这样的命题是分析的吗？

塞尔指出，专名的根本特征是在不同的场合下都指称同一个对象，所以使用专名预设了同一个对象。预设同一个对象又预设了存在着确认标准，即说话者具有回答如下问题的能力：依赖什么，名称 N 在时间 t1 时和在时间 t2 时指称相同的对象？[4]根据塞尔提出的确认原则，任何一个使用专名的人一定要准备，用被指对象的确认描述语来代替专名。如果说话者做不到这一点，那么他就不知道自己在说谁或者在说什么。例如，你对我说："考虑一下，你觉得泰克拉克如何？"如果我从没听说过泰克拉克，我只可能回答："他是谁？"或"它是什么？"，你的下一步行为一定是解

---

① 古希腊传说中守卫冥府的狗。

② 确认原则：话语成功做出明确指称的必要条件是，或者该表达式必须是一个确认描述语，或者说话者必能够根据要求给出一个确认描述语，John R. Searle, *Speech Acts: An Essay in the Philosophy of Language*, Foreign Language Teaching and Research Press, Cambridge University Press,2001, p.88.

③ John R. Searle, *Intentionality*, Cambridge: Cambridge University Press, 1983, p.224.

④ John R. Searle, *Speech Acts: An Essay in the Philosophy of Language*, Foreign Language Teaching and Research Press, Cambridge University Press,2001, p.167.

释这个名字的意义。但这是名字的定义吗?

弗雷格对专名的解释可能导致相同的专名对于不同的人具有不同的含义。具体讲,一个人准备用来替换专名的描述语与另一个人可能不同,对一个人起定义作用的描述语对另一个人来说可能完全是偶然的。弗雷格对此的解释是,除非我们用来支撑专名的描述语相同,否则我们就不是在说相同的语言(the same language)。他说:"假定赫伯特·加纳知道古斯特夫·劳本 1875 年 13 日出生在 N.H. 市,而其他人不知道这一点;假定除此之外加纳不知道劳本现在居住在哪儿,也不知道他的任何事情。另一方面,假定利奥·彼特不知道古斯特夫·劳本 1875 年 13 日出生在 N.H. 市,那么,关于古斯特夫·劳本,加纳和彼特就没有在说相同的语言,因为尽管他们用这个名字指称相同的人,他们仍然不知道他们指称相同的人。"[①]

但是,塞尔认为,人们很少把专名看作一种语言(one language)的组成部分;再者,当发现确认描述语不适用于所指对象时,我们仍然不会放弃对专名的使用。[②] 例如,人们告诉我"亚里士多德"是出生在斯塔吉拉的希腊哲学家的名字,但是,如果学者后来使我确信亚里士多德不是出生在斯塔吉拉而是底比斯,我不会说学者是自相矛盾的。"亚里士多德是出生在斯塔吉拉"的错误不会影响我对"亚里士多德"的使用。原因是,如果我们要求"亚里士多德"的使用者说出关于亚里士多德的基本事实或过去的事实,他的回答将会构成一个确认描述语的集合,虽然这些集合中不是每个确认描述语对亚里士多德都是分析的真,但是他们的析取对亚里士多德来说是分析的。换言之,当我说"这是亚里士多德"时,确认亚里士多德的条件将是,充分但数量不明确的描述语适用于该对象。如果这些被认为适用于对象的确认描述语事实上没有一个对该对象是真的,那么,该对象就不是专名的指称对象。专名指称对象的必要条件是在这些描述语中至少有一个对指称对象来说是真的,也就是说,这些描述语的析取对指称对象一定是分析的。

通过以上分析,塞尔把"专名是否有含义"的问题分成两个问题:问题 1,专名是否被用来描述或刻画对象的特征? 问题 2,专名是否逻辑地同它的指称对象特征相关联? 对第一个问题,塞尔回答,"否",专名不用于刻画对象的特征;对第二个问题,塞尔回答,"是的",专名以松散的方

---

① Gottlob Frege, The Thought: A Logical Inquiry, Mind, *New Series*, Vol. 65, No. 259 (Jul., 1956), pp. 289-311, p.297.

② John R. Searle, *Speech Acts: An Essay in the Philosophy of Language*, Foreign Language Teaching and Research Press, Cambridge University Press,2001, p.169.

式逻辑地联接着对象的特征。①

　　对于塞尔的解释，有人可能会提出如下反对意见，即存在着专名相同但指称不同的情况，例如，两个人都叫"琼斯"。塞尔认为，这种反对毫无道理，就像不能因为多义词有两个以上的意义，我们就说它没有意义一样，相同的专名也可能有不同的含义。②国内学者陈波教授也支持塞尔的论证，他说："在现实生活中，重名、同名现象是屡见不鲜的，人们能够区分出它们的不同所指，主要也是依据于对这些相同名称的不同涵义（含义）的把握。"③例如，某人在报纸上看到了他的一位老朋友的名字，但他仔细读报就会发现，这段报道不是关于他的老朋友的，而是关于与他老朋友同名的另外一个人的，因为它所谈论的许多事情与他的老朋友毫不相干。显然，此处就是通过名称的含义识别出其所指的。

　　反对者还可能会问：使用不同专名的同一性陈述是分析的还是综合的？例如，"启明星就是盘庚星"或"图利就是西塞罗"。塞尔认为，如果谓词和支持专名的描述是相同的，那么该陈述就是分析的，否则就是综合的。注意，支持专名的描述并不是像弗雷格认为的那样是由专名直接给出的，它是由行为人的认识决定的。因此，如果用于具有相同指称的两个专名的支持描述不同，像"启明星就是盘庚星"，这种陈述就可能是一个重要发现。④

　　剩下的最后问题是，既然单称限定描述语能够指称对象，专名也用来指称对象，我们为什么不选择其中的一个呢？塞尔的回答是，相对于单称限定描述语，通过描述对象的具体特征指称对象而言，专名指称对象并不预设话语的特定背景和说话的场景，也不显示或断定被指对象的某些或独有特征。两者使用上的这种差别，使得专名更具方便性。专名可以使我们在公开指称对象时，不涉及对对象特征的描述。专名本身不用于描述，但它却像是一个挂钩，钩住了许多描述语（描述语的析取）。如果我们仅使用单称限定描述语指称对象，在每次指称对象时我们就必须描述出对象的特征，而这对于我们的指称来说是不必要的，专名恰恰为这种不必要性提

　　① John R. Searle, *Speech Acts: An Essay in the Philosophy of Language*, Foreign Language Teaching and Research Press, Cambridge University Press,2001, p.170.
　　② John R. Searle, *Speech Acts: An Essay in the Philosophy of Language*, Foreign Language Teaching and Research Press, Cambridge University Press,2001, p.170.
　　③ 陈波. 逻辑哲学. 北京：北京大学出版社, 2005, p.216.
　　④ John R. Searle, Proper Names, Mind, *New Series*, Vol. 67, No. 266 (Apr., 1958), pp. 166-173, p.173.

供了方便。①

专名与意向性

　　通过把"专名是否有含义"划分为两个不同问题，塞尔回答了专名与含义的关系，即专名并不是被用来描述或刻画对象特征的，而是在逻辑上同它指称对象的特征相关联。塞尔前期偏重于阐明两者之间的关系，"他似乎只是在通过回答第二个问题来回答第一个问题"②。与前期不同，后期的塞尔"更加自觉"地要回答专名是如何实现指称的。这一时期的塞尔较前期来说存在着一次明显跨越，这种跨越表现为，他从以前使用簇描述语解释指称转变为用意向性来解释指称。

　　在《言语行为：语言哲学论》中，塞尔曾否认一个专名 X 的含义就是"被称作 X"。③ 但是，后来他又承认，当一个人关于对象唯一具有的确认描述语是"被称为 X"时，名称 X 也可以指称对象。④ 如果这种说法成立，这似乎和塞尔专名依赖含义进行指称的思想产生矛盾。依据塞尔后来的解释，"被称作 X"之所以不是专名 X 的解释，因为这种限定描述语依赖着其他类型完全不同的描述语。自身被称为自身不可能是对专名指称的解释，一个"被称为 X"的 X 不可能成为确认原则的满足条件。例如，如果有人问我，"你的 X 意指谁？"，我回答说，"那个被称作 X 的人"，尽管它是真的，也的确存在着唯一被称为 X 的人，我也仅仅在说，他是被别人（例如人群 A）用名称"X"来指称的那个人。就 A 用"X"来指称那个人而言，A 还必须准备用确认描述语替代"X"。如果 A 也用"被称作 X 的那个人"作为确认指称的方式，那么他只是将问题向前更推进一步。如果这种情况无穷推进则必然导致循环或无穷倒退。人们对某个人的指称可以寄生在别人身上，但是要使专名的指称成立，这种寄生不能够无穷进行。

　　塞尔告诉我们，专名的指称并不是直接而是间接依赖于含义的。他指出，"识别性描述语"并不意指"用话语"，它完全意味了：充分确认对象的意向性内容，包括网络和背景⑤，这些内容可能用话语也可能不用话语。

①　John R. Searle, Proper Names, Mind, *New Series*, Vol. 67, No. 266 (Apr., 1958), pp. 166-173, p.172.

②　刘叶涛 . 专名的意向性理论探析 . 世界哲学 , 2012 年 , 第 4 期 , pp.140-148, p.143.

③　John R. Searle, *Speech Acts: An Essay in the Philosophy of Language*, Foreign Language Teaching and Research Press, Cambridge University Press,2001, p.171.

④　John R. Searle, *Intentionality*, Cambridge: Cambridge University Press, 1983, p.243.

⑤　见第一章第三节中的意向性状态和背景。

塞尔认为，我们使用名称指称对象时，对象不会先于我们的表征系统（system of representation）被给出，这些名称总是我们对世界进行区分的结果。换言之，在使用语词之前我们已经对对象进行了划分，而如何进行划分又取决于我们自己，取决于我们的表征系统。之所以能够使用专名或知道专名代表了那个对象，我们一定具有独立于专名之外的对该对象的其他表征。①

就成功的指称而言，说话者必须具有充分的意向性内容来固定指称，不论话语表达的意向性内容适不适合指称对象，指称都离不开我们的意向性内容，这对于我们下一节即将讨论的描述语理论也是成立的。由于言语指称总是依赖于或本身就是心理指称的一种形式，并且心理指称总是凭借包括背景和网络的意向性内容的功效，所以专名在某种方式上一定依赖于意向性内容。笔者认为，在使专名的簇描述语理论解释力更强，对外在因果论的驳斥更有说服力的意义上，后期塞尔对专名簇描述语理论的拓展解释是对专名描述论的一次推进，这是他将意义与人的意向性关联产生的应有结果。

以克里普克为代表的外在因果论者认为，专名的指称完全是通过一个外在的传播链条进行的。其作用过程如下：一个最初的命名仪式发生，此时我们以实指的方式命名对象或以描述语的形式确定对象，这个名字被一环一环传递，如果名称的接受者听到它，他一定打算以与传播中的上一环相同的指称来使用它。②

从以上勾勒的专名的意向性角度来看，塞尔认为克里普克理论存在严重问题。首先，在名称的命名仪式上，无论是以实指的方式还是描述语的方式，对象的命名都离不开意向性。实指和描述语间的区别仅仅是，以单称限定描述语进行命名时，意向性内容是以语词的方式出现的；以实指方式命名时，意向性内容是以感知的形式出现的。在感知的情况下，的确存在因果连接（causal connection），但为了给出一个实指定义，感知者必须感知到对象，感知到对象不仅仅是对象对神经系统施加影响，而且有意向因果关系，这种因果关系内在于感知内容，而外在的因果链条实际上无法到达对象。所以只用传播中的外在因果关系解释专名指称对象是无效的。③

① John R. Searle, *Intentionality*, Cambridge: Cambridge University Press, 1983, p.231.

② Saul A. Kripke, *Naming and Necessity*, Cambridge: Harvard University Press, 1980, p.96.

③ John R. Searle, *Intentionality*, Cambridge: Cambridge University Press, 1983, pp.234-235.

其次，因果理论家们夸大了指称和感知之间的相似性。^①塞尔认为每一个感知经验都有意向性内容上的因果自指性，但专名不具备这种因果关系，尽管没有这种因果关系，在名称和对象之间也可能满足成功使用专名的条件。例如，我可以指称华盛顿区的 M 街，仅仅因为我知道该市中有以系列字母命名的街道，"A""B""C"等，此时，我不必具有和 M 街道的因果连接而指称它。同样的，当我数到 387 时，数字 387 的名称同我没有任何外部因果连接，我们也没有对这个数字的命名仪式。^②

笔者觉得塞尔的要旨在于：克里普克的因果链条除了命名仪式和因果链条外，一定不能缺少严格的意向性内容（restricted intentional content）。例如，说话者打算和由之习得名字的那个人指称相同的对象时，他一定具有同使用名称 N 关联的某些严格的意向性内容。但是，克里普克似乎认为，如果这种意向性内容实际上得到了满足，即每个说话者的确在指称相同的对象并且可一直追溯到最初的命名仪式，那么这种严格的意向是多余的。严格的意向性内容似乎成了一种外在的因果关系。但是，事实情况并非如此。例如"马达加斯加岛"^③，它最初被用来指非洲大陆上的某个地方，处在链条上的马可波罗可能也打算满足克里普克提出的条件，即他和由之习得该名称的人指称相同的对象，但是后来马可波罗却错误地把它用于指称了远离非洲大陆的某个岛屿。所以，严格的意向性内容完全是内在的不是外在的，是不可省略的。

外在因果论和内在描述论争论的实质是：指称的获得是依赖被指称对象满足了某些与之关联的表征内容，还是通过完全独立于我们心理表征（由意向性内容和心理模式组成）的某些世界上的实事。克里普克和唐奈兰反对成功指称是通过与专名关联着的意向性内容实现的观点。塞尔认为，克里普克和唐奈兰在某种程度上是正确的，那恰恰是因为他们的解释包含描述性成分，但他们没有看到对成功指称起作用的不是外部链条。

在塞尔看来，因果链条论只是描述理论的一个变体。^④克里普克并没有提到要反对，在交流链条的每个环节上说话者具有意向，只是认为，例如，当我说"N"时，我和我由之得到名称"N"的那个人具有相同的指称。描述论者认为，克里普克所谓的交流链条只是说，一个人能够为名称

① Keith S. Donnellan, Speaking of Nothing, *The Philosophical Review*, vol.83, January, 1974, pp.18-19.

② John R. Searle, *Intentionality*, Cambridge: Cambridge University Press, 1983, p.239.

③ G. Evans, The Causal Theory of Names, *Proceedings of the Aristotelian Society*, vol. 47, January, 1973, pp.187-208.

④ John R. Searle, *Intentionality*, Cambridge: Cambridge University Press, 1983, p.244.

"N"赋予的一个限定描述语是："N"就是由我们语言共同体中的其他人指称为"N"的那个对象。外在因果论和内在描述论都认为仅仅这样的说明还不够。克里普克指出，这种链条必须终结于最初的命名仪式，而塞尔认为命名仪式只是终结方式中的一种，描述论者允许多种方式终结该链条。交流的因果链条仅仅刻画了名称的寄生性情况，并不起解释作用。在一个表达式和下一个表达式之间起解释作用的是意向性内容的传递，所有指称都是表达式的说出者凭借描述性的意向性内容获得指称的。塞尔同意如下观点：如果没有干扰的意向性和关于 N 的其他干扰信念，链条自身保证了，满足我们意向性内容的唯一对象刚好指称在最初命名仪式上指称的那个对象。此时，在做出命名仪式的说话者之后，其余的意向性内容全都寄生在先前获得指称的那个人身上。在这种情况下，的确存在着一个外在的因果描述链条，并且一个全能的观察者通过这个链条能够看到 1 先生对 2 先生说，2 先生对 3 先生说等，一直追溯到 10 先生。[①] 但是这并不能证明在专名中起作用的是外在因果链条而不是意向性内容。

描述内容和因果链条究竟哪一个才是专名起作用的根本特征，我们可以通过如下方式来检测：保持其中一个不变，改变另一个看看会出现什么结果。例如，假定 7 先生决定不再将名称用来指称由之习得该名称的那个人的所指，这时从外部的传播链条看，名称从 1 先生到 10 先生都是一样的，但是，意向性内容的变化意味着 7、8、9 先生指称了同前面六位不同的对象。这种测试表明塞尔的内在意向论比克里普克的解释更有说服力。这种情况可谓现实版的"马达加斯加岛"情况的一个变体。

为了反驳因果传播链条不是专名起作用的根本特征，塞尔设想了一个没有因果传播链条的采集—狩猎的原始社会。[②] 有这样一个部落，部落中的每个成员都相互认识，新生的成员都要在由整个部落成员参加的仪式上命名。除此之外，在孩子们成长的过程中，他们习得的人的名称或山河湖泊、街道房屋等名称都是通过直指的方式进行的，并且，在这样的部落中，还存在着不可提及死人名称的忌讳。这种假设的部落同我们一样具有用于指称的专名机制，但是他们对名称的使用并不满足交流的因果链条。相反，这个部落中每个名称的使用都满足了描述论者要求的与对象关联的意向性内容。以直指方式传授名称时，指称对象的意向性内容被建立。

注意，在对指称的寄生性解释中，外在因果链条论与内在描述论的解释非常接近。他们的分歧只在于：外在因果论者并不必然排斥交流链条上

---

① John R. Searle, *Intentionality*, Cambridge: Cambridge University Press, 1983, p.245.

② John R. Searle, *Intentionality*, Cambridge: Cambridge University Press, 1983, p.240.

存在意向，只是他们通常把交流链条上传递的意向看作不变的；而描述论者也不否认存在交流链条，只是认为链条上的意向不变只是传递的偶然特征，换言之，意向性内容在传递链条上是可变的。在"马达加斯加"的例子中传递的意向性内容就发生了变化，新引入的意向性内容使"马达加斯加"不再指称非洲大陆的某个地方。

专名的作用方式

塞尔指出，尽管专名的作用有时不仅仅用来指称对象——例如，"长庚星是启明星"这样的同一性陈述，我们对专名的解释仍然具有统一的原则。塞尔把这种原则总结如下：[①]

1. 为了使名称用于指称对象，首先我们必须要具备对该对象的独立表征。对象的表征方式可能表现为感知、记忆或限定性描述语等，它们都要求具备充足的意向性内容以确认名称被赋予了哪一个被指对象。

2. 一旦建立了名称与被指对象之间的连接，掌握了名称用法经验的人就可以利用名称和对象之间被建立的连接做出指称，而不必知道更多关于对象的知识。在专名使用者的意向性内容没有与对象的事实有大范围矛盾冲突的情况下，他们的意向性内容可以仅仅是使用该名称指称其他人用之指称的对象，但这种情况要寄生在识别对象的非寄生性形式之上。

3. 不论指称是用名称、描述语、索引词、图像、标签等任何方式给出，所有指称都是意向性内容的功效。只有对象满足或匹配指称手段表达的某个或某些条件，或满足与指称手段关联的这些条件时，对象才能被指称。极端情况下，这些条件可能仅仅是认识的背景能力或寄生性的意向性内容。1、2 两条仅是第 3 条的应用。

4. 什么被视为命名和所指的对象或指称的可能目标，总是相对于表征系统而确定的。如果我们有足够丰富的表征系统来鉴别对象、识别和再识别对象，那么我们就能把名称赋予对象，方式就是把相同的名称赋予相同的对象。即使在与名称关联的意向性内容不再被对象满足的反事实情境下，我们也可以用名称来指称该对象。第 1、2、3 只能应用在满足了 4 的表征系统中。

这些原则的好处有两点：（1）除了说明专名是如何进行指称的之外，还揭示了专名不仅指称对象，而且关联着意向性内容，专名在用作指称的同时，与之关联的意向性内容也构成了语句的命题内容，例如，晨星

---

① John R. Searle, *Intentionality*, Cambridge: Cambridge University Press, 1983, pp.258-259.

（Phosphorus）就是暮星（Hesperus）。（2）这些原则说明，名称虽然可以由意向性内容解释，并且带有意向性内容（相当于那些非严格指示词）地被使用，但它依然被用作严格指示词，因为我们具有同一对象概念，它独立于那些被用来识别这个对象的特殊的意向性内容。所以我们有一个不依赖于像"奥德赛的作者"这样的描述语而具有同一个人的概念，这也可解释"图利就是西塞罗"不是分析的原因。

尽管如此，塞尔认为，以上原则在解释如下三类问题时似乎存在困难：[①]

1. 人名、地名等是被我们经常、广泛使用的名字，我们从别人那里习得它，但掌握了之后，这些名字便关联了我们网络中大量的意向性内容集，这使得我们不再依赖他人而决定名称指称的对象。

2. 有些名称具有不是我们亲知的重要用法，与这些名称关联的意向性内容大多数来自他人，它被丰富到被冠之为关于对象的知识。例如，对于"苏格拉底"，我有足够丰富的意向性内容，这种意向性内容使我在使用该名称指称对象时施加了非常强的限制条件，例如，"苏格拉底"不可能指称一张条凳。

3. 还有一些人们几乎完全依赖他人的先前用法获得指称的名字，即我们上文所说的寄生性情况，在这些情况下，说话者并没有冠之为知识的那样的充足意向性内容，该对象甚至都没有被他使用的名称所指称，即使在这种情况下，受限制的意向性内容还是把某些条件加在了被命名的对象上。

坦白说，笔者看不出是什么原因使塞尔认为以上列出的三类情况，对他提出的专名的作用原则是困难的，因为，如果我们把塞尔给出的四条原则的顺序颠倒过来，按照4、3、2、1的顺序来解释专名中出现的以上情况，这种原则的解释力的有效性是明显的。也就是说，我们处在一个表征系统内，通过相应的意向性内容，建立名称与对象之间的连接，一旦这样的连接建立，我们对对象的识别不但是固定的，也可以被跨世界使用。凭如此解释对待以上三类问题，笔者认为没有任何问题。

---

① John R. Searle, *Intentionality*, Cambridge: Cambridge University Press, 1983, pp.260-261.

第三节　描述语的归属性用法与指称性用法

塞尔的指称论思想涉及两个方面，即专名和单称限定描述语。国内学者对塞尔指称思想的研究多集中在他的专名理论上，包括专名的簇描述语理论[①]和专名的意向性理论[②]，而对他的单称限定描述语的指称思想少有专门论述。事实上，塞尔不仅细致研究了专名如何指称的问题，而且对单称限定描述语（简称描述语）的指称也做了较细致的论述。本节拟完成三个方面的任务。首先，塞尔认为指称的必要条件是什么。其次，为什么塞尔认为罗素、唐奈兰的描述语理论是有缺陷的，他自己是如何处理的。第三，通过比较，评估塞尔的描述语思想在哪些方面相对于罗素、唐奈兰来说是成功的，哪些方面是有问题的，同时，笔者尝试给出一个改进的描述语理论。

罗素的单称限定描述语理论及其批评

描述语（description）就是摹写事物性状的词项，也可叫作"摹状词"。如："有理性的动物"就是关于人的描述语，"中国的首都"就是关于北京的描述语。与专名相关的描述语叫作"单称限定描述语"（single definite description），如"中国的首都"。功能上相当于专名"北京"，它指称唯一的对象。与之不同，"人"指称许多对象，因而叫"通名"（普通名词）；与通名相关的描述语叫作"不定描述语"（indefinite description），如"有理性的动物"。

在英语中，描述语的结构是：定冠词(the)＋形容词＋普通名词(单数)。汉语里没有定冠词，而且名词一般也没有表示单数或复数的标志，因而汉语中的描述语的结构只是：形容词＋普通名词。必要时还可加上指示代词"那个"，如：大于 3 而小于 5 的那个整数。"那个"的作用就相当于定冠词。（单称限定）描述语所描述的事物是唯一的，如"中国第一位白话文小说的作者是革命家"，也就是说，该事物既不是没有，也不是多于一个。一个含有单称限定描述语（以下简称限定描述语）的陈述可以形式化为：

$(\Box x) (Fx \land (\Box y) (Fy \rightarrow y = x) \land Gx)$。

在以上公式里，含有一个限定描述语的所有出现的最短的那部分是该

---

① 陈波.逻辑哲学.北京：北京大学出版社，2005, pp.208-214.
② 刘叶涛.专名的意向性理论探析.世界哲学，2012，4 期，pp.140-148。

描述语的辖域。罗素把描述语以整个公式为其辖域的情况叫作描述语的主现（primary occurrence），把描述语只以部分公式为其辖域的情况叫作描述语的次现（secondary occurrence）。如：

"当今的法国国王不是秃子"，应形式化为：

$(\Box x)(Fx \wedge (\Box y)(Fy \rightarrow y = x) \wedge \neg Gx)$。——次现

"并非当今的法国国王是秃子"，应形式化为：

$\neg(\Box x)(Fx \wedge (\Box y)(Fy \rightarrow y = x) \wedge Gx)$。——主现

罗素的描述语理论解决了排中律和矛盾律 (p 和 ¬p) 的失效问题。罗素理论的问题是同一律失效。例如：乔治四世想知道司各脱是否《威弗利》的作者。事实上，司各脱是《威弗利》的作者。根据同一律，我们可以用"司格脱"代换"《威弗利》的作者"，从而得到："乔治四世想知道司各脱是否司各脱。"但是，代换后的命题与原来的命题并不相符，因为乔治四世不会对"司各脱是否司各脱"感兴趣。这表明，同一律在此失效。

斯特劳森最早指出，罗素描述语理论的关键性错误是把"预设"和"断定"混淆起来。在日常语言中，人们对一个作为主词的描述语的使用是预设了适合它的对象存在，而不是断定了适合它的对象存在；对预设的违反使得一个命题没有真假可言，甚至是无意义的，而不是假的。斯特劳森说："指称或提到某个特定事物这一点不可能被分解为任何一种断定，指称不等于断定，尽管你做出指称是为了继续去做出断定。"[①] 斯特劳森进一步谈道："我正在讨论的那种语词在极其多种多样的语境中能用来指称一个唯一的东西，这一点正是这种语词的意义的组成部分。而断定它们正在被如此使用或断定它们被如此使用的条件已经实现，并不是这些语词的意义的组成部分。"[②]

斯特劳森区分了语词本身和语词的使用。斯特劳森谈道："在你使用语句谈论某个特定人物的过程中，你使用语词去提到 (mention) 或指称 (refer to) 某个特定人物。但是，显然在这种情况下，并在其他很多种情况下，正如不能说语句本身有什么真或假，语词本身也谈不上提到或指称什么东西。正如同一语句能用来作出具有不同真值的陈述，同一语词也能具有不同的指称使用。'提到'或'指称'并不是语词本身所做的事情，而是人们能够用语词去做的事情。提到某个东西或指称某个东西，是语词的使

---

① 马蒂尼奇编，牟博等译 . 语言哲学 [M]. 北京：商务印书馆，1998，P.430..

② 马蒂尼奇编，牟博等译 . 语言哲学 [M]. 北京：商务印书馆，1998，P.431.

用的特征，正如'论述'某个东西与或真或假是语句的使用的特征。"①

唐奈兰在斯特劳森的基础上提出语词的归属性使用和指称性使用。唐奈兰说："……假定，我们碰到不幸的史密斯被卑鄙地杀害了。由于采取了残忍的杀害方式以及史密斯生前是世界上最讨人喜欢的人这一事实，我们可能会惊呼'杀害史密斯的凶手是丧心病狂的'。为了使这个事例更简单，我假设，在一种相当普通的含义上，我们不知道谁杀害了史密斯。"②这里所说的"杀害史密斯的凶手"就是语词本身的使用，即语词的归属性使用。唐奈兰进一步说道："假定一个人正在出席一个宴会；看到一个神色显得很有趣的人手持一个他认为装有马丁酒的酒杯，他便问：'饮马丁酒的那个人是谁？'假如万一结果表明那个酒杯里只有水，那么，他仍然询问了一个关于某一特定的人的问题，即某人有可能回答的一个问题。"③这里的"饮马丁酒的那个人"就是关于语词的使用的，唐奈兰称为指称性使用。

唐奈兰最后的结论是：当一个说话者以指称方式使用一个限定描述语时，即使没有任何东西适合那个描述语，那个说话者也可能述说了某件具有真值的事情；并没有这样一种清晰的含义，在这种含义上，那个说话者作出了一个既不真也不假的陈述。

换言之，在归属性使用中，描述语的指称是由语词的含义决定的，而在归属性使用中，描述语的指称不是由语词的含义决定的。

塞尔论指称的必要条件

所有的单称指称表达式最终可归结为专名和限定描述语两类，倘若我们要问：什么东西构成了明确的指称？如果从言语行为的角度看，就是问：在言语行为中指称的要旨是什么？或者指称在言语行为中起什么样的作用？塞尔对后一个问题的回答是：说话者确认（identify）他要为之述谓（predicate）的那个对象。④但是，人们是如何把述谓的对象传达给听话者的呢？塞尔认为为了回答这个问题，我们应当把指称分为两类：完全实现

---

① 斯特劳森. 论指称 [C]. 马蒂尼奇编，牟博等译. 语言哲学. 北京：商务印书馆，1998，p.423.

② 斯特劳森. 论指称 [C]. 马蒂尼奇编，牟博等译. 语言哲学. 北京：商务印书馆，1998，pp.451-452.

③ 斯特劳森. 论指称 [C]. 马蒂尼奇编，牟博等译. 语言哲学. 北京：商务印书馆，1998，p.453.

④ 作者采用了复旦大学博士孔慧的译法，将 identify 译为确认。将 the principle of identification 译为确认原则，笔者认为这种译法较之识别原则的译法语气更强，能更好地说明塞尔的思想。

的指称（consummated reference）和成功的指称（successful reference）。[①] 完全实现的指称指听话者毫无歧义地确认了指称对象的情况。成功的指称是指，如果这种指称对象没有被听话者无歧义地确认，而说话者又的确根据需要做了指称的情况。完全实现的指称和成功的指称有点类似言语行为中的以言取效和以言行事。[②] 成功的指称具有完全实现指称的潜力，但在我们做出指称时，完全实现的指称比成功的指称更重要。

塞尔认为，为了令语词表达式成为一个完全实现的指称，让说话者把指称对象传达给（communicate）听话者[③]，一定要存在说话者企图确认的对象，并且说话者的话语表达式一定要充分对它确认。[④] 这两个条件分别被塞尔称为存在原则 (the principle existence) 和确认原则。这两个原则的具体表述如下：

1. 有且只有一个对象，说话者的话语表达式对它适用。

2. 说话者的表达式一定要使听话者具有充分手段确认出那个指称对象。

这两个原则是执行完全实现指称的必要条件（以下称条件 1、条件 2）。塞尔建议再将第一个条件分为两部分：[⑤]

1a. 至少存在一个对象，说话者的话语谓词对它适用。

1b. 至多存在一个对象，说话者的话语谓词对它适用。

塞尔分析，要满足条件 1a 很容易，因为包含描述成分的表达式或者是、或者包括了一般词项，例如“给孩子讲故事的那个男子”。此时，至少有一个对象“男人”满足描述成分是没有问题的，因此 1a 条件得到满足。但是，满足条件 1b 并没那么简单，人们往往会仿照 1a，把定冠词（the）看成对条件 1b 的满足，罗素就持有这种观点。塞尔认为满足条件 1b 并不是定冠词的功能，而是通过描述语加上语境实现的。因为定冠词可以指不只一个的“那些”或“这些”对象。在拉丁语和俄罗斯语中压根

① John R. Searle, *Speech Acts: An Essay in the Philosophy of Language*, Foreign Language Teaching and Research Press, Cambridge University Press,2001, p.82.

② 每一对的前一个处于成功交流的层面上，后一个处于说话者表征层面上。

③ 为了符合汉语习惯，与塞尔本意一致，作者把 communicate 译成传达，把 communication 译成交流。

④ John R. Searle, *Speech Acts: An Essay in the Philosophy of Language*, Foreign Language Teaching and Research Press, Cambridge University Press,2001, p.82.

⑤ John R. Searle, *Speech Acts: An Essay in the Philosophy of Language*, Foreign Language Teaching and Research Press, Cambridge University Press,2001, p.83.

就没有定冠词。①

塞尔认为，满足条件 1b 相对困难。条件 1b 是否成立取决于两个方面：①说话者打算通过确认，指称具体对象；②描述语仅适用于唯一的对象。为了说明条件 1b，塞尔采用了先说明条件 2 的策略。

条件 2 是说，听话者可以从说话者的表达式中确认指称对象。注意，此处的"确认"是对"哪一个""谁"问题的回答。如果我们在锁定了指称对象后，仍然问"谁""什么"，这不是在确认，也不是在锁定指称对象，而是在要求说话者对指称对象做进一步说明，目的是想知道关于指称对象的更多信息，就像当我说"对我实施抢劫的男人有六尺高"时，尽管警察知道我的所指，仍然可能会要求我从众多的犯罪嫌疑人中去辨认。

塞尔认为，尽管描述语有可能适用于很多对象，但是，在具体的话语语境中，说话者还是认为说出的描述语能够充分确认出那个对象。② 结合语境，如果这种确认是充分的，那么条件 2 就得到了满足。如果这种确认不充分，听话者不知道说话者的指称对象，那么听话者便可以合理地问"是谁""是哪一个"，这时说话者需要给出一个无歧义的回答。如果说话者不予回答，他就没有向听话者确认具体的指称对象，指称就不是一个完全实现的指称。只有构成了确认的描述成分才是完全实现指称的必要条件。

塞尔认为，在极端情况下构成确认的描述分为两类，分别是指示给出（demonstrative presentations）和唯一适用于对象的一般词项给出（general term presentations）。③ 前者的例子如用手指着说"那，在那儿"，后者的例子如"110 米栏比赛中以 12 秒 87 的成绩摘得冠军的中国选手"。塞尔接着指出，这两个例子只是两种极端情况，实际应用中大多数描述语是由指示给出和一般词项给出混合组成，如"那，昨天我见到的那个人"。所以，指示表达式、一般词项描述语和两者的混合穷尽了所有情况。

塞尔指出，满足条件 2 的确认原则明显依赖说话者的如下能力，即说话者说出他打算指称的对象唯一被满足的表达式。④ 试想指示代词通过直

① John R. Searle, *Speech Acts: An Essay in the Philosophy of Language*, Foreign Language Teaching and Research Press, Cambridge University Press, 2001, p.84.

② John R. Searle, *Speech Acts: An Essay in the Philosophy of Language*, Foreign Language Teaching and Research Press, Cambridge University Press, 2001, pp.84-86.

③ John R. Searle, *Speech Acts: An Essay in the Philosophy of Language*, Foreign Language Teaching and Research Press, Cambridge University Press, 2001, p.86.

④ John R. Searle, *Speech Acts: An Essay in the Philosophy of Language*, Foreign Language Teaching and Research Press, Cambridge University Press, 2001, p.86.

指方式给出指称对象的情况：说话者手指着对象说"这个"，我们有可能不知道他到底指的是物体的颜色、形状还是物体的某部分。所以，满足所指，需要说话者能够按照要求，为这种指称做出进一步的补充说明。

解释了条件 2 之后，塞尔转向了对条件 1b 的说明。至多存在一个对象满足话语表达式（即条件 1b），意味说话者打算用这个表达式指称唯一的某对象。表面上看，这是 1b 对唯一性的要求，与条件 2 无关。但是，塞尔认为，即使事实上说话者做不到条件 1b，他也完全明白自己心中的所指。说话者可以独立于确认对象的描述语而意指一个对象，例如，哑巴有自己的方式意指对象。所以，塞尔得出，满足条件 1b 和说话者的确认能力本质上是等效的（equivalent）。① 弗雷格说："主词和谓词（逻辑意义上的）只是我们思想的构成成分，它们和知识处于同一个层次，一个人通过组合主词和谓词的方式表达出（reach）他的思想。"② 意指一个对象，区分出其他对象是我们的一种精神运动（a movement of the soul）。如果从言语行为只是人类理性行为中的一种，指称表达式又只是人类言语行为的一部分来看，我们一定能够把指称具体对象的意向（intention）落实到对描述语的使用上。换言之，对于听话者，如果有适当的语境和恰当的知识，说话者能够保证（guarantee）运用确认描述语或补充的确认描述语使条件 1b 得以满足。

塞尔认为，确认原则（条件 2）是存在原则（条件 1）的一个推论。③ 因为存在语话表达式唯一适用对象的必要条件是，说话者能够确认出那个指称对象。确认原则实际上仅是可表达性原则（所有能够意味的东西都可以被说出）的一种特例。确认原则是说：任何一个具体对象都可以通过话语表达式的方式给出——凡被打算的东西，都可以被说出。塞尔把确认原则（条件 2）改写成了：

2. 或者主词表达式是确认描述语，或者说话者一定能够按要求给出确认描述语。④

---

① John R. Searle, *Speech Acts: An Essay in the Philosophy of Language*, Foreign Language Teaching and Research Press, Cambridge University Press,2001, p.87.

② Gottlob Frege, On Sinn and Bedeutung, in Michael Beaney(ed), *The Frege Reader*, Blackwell Publishing,1997, pp.151-171, p.158.

③ John R. Searle, *Speech Acts: An Essay in the Philosophy of Language*, Foreign Language Teaching and Research Press, Cambridge University Press,2001, p.87.

④ John R. Searle, *Speech Acts: An Essay in the Philosophy of Language*, Foreign Language Teaching and Research Press, Cambridge University Press,2001, p.88.

塞尔的限定描述语理论

1. 从罗素的描述语理论开始

单称限定描述语是具有形如"如此这般的那个某某"的表达式。例如，世界上最高的山峰，当今的法国国王等。罗素运用逻辑工具，把单称限定描述语处理为含有存在量词的谓词表达式，而"存在"就是约束变量的值。罗素的理论被人们称为描述语理论（也叫摹状词理论）。例如，"当今的法国国王是秃子"，它可以被改写为命题"有且只有一个人是法国国王并且他是秃子"，"至多存在一个人是当今法国国王，至少存在一个人是法国国王，并且他是秃子"。其谓词表达式形式是：$(\exists x) (Fx \wedge (\forall y) (Fy \rightarrow y = x) \wedge Gx)$。

塞尔的指称描述语同罗素的指称描述语之间的关系，类似于日常语言中的"如果"同"实质蕴涵"中的"如果"之间的关系——后者可以看作对前者在保留了某些特征，舍弃了其他一些特征后的分析。[①] 塞尔把罗素的理论推广到日常语言后指出，该理论不但无法适用于诸如疑问、命令、请求等多种言语行为，就仅仅用在断句上而言，也是错误的。

塞尔自称他关于描述语的指称思想源于弗雷格在《论概念和对象》中对自然语言的分析。弗雷格认为，指称表达式的含义（sense）是指称对象的（referent）表述模式。[②] 塞尔觉得那就是描述语起作用的方式。[③]

塞尔认为，在实际生活中，人们并不倾向于或不会说断定句"当今法国国王是秃子"是真的或假的，人们是否说"当今法国国王是秃子"是假的或无意义的并不重要，只要我们理解这种话语出错的方式就够了。但是，罗素的描述语理论强迫我们做出"语句或真或假"的断定，导致如下两种情况的混淆：一方面在单称主谓陈述中，谓词不适合主词表达式的指称对象，因而使得句子的真值为假；另一方面由于主词表达式没有指称对象，所以句子的真值为假。换言之，如果我们把谓词不适合主词的假称为"内部假"，把没有指称引起的假称为"外部假"，那么罗素的理论无法解释陈

---

① John R. Searle, *Speech Acts: An Essay in the Philosophy of Language*, Foreign Language Teaching and Research Press, Cambridge University Press, 2001, p.157.

② Gottlob Frege, On Concept and Object, in *Translations from the Philosophical Writings of Gottlob Frege*, Peter Geach and Max black ed, Basil Blackwell Oxford, 1960, pp.42-55, p.51.

③ John R. Searle, Russell's Objections to Frege's Theory of Sense and Reference, *Analysis*, vol. 18, No.6(Jun., 1958), pp.137-143, p.141.

述的"内部假"与"外部假"问题。①

笔者基本同意塞尔的看法。依据上文塞尔关于成功指称的存在原则，成功的指称必须存在着一个指称对象，如果表达对象存在的命题是"外部假的"，那么包含了这种指称表达式的断定也是"内部假的"。塞尔指出，表达断定作为一种以言行事行为，限定描述语的成真条件并不是断定句的要旨。

从"说话就是做事"的意义上说，断定与命令、疑问一样只是以言行事类型的一种，而指称只属于以言行事的一个组成部分——只是命题行为的一个组成部分。以言行事的形式是 F(p)，命题内容 p 又可表示为 (R,P)，其中 R 代表主词，P 代表谓词。如果我们按照罗素把 R 处理为对对象存在的断定，它显然不是我们以言行事的要旨。

塞尔分析，如果我们抛开断定的言语行为，集中考虑其他言语行为中的指称问题，罗素描述语理论的问题会更加明显。例如，S 问："法国国王是秃子吗？"我们可以用如下两种方式将该话语符号化：

1. $\vdash [(\exists x)(Fx \wedge (\forall y)(Fy \rightarrow y = x)] \wedge ? \ [Gx)]$

2. $? \ [(\exists x)(Fx \wedge (\forall y)(Fy \rightarrow y = x) \wedge Gx)]$

$\vdash$ 表示断定的力量，? 表示疑问的力量。

塞尔说这两种形式都是荒谬的。② 对于第二种形式，"我们可以合理地认为所有使用限定描述语的人都是在问限定描述语的指称对象存在吗？"如果疑问的话语不明显，命令的话语更能凸显问题。例如，S 说"把这个东西拿给法国国王"，S 的话命令了有且只有一人是法国国王了吗？显然没有。此外，塞尔认为按照罗素的分析，说话者还可能产生自相矛盾。例如，"假如《威弗利》的作者没有写《威弗利》"，这句话在日常交流中是句有意义的假设，但按照罗素的理论，经过转换变成了"假如有且只有一个对象写了《威弗利》，并且该对象没有写《威弗利》"。转换后的语句显然变得相互矛盾。③

2.归属性使用（attributive use）和指称性使用（referential use）

众所周知，唐奈兰也是罗素描述语理论的反对者，他在《指称和限定

---

① John R. Searle, *Speech Acts: An Essay in the Philosophy of Language*, Foreign Language Teaching and Research Press, Cambridge University Press,2001, pp.158-159.

② John R. Searle, *Speech Acts: An Essay in the Philosophy of Language*, Foreign Language Teaching and Research Press, Cambridge University Press,2001, p.161.

③ John R. Searle, *Speech Acts: An Essay in the Philosophy of Language*, Foreign Language Teaching and Research Press, Cambridge University Press,2001, pp.161-162.

描述》一文中提出限定描述语有归属性用法和指称性用法之分。[①]他用举例的方法说明了这种区别。例如，史斯密被某个不为人知的凶手残忍杀害了，面对史斯密的残状，我们可能说"杀害史斯密的凶手是疯狂的"，这里的"杀害史密斯的凶手"并不指某个具体的人，而是指杀害史密斯的任何人，这种使用就是归属性使用。但是，如果我们在法庭上看着因被指控杀害史密斯而正在受审的琼斯，面对他奇怪的举动，我可能会说"杀害史密斯的凶手是疯狂的"，此时"杀害史斯密的凶手"指的是正在受审的我们面前的琼斯，即使实质上琼斯是冤枉的，我也不是在指一个真正杀害史密斯的凶手，这种使用被唐奈兰称为指称性使用。在表达断定的话语中，指称性使用同归属性使用的区别关键是，前者是否适用于我们的指称对象并不重要，只要说话者使用的描述语能够让听话者认出正在谈论的对象，听话者就可以对陈述的真假做出判定。但是，如果作为后者使用，当描述不适合任何对象时，整个断定话语的"真"便是不可能的。因此，唐奈兰得出罗素的描述理论只适用于归属性使用，不适合指称性使用。

在唐奈兰看来，如果说话者指称性地使用一个限定描述"the φ"，一定存在某个实体 e，对 e 来说如下四个条件成立：

(1) 不论 e 实际上是不是 φ，说话者都指称 e。

(2) 不论 e 实际上是不是 φ，说话者都说出了关于实体 e 的或真或假的东西（假如其余的言语行为都是合理的）。

(3) 使用"the φ"，说话者预设或暗示了 e 是 φ。

(4) 在报道说话者的言语行为时，正确的说法是，说话者说了一些关于 e 的东西，并且说话者除了用"the φ"或它的同义词之外，还可以使用其他的表达式。

如果以归属的方式使用限定描述语，不会有这样的实体 e（说话者也没打算有这样的实体）。[②]

但是，塞尔认为，唐奈兰的这种区分会遇到如下反例：看着史密斯的惨状，说话者把"疯狂的"归咎于"杀害史密斯的凶手"时，实际情况却是史密斯在受到暴虐之后死于自然原因，但史密斯在死亡之前的确受到了猛烈攻击，而且说话者不知道这一点。这时，尽管没有对象满足"杀害史密斯的凶手"，说话者和听话者仍可能认为话语"杀害史密斯的凶手是疯

---

① Keith S. Donnellan, Reference and Definite Descriptions, *The Philosophical Review*, Vol. 75, No. 3 (Jul., 1966), pp. 281-304, p.285.

② Keith S. Donnellan, Putting Humpty Dumpty Together Again, *The Philosophical Review*, Vol. 77, No. 2 (Apr., 1968), pp. 203-215, p. 206.

狂的"为真。① 换言之，此时的归属性使用满足了上面给出的指称性使用的四个条件，但归属性使用却没有受到损害。唐奈兰的辩护是，这种情况属于"微小偏差"（near miss），它仍然不同于指称性使用。"当没有对象完全适合使用的描述时，归属性使用出现微小偏差，但是，在接近描述意义的某种含义上（in some sense）某个对象还是适合该描述的。但是，一种完全不同的'微小偏差'（指称性使用时出现的偏差）要与之区别开来，即说话者想指称的那个具体个体以稍不精确的方式（a slightly inaccurate way）被描述。"②

　　根据唐奈兰给出的区分条件和辩护，塞尔指出，唐奈兰对限定描述语的看法是：在指称性使用中，说话者想着具体的对象，所以在言语行为中指称那个对象，不论描述出现微小偏差还是较大偏差；在归属性使用中，说话者并不针对具体对象，因此，只有描述刻画了对象或微小偏差地刻画了对象时，陈述才是真的。③ 照唐奈兰的说法就是，"将微小偏差考虑进去并不会使这种区分变得模糊。总之，它帮助人们理解这种区分是什么"④。

　　塞尔分析，唐奈兰的归属性使用意指了说话者根本不是在指称。他举例说：

　　"假如在 1960 年，某人根据自己对共和党的政治知识预测说'1964年共和党总统候选人将是位保守派'。现在，由于保守派成员戈德华特最后获得了 1964 年的共和党提名，所以这个陈述是真的，并且以归属性使用的限定描述语用于戈德华特也是真的，（所以，）在罗素的描述中，限定描述语指称戈德华特是正确的，但是在唐奈兰看来，说话者不指称戈德华特，他实际上不指称（在识别或确认某个对象的含义上）任何人，因为他不知道谁将成为总统候选人，说话者的意思只是成为总统候选人的任何人都将是一个保守派。"⑤

　　总之，塞尔认为"微小偏差"在归属性使用中出现是对唐奈兰划分描述语类型的否定，他的关于描述的主要方面和次要方面的解释能够更好地

---

① John R. Searle, *Expression and Meaning: Studies in the Theory of Speech Acts*, Foreign Language Teaching and Research Press, Cambridge University Press,2001, p.139.

② Keith S. Donnellan, Putting Humpty Dumpty Together Again, *The Philosophical Review*, Vol. 77, No. 2 (Apr., 1968), pp. 203-215, p.209.

③ John R. Searle, *Expression and Meaning: Studies in the Theory of Speech Acts*, Foreign Language Teaching and Research Press, Cambridge University Press,2001, p.140.

④ Keith S. Donnellan, Putting Humpty Dumpty Together Again, *The Philosophical Review*, Vol. 77, No. 2 (Apr., 1968), pp. 203-215, p.210.

⑤ John R. Searle, *Expression and Meaning: Studies in the Theory of Speech Acts*, Foreign Language Teaching and Research Press, Cambridge University Press, 2001, pp.140-141.

解释描述语的指称问题。

3. 指称的主要方面和次要方面

前文我们谈到，说话者意义不同于语句意义，能够证明存在这种区别的例子是隐喻、反话和间接言语行为。在间接言语行为中，说话者不但意谓他所说的东西，还意谓了更多的东西，语句意义是话语意义的一部分，但是它没有穷尽话语的意义。[①] 在《间接言语行为》一文中，塞尔把言语行为分成了主要的以言行事行为和次要的以言行事行为。次要的以言行事行为由话语的字面意义表达，而主要的以言行事行为不由话语的字面意义表达。但是，主要的以言行事行为是通过执行次要的以言行事行为完成的。[②] 例如，说"你踩着我的脚了"，我不仅仅在说你踩着我的脚这样一个事实，而且还要求你把脚挪开。话语中我做了两个言语行为，主要的以言行事行为是要求你把脚挪开，次要的以言行事行为是声明你踩着我的脚了，前者通过后者而实现。

塞尔用间接言语行为作类比，指出我们用限定描述语对物体做出指称时，往往有能够指称物体的很多方面。如同间接言语行为中我们用说出话语的字面意义意味更多的东西一样，我们也能够只选择用于指称物体的一个方面来指称对象。塞尔认为，所谓能够指称物体的方面，就是即使说话者和听话者相信它对于对象来说是错的，也必须能够使听话者挑选出那个对象。[③] 例如，我对我的听话者说"那个国王"，但是我和我的听话者都知道他是个篡位者。类似的，当我说"杀害史密斯的凶手"，同样在指琼斯，站在那儿的男子，那个被指控谋杀的人，那个正被检察官盘问的人，那个举动奇怪的人等。此时，如果说话者选择用来指称对象的描述方面不能让听话者确认出对象，说话者还可以依靠其他的方面使听话者确认。在指称性用法中，尽管实际使用的表达式不适用于说话者的指称对象，总存在着能够为该对象满足的其他方面。如果任何方面都不能为对象所满足，则含有这种指称的陈述便不可能是真的。例如，我说"杀害史密斯的凶手是疯狂的"，这时我和我的听话者都在看着那个人，可能都认为该陈述对那个人是真的。如果那个人没杀害或根本没人杀害史密斯，那么，我的指称可能依靠另一个方面，如"我们俩正看着的那个人"，这时，当我说"杀

---

① 塞尔.隐喻，A.P.马蒂尼奇编，牟博、杨音莱、韩林合等译.语言哲学.北京：商务印书馆，1998，p.838.

② John R. Searle, *Expression and Meaning: Studies in the Theory of Speech Acts*, Foreign Language Teaching and Research Press, Cambridge University Press, 2001, pp.33-34.

③ John R. Searle, *Expression and Meaning: Studies in the Theory of Speech Acts*, Foreign Language Teaching and Research Press, Cambridge University Press, 2001, p.144.

害史密斯的凶手"时，不管他有没有杀害史密斯，我指的都是我们俩正在看着的那个人。但是，如果我们没有同时看着任何人，我也还有其他的方面可以依赖。例如，我可以解释说："尽管没有人杀害史密斯，我们也没有同时看着任何人，但我想指的是那个被检察官指控杀害史密斯的那个人，我的意思是：他是疯狂的。"我们可以不断地重复这个过程，直到最终面临两种情况：一、没有任何对象满足所指的方面。此时，包含该指称的陈述便不可能是真的。二、如果有对象满足所指的方面，这时包含该指称的陈述，其真值取决于那个对象是不是疯狂的。塞尔认为这种解释概括了唐奈兰指称性使用的所有例子。所以，假如意图非常清楚，说话者也明白自己的意思，尽管用于指称的描述没有被"心中的"对象所满足或没有被任何对象满足，但是在所有指称描述的集合中，一定存在着某个方面，使得（1）没有任何对象满足它，说话者心中没有对象，所以该陈述不可能为真；或者（2）某个对象满足了它，该陈述的真假依赖于归属于对象性质的真假。模仿对间接言语行为的区分，塞尔把上面第（2）种情况中，对象依赖的那个方面称为主要方面，与它相对的方面称为次要方面。

塞尔认为，次要方面不能作为说话者陈述的真值条件，陈述中起真值条件作用的是指称的主要方面。① 例如，我说"那边那个手里拿着香槟酒的男士很开心"，但是，如果事实上那个人杯子里不是香槟酒而是水，尽管我用的限定描述语不适用于他，我表达的东西对他来说仍然是真的，因为描述的主要方面是"那边那个男士"，次要方面是"拿着香槟酒的男士"，只有前者才出现在句子的真值条件中。如果"那边那个男士"也不能被满足，即没有对象满足描述，这个陈述不可能为真。

塞尔认为，所有指称性陈述必须具有主要方面就是要求这种陈述必须具有可说明的内容。② 如果话语"杀害史密斯的凶手是疯狂的"被认为是一个真陈述，事实上那个人却没有杀害史密斯，那么话语的意义一定不同于语句意义。只有完成指称的主要方面才出现在话语的真值条件中。指出主要方面和次要方面的方式是，听话者对说话者说："你说我们正在看着的那个男子是疯狂的，是正确的，但是，你认为他是杀害史密斯的凶手是错误的。"听话者的话语表明他接受了该陈述是在限定描述的主要方面做出的，否认了限定描述的次要方面。

① John R. Searle, *Expression and Meaning: Studies in the Theory of Speech Acts*, Foreign Language Teaching and Research Press, Cambridge University Press,2001, p.146.
② John R. Searle, *Expression and Meaning: Studies in the Theory of Speech Acts*, Foreign Language Teaching and Research Press, Cambridge University Press, 2001, p.148.

塞尔认为，唐奈兰所谓限定描述语的归属性使用仅仅是说话者话语包含指称的主要方面。如果没有对象满足指称的主要方面，该陈述便不可能是真的；如果某个对象满足了这个方面，该陈述的真假要取决于该对象是否具有说话者的谓词赋予它的那些性质。[①]换言之，在归属性用法的话语中，限定描述语恰好是指称的主要方面。

主要方面指称对象的情况有两种。一、说话者仅知道一个主要方面担保指称；二、说话者拥有担保指称的若干个方面，只让关键的一个出现在言语行为的满足条件中。说话者面对史密斯变形的尸体，由于不知道凶手的身份，而要把疯狂的性质归属于被指对象，除了说"杀害史密斯的凶手"之外，说话者没有其他的方面指称对象。这时，无论有没有"微小偏差"，不存在区分话语意义和句子意义的情况，因为没有任何其他方面用于指称的主要方面。

塞尔与唐奈兰的区别是，唐奈兰认为限定描述有指称性使用和归属性使用之分，指称性使用指称具体对象，归属性指称不指称具体对象；塞尔认为没有这种区分，只有指称的主要方面和次要方面之分，无论采用主要方面还是次要方面，限定描述语都用于指称。在塞尔看来，唐奈兰所谓的指称性使用（说话者指称）不过是描述语在次要方面下的指称，归属性使用（语义指称）不过是在主要方面下的指称。[②]采用指称的主要方面还是次要方面取决于说话者的能力和知识。

最后我们用举过的一个例子来说明塞尔和唐奈兰的以上区别。假如 S 在 1960 年的时候说"1964 年共和党的候选人将是保守派"，唐奈兰认为，即使最后证明，在 1964 年共和党人戈德华特成为了共和党候选人，S 在 1960 年时使用的限定描述语也不指称戈德华特，因为那时 S 不知道谁会成为共和党的候选人，所以不指任何具体的对象。塞尔认为，S 说话时的确有所指称，但正是由于 S 不知道哪一个共和党人将成为候选人，因此除了"1964 年的共和党候选人"用于指称之外，没有任何主要方面来完成指称。塞尔的证据是，设想到了 1964 年，共和党人戈德华特成了总统候选人，S 这时会说："瞧，现在回头来看，1960 年时我说 1964 年的共和党候选人是位保守派是正确的，因为 1964 年共和党候选人的确是保守派。"

[①] John R. Searle, *Expression and Meaning: Studies in the Theory of Speech Acts*, Foreign Language Teaching and Research Press, Cambridge University Press, 2001, p.148.

[②] 我在此引入克里普克的术语说话者指称和语义指称，因为我觉得这种说法清晰明了并且简单，最重要的是克里普克也承认他同唐奈兰的看法很难说是不一致的。见克里普克. 说话者指称与语义性指称.A.P. 马蒂尼奇编，牟博、杨音莱、韩林合等译. 语言哲学. 北京：商务印书馆，1998, pp.476.

比较与改进

塞尔正确地指出了，在唐奈兰理论中，归属性使用也会出现所谓的"偏差"，它也适用指称性使用的四个条件，因此导致指称性使用和归属性在使用时的混淆。

但是，塞尔把唐奈兰的归属性使用看作恰好表达了主要方面的指称性使用也有问题。[1] 例如，史密斯死前受到残酷虐待但并非死于虐待，而 A、B 两人不知道这一事实，面对史密斯惨状，假如 A 对 B 说"杀害史密斯的凶手是疯狂的"，唐奈兰和塞尔都倾向于认为该陈述为真。唐奈兰认为"杀害史密斯的凶手"是归属性使用，塞尔会认为"杀害史密斯的凶手"是指称的主要方面。但由于没有对象适用于"杀害史密斯的凶手"，所以也没有对象适用于塞尔指称的主要方面，因此，塞尔和唐奈兰的理论都不能解释该陈述是如何为真的。

塞尔说描述是否指称的主要方面还是次要方面取决于说话者的能力，同样是有问题的。根据塞尔关于指称必要条件的论述，说话者的能力只能保证限定描述语是成功的指称，无法保证它是完全实现的指称。进而言之，完全实现的指称除了说话者的能力要求外，还离不开交流双方对描述是否进行成功指称的判断。

笔者认为，描述语分为指称性使用和归属性使用本身没有问题，问题是唐奈兰对二者的理解有问题。笔者反对唐奈兰关于归属性使用不用于指称的观点，所以尝试为归属性使用与指称性使用做出一种新解释。

笔者认为，归属性使用和指称性使用在言语行为中都用于指称，但它们完成指称的方式不同——在这一点上，同塞尔的观点类似。归属性使用指称对象，具有从性质[2] 到对象的适应方向（向下的适应方向），为了和唐奈兰的归属性使用区分开来，我们把带有这种特征的描述语记为 D↓（D 为 description），D↓在指称时起决定作用的是性质。如果存在与这种性质相匹配的对象，则 D↓是成功的，如果不存在与这种性质相匹配的对象，则 D↓是失败的。同唐奈兰判断归属性指称的方式一样，罗素的描述语理论适用于 D↓。就罗素的理论只适用 D↓来说，笔者的 D↓用法又是和唐奈兰的归属性使用一样的。指称性使用也指称对象，但是指称性使用具有从对象到性质的适应方向，为了同唐奈兰的指称性使用相区分，

---

① John R. Searle, *Expression and Meaning: Studies in the Theory of Speech Acts*, Foreign Language Teaching and Research Press, Cambridge University Press, 2001, p.148.

② 确切说是描述语表达的性质。

我们把带有这种特征的描述语记为 D↑，D↑在指称时起决定作用的是对象。注意，在 D↑中，无论被描述的性质是否与对象匹配，都不意味指称失败（与唐奈兰和塞尔的看法不同），因为通过 D↑，说话者和听话者已经预设了被指对象，即使这种被预设的对象事实上不存在，D↑的适应方向也不受影响。换言之，在 D↑中被描述的性质是什么并不重要。就这一点而言，D↑的用法与唐奈兰的指称性使用仍是一样的。注意，当说话者和听话者在使用描述语时，只要两人预设了被指称的对象，这样的描述语一律属于 D↑。例如，A 对 B 说"杀害史密斯的凶手是疯狂的"，在唐奈兰那里"杀害史密斯的凶手"是归属性使用，而在笔者这里却属于 D↑的用法。

根据对唐奈兰描述语类型的以上修改，我们可以用 D↓、D↑来回应塞尔对唐奈兰的反驳。所谓出现"偏差"的归属性使用中实际上是 D↑而不是 D↓，因为，此时说话者和听话者不但都理解所说话语，而且已经预设了描述语的指称对象，当然，预设可能是错误的，例如，可能不存在"杀害史密斯的凶手"。

因为 D↑带有从对象到性质的适应方向，这就使得对象和描述之间的"偏差"和"吻合"都可能出现。在 D↑的使用中，无论出现还是不出现"偏差"，人们总可以根据对象来调整用于指称的语词。如果说话者意识到 D↑在描述时出现了"偏差"，根据塞尔的可表达性原则[①]，说话者总能找到与对象相匹配的限定描述语。所以，塞尔关于指称的次要方面对应着 D↑用法的"偏差"，主要方面对应着 D↑中"偏差"的消除。但是，对 D↑来讲，"吻合"和"偏差"在用来指称的结果上是相同的。

经过以上说明，我们用 D↑和 D↓概念完成了两个任务：一、把唐奈兰的指称性使用纠正为 D↑用法；二、把唐奈兰的归属性使用改为也用于指称对象，它对应着 D↓的使用。顺便指出，以下用到的指称性使用和归属性使用不再是唐奈兰的理解，而是分别对应 D↑和 D↓的用法。

接下来我们分析塞尔对罗素的反驳。如果撇开预设对象存在的指称性使用，仅考虑描述语的归属性使用，笔者认为，即便把罗素的理论推广到言语行为，塞尔对罗素的批评也并没有看上去的那样成功。根据前文的分析，塞尔认为罗素的做法荒谬的原因有两点：1.罗素的理论仅考虑陈述句中描述语的情况，没有使之包括陈述、疑问、命令等多种以言行事行为。2、罗素将单称限定描述语转变为含有"存在"量词的谓词表达式，使描

---

① John R. Searle, Austin on Locutionary and Illocutionary Acts, *The Philosophical Review*, Vol. 77, No. 4 (Oct., 1968), pp. 405-424, p.415.

述语的指称性用法变成了断定式的言语行为，而实际上限定描述仅是一个比断定小的指称（属于命题行为的组成部分）。

　　笔者认为，塞尔对罗素的批评既有可取之处，又有失误。塞尔把单称限定描述语推广到言语行为是值得肯定的，但是，认为描述语的指称不含有判断的力量又存在失误。具体讲，描述语在归属性使用时，利用罗素的描述语理论对指称对象做出判断并无不可。但是，由于这种指称判断不是说话者的以言行事要旨，所以我们在做出罗素式的处理时，有必要将对描述的指称判断与说话者以言行事的要旨区别开来。塞尔令人信服地说明了直接将罗素的理论推广到各种言语行为后出现的荒谬。例如，S 说出一句问话："当今法国国王是秃子吗？"以下两种形式化都是错误的：

(1) $\vdash [(\exists x)(Fx \land (\forall y)(Fy \to y = x)] \land ?\ [Gx)]$

(2) ? $[(\exists x)(Fx \land (\forall y)(Fy \to y = x) \land Gx)]$

　　将描述语的归属性使用直接转化为形式（1）中的表达断定的合取支确实不妥，因为它的确不是以言行事的要旨。但是，从我们需要对描述的指称做出确认的角度讲，（1）又是可取的，我们确实需要做出这样的判断，否则 D↓是如何实现指称的呢？有鉴于此，笔者建议在诸如（1）那样的形式表达式前面加上字符 R（R 表示用于指称），并将 ⊢ 变为 R 的下标（$R_\vdash$ 标明它是对描述的指称判断），以此作为将罗素的理论推广到各种言语行为中去的方法。这既解释了 D↓包含对指称对象的判定，又标明了这种判定不是以言行事的要旨。例如，上例的"当今法国国王是秃子吗？"可以符号化为：

$R_\vdash [(\exists x)(Fx \land (\forall y)(Fy \to y = x)] \land ?\ [Gx)]$

　　众所周知，只有当 $R_\vdash [(\exists x)(Fx \land (\forall y)(Fy \to y = x)]$ 的值为不为假时，该以言行事才是一个成功的提问，否则就是不成功的。如果将 $R_\vdash$ 的量词公式用在陈述句，这种罗素理论的改进形式也能够清楚区分塞尔所谓的"内部假"和"外部假"，不会出现"内部假"和"外部假"的混乱，例如，"当今法国国王是秃子"，它的假为外部假，因为 $R_\vdash [(x)(Fx \land (\forall y)(Fy \to y = x)]$ 的值为假。

　　再来看话语"假如《威弗利》的作者没有写《威弗利》"的情况。利用描述语理论的改进形式，我们把它符号化为：

$R_\vdash [(\exists x)(Fx \land (\forall y)(Fy \to y = x)] \land IM\ [\neg Fx)]$　　IM：image

　　这句话的以言行事要旨是设想，但是对指称对象的肯定（但不是要旨）是做出这种设想的前提。改进后的形式能够很好地反映出这句话表达的意思，但不会出现罗素式符号化带来的矛盾。

塞尔的对罗素的反驳之所以错误，就是因为他放弃罗素理论的同时，也放弃了被归属性使用的 D↓，犯了"泼脏水连孩子也泼了出去"的错误。

　　让我们回到前文的例子。假设 S 在 1960 年的时候说"1964 年共和党候选人将是位保守派"，并且事后证明，保守派成员戈德华特获得了共和党提名。唐奈兰认为"1964 年共和党总统候选人"属于归属性使用，罗素的描述语理论对它适用；塞尔认为即便在 1960 年说出话语时，也是指称性使用，并且指称戈德华特，只不过，在 1960 年时 S 对戈德华特的描述手段太少，甚至仅此一种。

　　笔者赞同唐奈兰而反对塞尔，即以上描述语的使用属于 D↓而不属于 D↑，塞尔本人也承认描述语全是指称性使用会产生一种奇特现象。例如，如果在 1910 年的时候，有人对戈德华特的母亲说："戈德华特夫人，您最小的儿子想喝牛奶。"那么，根据同一指称的替换原则，他的如下说法也是正确的："戈德华特夫人，1964 年共和党总统候选人想喝牛奶。"这种替换显然是荒谬的。塞尔辩解说："由于所有指称都是在某些方面下做出的，因此，用说话者实际没有使用的报道指称对象，或使用不知道指称对象也满足其他方面因而不可能使用的方面报道指称对象，是误导的或彻底错误的。"[1] 但是，塞尔的同一性原则告诉我们：如果一个谓词对于一个对象是真的，那么，任何表达式只要表达了同一个物体，该谓词对它也是真的。[2] "误导的和错误的"显然与同一性原则发生了矛盾。

　　综上所述，笔者认为，一个正确的描述语理论应当是：保留唐奈兰关于指称性使用和归属性使用的划分，把指称性使用的描述语理解为 D↑，把归属性使用的描述语理解为 D↓，改进后的罗素理论适用于 D↓，用 D↑来说明塞尔关于指称的主要方面和次要方面。这种方法既克服了塞尔对罗素方法的指责，也解决了唐奈兰方案中的"偏差"；既吸收了罗素、唐奈兰和塞尔理论的各自长处，又避开了他们各自的不足。

---

①　John R. Searle, *Expression and Meaning: Studies in the Theory of Speech Acts*, Foreign Language Teaching and Research Press, Cambridge University Press,2001, pp.152-153.

②　John R. Searle, *Speech Acts: An Essay in the Philosophy of Language*, Foreign Language Teaching and Research Press, Cambridge University Press,2001, p.77.

第四节 真理：对塞尔符合论的再思考

真理符合论的基本思想最早可追溯到亚里士多德，他在《形而上学》中表达了这样的思想："说存在者不存在或不存在者存在的人为假；另一方面,说存在者存在和不存在者不存在的人则为真。"[①] 二十世纪二十年代,逻辑经验主义的领军式人物罗素和维特根斯坦提出,"真"是命题与事实的符合。真理符合论非常接近人们的直观,几乎被人们不假思索地接受。奥斯汀继承了符合论思想,在《真理》一文中从技术上为符合论提供了一种详细说明。[②] 但是,由于斯特劳森对奥斯汀针锋相对的反驳和批判,使得真理符合论的可接受性大受质疑。作为奥斯汀的学生,塞尔同其老师一样持有符合论立场。塞尔认为,尽管奥斯汀解释中的某些论据是错误的,斯特劳森给予的反驳的确也是合理的,但奥斯汀解释上的错误并没有证伪真理符合论。[③] 通过对真、事实等概念的词源学考察和对斯特劳森反驳的逐一回应,塞尔构造出了一种更为"温和"的符合论解释。塞尔对真理符合论的解释再次引出了科学哲学界如何评价符合论问题：我们是像朱利安·多德（Julian Dodd）那样彻底反对符合论[④],还是同情地接受或部分承认真理符合论？通过对真理符合论的考察和对塞尔辩护的分析,笔者发现,虽然塞尔对符合论的解释尚有不严密之处,从塞尔的论证前提或许不能必然推出真理符合论,但塞尔的工作的确使符合论摆脱了奥斯汀的困境,为这种理论提供了一种新的辩护维度。本文不仅旨在厘清塞尔对斯特劳森反驳的回应及其对符合论的辩护,还将为塞尔的辩护给出一种方法论上的说明,这样做的结果并不是希求读者把符合论看作唯一正确的真理观,而是想以此唤起人们对真理符合论的更多关注和思考。

塞尔论真理符合论

公允地说,人们有不只一种真理符合论版本，由于表述不同，彼此也

---

① 亚里士多德著，苗力田译，形而上学，北京：中国人民大学出版社，2003, p.80.

② J. L. Austin, Truth, *Proceedings of the Aristotelian Society*, Supplementary Volumes, Vol. 24, Physical Research, Ethics and Logic (1950), pp. 111-128, pp.111-128.

③ John R. Searle, Truth: A Reconsideration of Strawson's Views, in *The Philosopher* of P. F. Strawson, ed by Lewis Edwin Hahn, ILLINOIS: The Library of Living Philosopher, 1998, pp.385-401, pp.396-397.

④ Julian Dodd, *The world is The totality of Things, not of Facts: A Strawsonian Reply to Searle*, Ratio, Volume 15, Issue 2, June 2002, pp. 176–193, pp. 176-193.

不完全相同。^①一种常见的真理符合论有如下特点：一个陈述是真的，当且仅当世界上存在着一个事态、事实或条件，凭借或因为它该陈述为真。一个陈述为真是因为独立于该陈述的事态或条件为真。例如，如果我说"2013 年 11 月 8 号，台风海燕造成菲律宾上万名民众死亡"，该陈述是真的，当且仅当菲律宾在 2013 年 11 月 8 号，存在造成这种伤亡的灾害天气。之所以带上"一般地"，是因为陈述还有自指情况。满足自指陈述的事实或条件并不独立于陈述，而是陈述的一部分，这种陈述也有为真的情况，如"我这句话是用汉语写成的"。此外，真也涉及语言表征的精确性问题，它容许有一定的度。^②如真陈述"地球与太阳的距离为 1.5 亿公里"，句中的数字并不十分精确。塞尔认为，虽然某些特殊情况会引起表述上的变化，但这并不会削弱符合论的基本直觉。^③我们仍然可以把符合论的直觉思想表述为：当一个陈述为真时，它的真凭借某些使它为真的东西。或者换一句更为质朴的表述：

一个陈述是真的，当且仅当它符合事实。

塞尔认为这种表述不是对"真"的定义，只是对"真"的解释，为使对"真"的解释更加清楚，对表述中"符合""事实"做出进一步说明十分必要。^④塞尔的解释借用了塔斯基的 T 语句等值式：

s 是真的，当且仅当 p。^⑤

在塔斯基的解中，s 是句子的名称，我们可以用加引号的方式表示，如"雪是白的"；p 可以由语言中的任何由"真的"这个词所指称的句子代替。T 语句也被称为"真"的去引号标准。例如：

"雪是白的"是真的，当且仅当，雪是白的。

与塔斯基的解释不同，塞尔将 p 视为是对 s 的翻译或解释。^⑥例如：

"Snow is white"是真的，当且仅当，雪是白的。

---

① 符合论的两个基本前提是：(i) 存在着独立于心灵的客体（主体认识的对象），(ii) 人的认识可以到达客体。客体可以是"绝对理念""物质世界""感觉经验"等。（见陈波 . 逻辑哲学导论 . 北京：中国人民大学出版社，2000，pp. 187-188.）

② John R. Searle, *The Construction of Social Reality*, New York: Simon & Schuster Inc.1995, p.200.

③ John R. Searle, Truth: A Reconsideration of Strawson's Views, in *The Philosopher* of P. F. Strawson, ed by Lewis Edwin Hahn, ILLINOIS: The Library of Living Philosopher, 1998, pp.385-401, p.387.

④ 约翰·塞尔著，李步楼译 . 社会实在的建构 . 上海：上海世纪出版集团，p 169.

⑤ Alfred Tarski, The Concept of Truth in Formalized Languages, in *Logic, Semantics and Metamathematics*, Oxford: Oxford University Press, 1956, pp.152-278, p.155.

⑥ 约翰·塞尔著，李步楼译 . 社会实在的建构 . 上海：上海世纪出版集团，2008, p.170.

在塞尔的新释中，左边引号指定一个句子，右边是左边句子为真时，必须满足的条件。也就是说，右边就是使左边句子（如果为真）为真的东西。对于这种变异得来的去引号标准，我们需要说明两点：首先，句子的真要凭借处在句子之外的满足条件；其次，在很多情况下，人们是通过重复句子的方式给出使句子为真的条件的。

塞尔说，如果我们用一个名词或名词短语来命名使句子为真的条件，即表示 T 语句右边指定的这些真的创立者（truth makers），那么"事实"就成了表示真值条件的一般语词，"符合"就是使句子凭借事实得以成真方式的一般语词。[①] 按照这种"真"的去引号标准，加上对"事实"和"符合"的这种理解，该解释颇为自然地蕴含了真理符合论，因为如果 T 语句左边引号中的句子是真的，那么它一定符合右边的事实。至于如何恰当地理解"事实""符合"，我们将在本节第三部分细述。经过以上说明，我们可以把塞尔对真理符合论的解释做如下梳理：

1.T 语句左边去引号。

s 是真的，当且仅当 p。

2.恰当地替换（1）中的 s、p。左边指定的句子是真的，当且仅当 T 语句的右边指定了被满足的条件。

3.当 T 语句右边的条件被满足时，我们引入一个一般名词"事实"。

4.当 T 语句的左边为真时，它与事实关联的方式动词我们称为"符合"。

5.结合步骤 1—4，真理符合论最终可表示为：

对于任何 s，s 是真的，当且仅当，s 符合事实 p。

注意，塞尔的"符合论"并不打算不用语义概念定义"真"。如果因为上面使用了语义上含蓄的"事实""符合"这样的概念，而把它看作以非语义方式对"真"的化归定义（reductive definition），则该符合论的说明必定是循环的，并且"事实""符合"也不会比"真"本身更清楚。

斯特劳森的反驳

六十多年前，斯特劳森和奥斯汀围绕真理和事实展开了一场关于符合论的激烈论战，斯特劳森对符合论的反驳主要有如下几点：[②]

---

① John R. Searle, *the construction of social reality*, New York: Simon & Schuster Inc.1995, p.202.

② P. F. Strawson, *Truth, Proceedings of the Aristotelian Society*, Supplementary Volumes, Vol. 24, Physical Research, Ethics and Logic (1950), pp.129-156, pp. 129-156.

反驳 1：

符合论无法解释形式不同于直言陈述的否定、假言和反事实陈述。[①]
根据符合论观点，世界是事实的总体，全部实在就是世界，一个命题就是
一个与世界具有投影关系的命题记号，命题包括投影所包括的一切。[②] 例
如：当"猫在垫子上"为真时，一方面我具有这个陈述，另一方面我们又
有世界上的这个事实。斯特劳森指出，符合论者总是拿出那些受支持的事
实作例子，实际上"长期为人熟知的其他类型的事实呈现出很多困难：例
如下面这些事实：猫不在垫子上；有些猫是白猫或猫残害老鼠；如果你给
我的猫一个鸡蛋，那么它将会打碎它并吃了它的黄。考虑涉及否定的最简
单事实，描述约定（conventions of description）把语句'猫不在垫子上'
和什么样的事态关联了呢？只和垫子关联吗？和垫子上的狗关联还是和树
上的一只猫关联呢？"[③]

据说罗素在给维特根斯坦的信中曾问他，存在着否定事实吗？维特根
斯坦断然回答：没有。所以，斯特劳森的这个反驳是任何符合论者无法绕
开的问题。

反驳 2：

在同奥斯汀的论战中，斯特劳森认为符合论无法解释语言和实在
（reality）的关系，因为事实这个概念本身包含语词—世界的关系（word-
world relationship）。斯特劳森的意思是人们抛不开一个真陈述而识别事
实。为了述说一个陈述符合哪个事实，人们必须述说这个陈述本身，如果
陈述是真的，事实就不是陈述与之符合的非语言东西，语词"事实"已
经渗透了语言。有时候，斯特劳森把事实描述为真陈述关联的虚假材料
（pseudomaterial correlates）。[④]

换言之，因为我们无法识别出事实和陈述两种独立部分，所以在事实
和陈述之间并不存在真正的符合或其他任何关系，事实没有独立于真陈述
的存在模式。当我们问哪些事实的时候，回答的唯一方式就是给出一个真
陈述。在斯特劳森看来，陈述和事实关联的正确模式不是表征和被表征的

---

① 陈述相当于斯特劳森文中的命题。斯特劳森说，我不是一位改革者，我仍安心于使用我
的命题，见 P. F.Strawson, Reply to John R. Searle, in *The philosopher* of P. F. Strawson, ed
by Lewis Edwin Hahn, ILLINOIS: The Library of Living Philosopher, 1998, pp.402-404.

② 维特根斯坦著，贺绍甲译. 逻辑哲学论. 北京：商务印书馆，2010, pp.25,29,32.

③ P. F. Strawson, Truth, *Proceedings of the Aristotelian Society*, Supplementary Volumes, Vol.
24, Physical Research, Ethics and Logic (1950), pp.129-156, p.154.

④ P. F. Strawson, Truth, *Proceedings of the Aristotelian Society*, Supplementary Volumes, Vol.
24, Physical Research, Ethics and Logic (1950), pp.129-156, pp.135,141.

关系，"事实"和"正确地陈述"更像是一个内在宾语和与之对应的动词，就像我们说"公牛队赢了"，就是在说"公牛队赢得胜利了"。胜利是描述赢的另一种方式。斯特劳森说："事实就是陈述为真时所陈述的东西，不是陈述所关于的东西。"①"陈述的事实不是世界上的东西，不是对象，甚至不是由一个或多个殊相和共相构成的复杂对象"，"总之，与陈述'符合'的事实是与陈述关联的虚假材料"。②

事实究竟是什么？塞尔说斯特劳森没有回答。塞尔还称赞斯特劳森没有说事实就是一个真陈述，是一种谨慎的态度，没有犯弗雷格那样的错误。③但是，需要指出的是，塞尔对斯特劳森的评判是有误解的，在什么是事实的观点上，斯特劳森和弗雷格一样，也有明确立场，他在《答塞尔》中明确了自己的观点："这就是事实之所是——一种真：像'符合'它或'适应'它的命题一样是一种抽象的内涵实体。"④与斯特劳森不同，塞尔认为，事实不同于真陈述，它是能够以某种方式起因果作用的东西。例如，"拿破仑认识到左翼危险的事实，导致他将部队向前推进"。塞尔说，我们不能说使拿破仑将部队向前推进的是一个真陈述，拿破仑认识到左翼危险的真陈述不会导致任何事情。⑤

奥斯汀的论述让人觉得，事实好像就是拥有某种特征的对象或对象的一种排列，他偏爱使用的例子是：事实"猫在垫子上"。但是，奥斯汀从来没有明确说事实就是对象的一种排列或对象拥有某些特征，不过他的例子一般属于这种类型。奥斯汀的这种论述方式导致了斯特劳森对符合论的第三种反驳。

反驳3：

奥斯汀为使符合论没有瑕疵，给出了一个不使用事实概念的符合论说明。在说明中，奥斯汀区分了两种不同的语言约定：把语词或语句与情况类型关联的描述约定（descriptive conventions），和把语词或语句与世界上

①　P. F. Strawson, Truth, *Proceedings of the Aristotelian Society*, Supplementary Volumes, Vol. 24, Physical Research, Ethics and Logic (1950), pp.129-156, p.136.

②　P. F. Strawson, Truth, *Proceedings of the Aristotelian Society*, Supplementary Volumes, Vol. 24, Physical Research, Ethics and Logic (1950), pp.129-156, p.135.

③　弗雷格认为事实就是一种真思想。G.Frege, Thoughts, in *The Frege reader*, ED by Michael Beaney, Oxford: Blackwell publishing Ltd, 1997, pp.325-345. 见 pp.328.

④　P. F.Strawson, Reply to John R. Searle, in *The Philosopher* of P. F. Strawson, ed by Lewis Edwin Hahn, ILLINOIS: The Library of Living Philosopher, 1998, pp.402-404, p.403.

⑤　John R. Searle, Truth: A Reconsideration of Strawson's Views, in *The Philosopher* of P. F. Strawson, ed by Lewis Edwin Hahn, ILLINOIS: The Library of Living Philosopher, 1998, pp.385-401, p.389.

的历史情况关联的指示约定（demonstrative conventions）。使用这两个概念，他对"真"的说明如下：

一个陈述是真的，仅当用指示约定关联的历史事态（陈述所指的事态）是以描述约定的方式关联的事态。[①]

奥斯汀并没有把一个陈述 p 的真建立在与事实 p 的符合上，他创造性地认为，陈述 p 的真是用指示约定将语句"p"与一种情况关联起来，而这种情况就是描述约定把"p"与之关联起来的情况。例如，s 在 t 时说"我正着急呢"，描述约定把这些语词与某人着急的情况关联起来，指示约定将这些语词与说话者 s 在 t 时的状态关联起来。奥斯汀似乎意识到，这种说明仅适用于某些限定的陈述。按照这种构想，为了明白一个陈述是否具有真的性质，你需要首先挑出用指示约定关联的历史事态，然后才能明白这种事态是不是陈述语句以描述约定关联的那种类型。所以，对象猫和对象垫子的历史事态以指示约定的方式被挑出，然后你才会明白它是不是猫在垫子上的那种类型，做陈述的句子是用描述约定关联的。

但是，苏珊·哈克（Susan Haack）曾指出：奥斯汀的困难在于它只能直接运用于索引性语句所做出的陈述，像"尤利乌斯·恺撒是秃子"或"所有骡子都是不生育的"这种句子由于不能在涉及不同情况的陈述中使用，所以指示约定就不起作用了。[②]

在同奥斯汀论战中，斯特劳森提出了与以上不同的对奥斯汀的反驳。斯特劳森指出：不可能有关联陈述和事态的约定，语词和语句的约定决定着话语中做出的陈述。他细致分析了奥斯汀可能给出的所有解释方式，证明它们都不会起作用，其中最重要的一点是：奥斯汀的解释只能适用于已知为真的陈述，如果陈述不是真的，就没有与之关联的"历史上的事态"。奥斯汀的解释必须重新表述以克服这种错误。[③] 例如，陈述"猫在垫子上"，如果人们用指示约定挑出一个情况，描述约定用于挑出了什么情况呢？指示约定能够挑出的情况就是唯一的一种情况：猫在垫子上，我们看不到它是否满足了描述约定。

---

① J. L. Austin, Truth, *Proceedings of the Aristotelian Society*, Supplementary Volumes, Vol. 24, Physical Research, Ethics and Logic (1950), pp. 111-128, p.116.

② Susan Haack, *Philosophy of Logics*, Cambridge: Cambridge University Press, 1978, p.93.

③ P. F. Strawson, Truth: A Reconsideration of Austin's Views, *The Philosophical Quarterly*, Vol. 15, No. 61, Oct., 1965, pp.289-301.

塞尔的回应和辩护

塞尔研究了语词"真的"（true）和"事实"的演变过程，给出了这两个词的词源学解释。他指出："真的"和"信任"（trust，trustworthy）有相同的词源，它们都来自于印欧语的"deru"（树）这个词根。真理（truth）意味着可信任性和可靠性，是对蕴含了可靠性陈述的评价。"事实"来自于拉丁语"factum"，它是"做"（拉丁语 facere）的过去分词，作为它的对应名词是指被做过的事情或既成事实（fait accompli）。事实本身和真陈述没有关系，但由于我们需要一个词来表达使陈述成为可靠的东西，我们就挑选了这个词，任何足以使陈述为真的东西都是事实。① 从词源学上研究了"真理"和"事实"的意义之后，塞尔逐一回应了斯特劳森对符合论的反驳，并对"符合事实"做了进一步解释。

回应 1：

认为否定、假言和反事实陈述等反映了符合论的困境是一种误解。塞尔给出的解释实质上就是我们在前面说过的去引号规则。他说："什么样的事实符合真陈述猫不在垫子上？显然是猫不在垫子上的事实。什么样的事实符合真陈述：如果猫在垫子上，那么狗就会咬它？明显是如果猫在垫子上，那么狗就会咬它的事实，如此等等。"他强调：每一个真陈述都有一个相符合的事实，不是因为上帝和大自然为我们提供了一个完美的预定和谐，而是因为我们演化了这些语词使得它们就是以这种方式被使用的。② 一旦我们不再错误地认为事实就是一个对象或对象的复合体，上面的例子对符合论来说就不再是问题。

回应 2：

斯特劳森认为事实与真陈述之间的关系表明，不可能存在着独立于真陈述的事实实体，如果不存在独立的两个实体，就不可能存在"符合"所指的关系。但是塞尔认为由于语词"事实"是用来指定世界上使陈述为真的那些条件的，因此，"事实"的用法和"真陈述"的用法之间具有一种

---

① John R. Searle, *The Construction of Social Reality*, New York: Simon & Schuster Inc.1995, p.210.

② John R. Searle, Truth: A Reconsideration of Strawson's Views, in *The Philosopher* of P. F. Strawson, ed by Lewis Edwin Hahn, ILLINOIS: The Library of Living Philosopher, 1998, pp.385-401, p. 395.

内在的匹配关系。[①]换言之，通过对语词"事实"发生学的考察，塞尔说明"事实"是用于命名世界中非语言条件的手段，这种非语言条件导致了像陈述这样的语言实体为真。塞尔指出，斯特劳森正确地说明了在真陈述和事实之间具有内在关系，却错误地认为这是对符合论的反驳。塞尔强调，一个事实就是一个如此这般的条件，有了事实我们才能说真陈述为真，词语"事实"是我们完成这种功能的语言手段，像猫在垫子上这样的事实表达的是世界上非语言的条件。因此，真陈述和事实的关系不是对符合论的反驳，而是它的一个结论。[②]

回应 3：

塞尔承认，许多数学者业已接受：奥斯汀使用指示约定和描述约定对符合论重新表述的企图并不成功。但塞尔认为对奥斯汀解释方式的反驳（或者对奥斯汀前提的归谬）并不能得出符合论本身是错误的。塞尔认为，虽然奥斯汀用于符合论的指示约定和描述约定是错误的，他掉入了依据对象和属性模型来说明真理的陷阱，但他对符合论的最初解释是对的，即一个陈述是真的，当且仅当它符合事实；斯特劳森虽然正确地看到，如果符合论意味着真理就是陈述符合世界中的对象或对象的复合体，那么它不可能是正确的，但斯特劳森据此完全放弃真理符合论却是错误的。[③]

根据塞尔的分析，人们对符合论的错误理解主要在于以下方面：符合论意味着陈述与复合对象的匹配关系；去引号不意味存在"真"的性质；否定陈述、假言陈述等说明了符合论的问题所在；符合论与去引号标准相矛盾等。塞尔认为克服这些误解的关键是必须对事实做出一个清晰的说明。

在塞尔看来，每一个真陈述都有一个与之符合的事实，事实是命名了世界上的那个非语言的关联物或条件，它们是世界的组成部分。事实是确定的、固定不变的，陈述在同样的方式上不是固定和确定的。换言之，陈述在世界中的哪些确定特征在构成它的成真条件上允许留有余地（slack）。这是我们觉得否定事实、假言事实存有问题的根本原因。例如，如果我说

---

① John R. Searle, Truth: A Reconsideration of Strawson's Views, in *The Philosopher* of P. F. Strawson, ed by Lewis Edwin Hahn, ILLINOIS: The Library of Living Philosopher, 1998, pp.385-401, p.395.

② John R. Searle, Truth: A Reconsideration of Strawson's Views, in *The Philosopher* of P. F. Strawson, ed by Lewis Edwin Hahn, ILLINOIS: The Library of Living Philosopher, 1998, pp.385-401, p.396.

③ John R. Searle, Truth: A Reconsideration of Strawson's Views, in *The Philosopher* of P. F. Strawson, ed by Lewis Edwin Hahn, ILLINOIS: The Library of Living Philosopher, 1998, pp.385-401, p.397.

"猫在垫子上"是真的，实际事实就是在某个具体的时空场点下，一只确定的猫在一个确定的垫子上。但是，如果我说"猫不在垫子上"，假定这个陈述是真的，却有无数的不同情景构成了"那只猫不在那个垫子上"的成真条件。人们常常有一种错误的冲动，觉得那只猫不在那个垫子上不是使该陈述为真的真正事实。真正的事实是什么呢？例如，可能是那只猫此刻正在厨房里。所以那只猫此刻在厨房里就是猫不在那个垫子上的条件，但是，这种条件的存在方式是通过特定时空场点下一只确定的猫的确定位置实现的。塞尔断言，正是由于这种错误冲动，才使得维特根斯坦鲁莽地回答了罗素的问题。[①]

塞尔正确地看到，语言的性质允许陈述在决定成真条件时留有余地，但是实在（reality）的性质不允许任何东西留有这种余地。严格讲，肯定陈述同否定陈述一样也有类似问题，如同猫不在垫子上的无穷多方式一样，那只猫在垫子上也有无穷多方式。但由于肯定陈述允许的余地较少，所以肯定陈述中的类似问题并没有像否定陈述那样干扰到我们。实质上，如同"猫不在垫子上"没有告诉我们猫在哪儿一样，"猫在垫子上"告诉了我们猫在哪儿，两者都是事实，只不过我们在单称肯定陈述中没有像在其他陈述中那样感受到这种冲突（tension）。

类似的，在语言的性质中允许假言陈述、反事实陈述、析取陈述等，但在实在的性质中，对应概念的事实都不能出现。产生这种冲突的原因是，一方面语词"事实"命名了实在中的条件，扮演着解释者作用；另一方面，"事实 p"还必须满足语言的语法需要，使事实以去引号的方式起作用。概言之，我们有时要求语词"事实"做一些不可能的工作，所以形成了深层次的哲学混乱。考虑如下情况：陈述"如果瓶子掉下来，则它将落在地板上"是真的，当且仅当如果瓶子掉下来，则它将落在地板上。T语句左面的陈述虽然是真的，但我们通常只会说，左边陈述之所以是真的，因为瓶子总是受到地球引力影响的事实。

塞尔认为，这样的混乱在概率、伦理甚至分析陈述中都会出现。例如，我们常常认为陈述"地球与太阳的距离为 1.5 亿公里"大概是真的，因为它大概地符合地球和太阳之间实际距离的事实。但是，陈述"地球与太阳的距离大概为 1.5 亿公里"的情况如何呢？它完全符合事实吗？一方面，"地球与太阳的距离大概为 1.5 亿公里"是真的，当且仅当地球与太阳的

① John R. Searle, Truth: A Reconsideration of Strawson's Views, in *The Philosopher* of P. F. Strawson, ed by Lewis Edwin Hahn, ILLINOIS: The Library of Living Philosopher, 1998, pp.385-401, p.398.

距离大概为 1.5 亿公里，根据去引号标准，我们说它是完全真的。另一方面，使用大概的陈述一定只是大概地符合事实，同前一种情况一样，它又不是完全真的。

塞尔承认，语言本质上允许假言陈述、析取陈述，这些概念却不适用于实在（reality）。这种冲突的结果是，一方面语词"事实"必须命名实在中的满足条件，起到"真"的解释者作用，另一方面"××的事实"必须与陈述的语法相匹配，以起到去引号的作用。[①] 对于事实与真陈述的这种混乱，他找不到解决方法，但是，他希望他对真理符合论的这种解释能够为斯特劳森接受。

对塞尔真理符合论的思考

根据塞尔的分析，对于真的假言陈述和反事实陈述，由于我们要求语词"事实"不但要命名世界上的满足条件，而且要满足语言的语法要求，所以使得去引号标准产生了 T 语句的右边不表达世界上的满足条件的结果，这一结果摧垮了去引号标准是真理符合论绝对正确的形式，大大降低了塞尔对真理符合论辩护的可接性——尤其不利塞尔的回应 1。进一步分析并解答这个问题，将有助于推进塞尔为真理符合论所做的辩护，接下来，笔者先为塞尔的去引号标准面对的困境做出辩护，然后再对塞尔的"事实"给出一种方法论上的解释，以提高塞尔对符合论辩护的可接受性。

莱谢尔（Rescher）曾经提出区分真理的保证性标准（guaranteeing criteria）和核实性标准（authorising criteria）[②]，其大意是，保证性标准为真理提供了一个不可误的真理标准；核实性标准为真理提供了一个不是必然正确的标准；前者是可靠的，但它不容易得到；后者不是完全可靠的，但它更容易得到。就塞尔给出的两种符合论的形式而言：例如，1."雪是白的"是真的，当且仅当它符合事实，2."雪是白的"是真的，当且仅当雪是白的；其中 1. 属于保证性标准，2. 属于核实性标准。也就是说，真理的去引号标准只能作为真理的核实性标准，不是保证性标准。对于上面提到的混乱，笔者认为，关键在于我们必须意识到在假言陈述和反事实陈述中，我们不能用去引号标准来说明陈述的满足条件。下面仍以前文的例子来说明之。

---

① John R. Searle, Truth: A Reconsideration of Strawson's Views, in *The Philosopher* of P. F. Strawson, ed by Lewis Edwin Hahn, ILLINOIS: The Library of Living Philosopher, 1998, pp.385-401, pp.398-399.

② Rescher, N., *The Coherence Theory of Truth*, Oxford: Oxford University Press, 1963, pp.10-60.

1."如果瓶子掉下来,那么它将落在地板上。"

2.（1）是真的。

根据去引号标准得

3.如果瓶子掉下来,那么它将落在地板上。

但是,我们说陈述（1）是真的,并不是基于（3）。把（3）看作（1）符合的事实或者是使其为真的条件,都违反了人们的直观。倘若我们问,使（1）为真的事实是什么（即真的创立者（truth maker）是什么）,我们的答案只能是:

4.瓶子受到地球恒常引力影响的事实。

所以,假言陈述的去引号标准不再适用,此时我们应当使用保证性标准来判定真理,即"如果瓶子掉下来,那么它将落在地板上"是真的,当且仅当它符合事实:瓶子受到地球的恒常引力影响。但是,诚如上文所言,这样做的唯一缺点是,保证性标准通常不易得到。

尽管塞尔对斯特劳森反驳的回应和辩护接下来又受到像贡萨洛（Gonzalo）[1]、克拉克（Clark）[2]及包括斯特劳森在内的许多学者的反驳,毋庸置疑,塞尔的解释使符合论摆脱了奥斯汀说明带来的困境。不仅如此,笔者认为,如果我们变换视角看待塞尔眼中的"事实是陈述的满足条件,是真的创立者"观点,借用张建军教授提出的逻辑行动主义纲领来解释塞尔的"事实",那么塞尔对符合论辩护的脉络会更加清晰,也更有说服力。当然,这并不是说我们对塞尔的符合论评价不会引起分歧,而是这种对塞尔辩护的解释与完善,本身就是对真理研究的一大推进,这也是辨析塞尔符合论思想的目的所在。

张建军教授认为,从后期的维特根斯坦到奥斯汀再到塞尔,我们可以看到一种新的逻辑行动主义研究纲领方法论,它和马克思的社会实践理论有会聚的趋势。利用这种逻辑行动主义方法论,可以解决当代哲学上的一系列问题。[3]这种纲领的基本框架是:

① Gonzalo Rodriguez-Pereyra, Searle's Correspondence Theory of Truth and the Slingshot, *The Philosophical Quarterly*, Vol. 48, No. 193 (Oct., 1998), pp. 513-522, pp.513-522.

② Michael Clark, Truth and Success: Searle's Attack on Minimalism, *Analysis*, Vol. 57, No. 3 (Jul., 1997), pp. 205-209, pp.205-209.

③ 张建军. 逻辑行动主义方法论构图. 学术月刊, 2008 年, No.8, p.53.

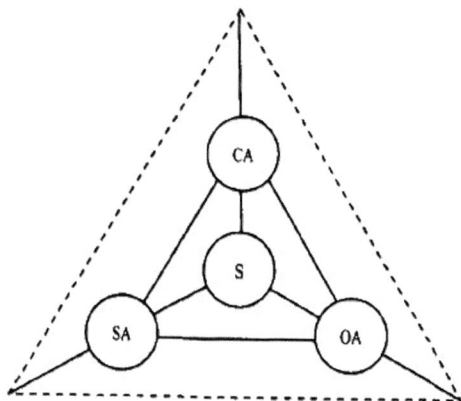

思想世界(Thought World)

图 5‑1

图 5‑1 中的 S 代表行为主体，实线三角形的三个顶点意义分别是：CA 代表意识行为，SA 代表言语行为，OA 代表客观行为（即马克思所谓的实践）；虚线三角形的三个顶点分别代表思想、语言和实在三个不同的世界。如果我们把焦点放在框图的外层，把主体和主体的各种行为统一为主体 S，我们则新构造成一个侧重于以主体为中心，重在反映实在、思想和语言之间关系的构图，这种构图将有利于我们对真理符合论的说明。

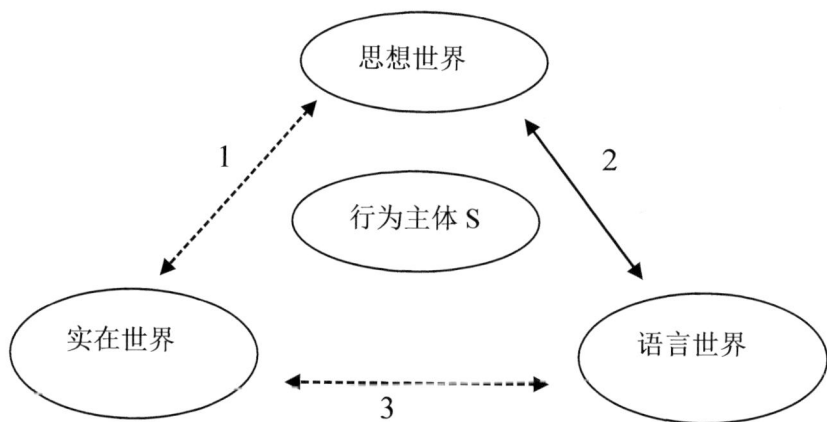

图 5‑2

图中的实线代表两个世界间的一一对应关系，虚线代表两世界间部分对应关系，箭头代表了世界间的作用方向。对图 5‑2 我们有如下说明：(1) 由于思想世界是通过行为主体 S 的理性构造形成的不同于实在的世界，思想世界虽然由实在世界引起，但相同的实在世界可能引起不同的思想世界，且由于思想世界中的部分内容会通过主体反作用于实在世界，因此实在世界、思想世界间的作用线是虚线双向箭头。（2）一方面，思想世界与语言世界属于被表征与表征的一一对应关系，方向从思想世界指向语言世界，另一方面，语言可用来传达思想，所以思想、语言世界之间是双向箭头的实线。（3）有些语言表述与实在对应，有些不对应，因此语言世界与实在世界不是一一对应关系，例如"飞马"只出现在语言世界而不会出现在实在世界中。注意，因为主体 S 的言语行为也能够作用于实在世界，因此语言世界与实在世界之间是双向箭头的虚线。

无论是反符合论者斯特劳森还是符合论者塞尔都承认事实不是对象或对象的复合体，他们都把事实看成一个抽象的实体。他们的分歧在于，塞尔认为事实是满足条件，明确表示它们处于实在世界，斯特劳森认为事实是真陈述，乍看起来，它们应当在语言世界，而弗雷格认为事实是真思想，把它们归于思想世界。事实究竟处于哪一个世界？众所周知，由于语言或语句只是陈述（或命题）内容的承担者，陈述内容本身不是语言符号，而是抽象的内涵实体，显然，不论事实是什么，都不应当位于语言世界，尽管语言世界与思想世界之间存在着一一对应的关系。

塞尔理解的事实是否必然处在实在世界中呢？弗雷格把事实看作真思想，将真思想放入思想世界断不会引起异议，因为无论"真"思想或者"假"思想，一定属于思想世界。但是塞尔的事实是满足条件，这种满足条件象征"真"但并不等于"真"，它带有很强的客观性，客观性的东西是可证实的，可用实验方法加以验证，如果把满足条件放在思想世界，这种可验证的性质便淡化了。所以，笔者认为，将可"验证的"对象归入实在世界而不是思想世界更符合人们的直观。

把事实置于实在世界中具有其合理性。实在世界由具体对象或事物（things）组成，这些对象不但包含着具有广延性的物体，而且包含了诸如电子、质子、电磁波等这样的只有通过"验证"才能判断其存在的对象，所以某些与"验证"有关的对象尽管在实在世界中看不到，仍然不能将之排除在实在世界之外。笔者认为，满足条件可视作一种抽象的客观对象，是使思想世界中的陈述成真的东西，更重要的是它可以通过"验证"加以证实。因而与将它归属在思想世界而言，将它们归之于实在世界更具合理性。

通常人们认为，像"所有三角形都有三条边"这样的陈述具有分析的真，因为它的真仅仅凭借了语言的意义。但塞尔认为，"所有三角形都有三条边"不是关于语言的，它是关于三角形的。符合该陈述的事实不是语言的事实，它的成真条件不是语言的，而是所有三角形都有三条边这个事实。尽管该陈述的真是由语词的意义表现的，陈述的意义使得它不能不真，但是该陈述不能不符合事实。使该陈述为真的东西虽然表现上是语言的，之所以起到这种作用却是由于存在着一个与它相符合的事实。

综上所述，虽然塞尔符合论的去引号标准在应用时遇到了困难，对符合论的辩护尚待进一步完善，但在他工作的基础上，笔者认为，对符合论做出以上进一步辩护是可行的，真理符合论也不是不可接受的。

第六章　塞尔的形上思想探析

第一节　塞尔思想的原子论倾向

从言语行为、意向性到社会实在的结构，塞尔用工甚勤，不仅在内容上环环相扣，不断延伸，基本方法论上也显示出同一性。不难发现，塞尔理论的目的在于把"社会实在还原为最基本的物理学、化学和生物学"。[①]为此，塞尔设想了一条从分子、山脉到螺丝刀、撬杠和美丽的日落，再到立法机构、纸币和民族国家的连续直线。线的一端始于无情性事实（或物理对象），另一端延伸到像语言、婚姻、国家等社会事实上，这些社会事实依赖人类的约定而存在。

社会实在的进路

塞尔对无情性事实 (brute fact) 的概念在正向和反向的表述之间摆动。开始时塞尔对它的表述是肯定的，向我们提供了一种坚实的科学形而上学 (scientific metaphysics)。"我们大多数形而上学源自物理学……我们居住在一个完全由力场作用的物理粒子的世界。"[②]接着他又把相对于制度性实在的无情性现象表述为"基础本体论刻画的世界特征，例如山脉和分子，它独立于它们的表征而存在"[③]。塞尔用肯定式的语气，否定性地把无情性事实定义为不依赖于观察者的意向性而存在的事实。它内在于自然，在没有人类出现时仍然存在。塞尔捍卫外部实在论，捍卫无情性事实，但有时

---

① John R. Searle, *The Construction of Social Reality*, New York: A Division of Simon & Schuster Inc, 1995, p41.

② John R. Searle, The *Construction of Social Reality*, New York: A Division of Simon & Schuster Inc, 1995, p.6-7.

③ John R. Searle, The *Construction of Social Reality*, New York: A Division of Simon & Schuster Inc, 1995, p.9.

表现出刻意强调无情性事实的这种否定表述。尽管塞尔把制度性实在建立在这种科学所理解的本体论之上，他还是以反向表述的方式向人们强调这种思想。为了让读者理解无情性事实的定义性特征，塞尔需要使用这种对比性的双向描述。

所有的制度性事实相对于我们的表征而存在，这就相当于说，通过语言性表征，我们为无情性事实赋予了以前所没有的新功能。这种新的功能赋予是通过"在 C 中 X 被视为 Y"的构成性规则（建构公式）实现的，塞尔在近著中又把这种构成性规则称为常设宣告句。[①] 构成性规则中的 Y 意指像纸币这样的制度性事实（或对象）[②]，X 意指制度性事实所具体化的基本的无情性事实，C 是 X 被认为 Y 的清晰条件。例如，只有牧师或法官在场的情况下，一句承诺才被视为有效的婚姻誓言。构成性规则强调了制度性事实，在逻辑上依赖于无情性事实。制度性事实通过集体约定或接受得以产生，通过我们"决定"，某物 X 才如此这般地成为交换的中介。

构成制度性事实的集体意向性能够产生合作行为，但对于制度性事实而言，集体意向性只是参与者遵守规范和标准的条件。构成性规则是可以叠加式使用的，由 Y 指定的对象可用于更高层级的制度性事实，形成新的 X。例如，如图 6–1 的一个婚姻仪式：

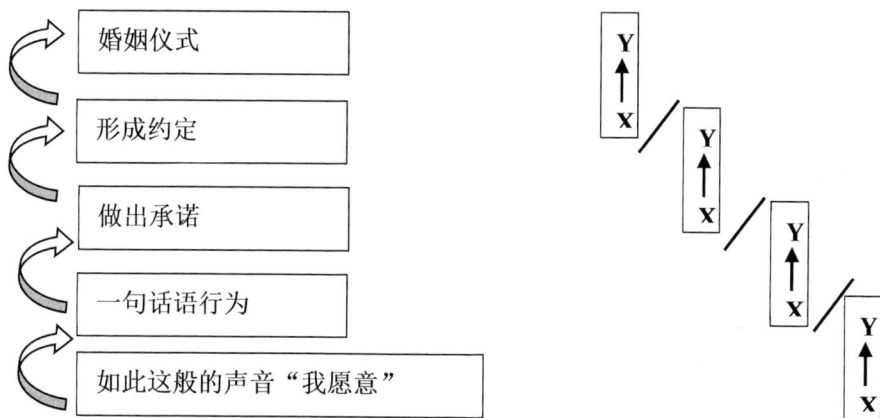

| 婚姻仪式 |
| 形成约定 |
| 做出承诺 |
| 一句话语行为 |
| 如此这般的声音"我愿意" |

$$\frac{Y}{X} \quad \frac{Y}{X} \quad \frac{Y}{X} \quad \frac{Y}{X} \quad \frac{Y}{X}$$

图 6–1

上图一系列的制度性事实最终构造在无情性事实"我愿意"上。

关于构成性规则中的 Y，塞尔后来称其为地位功能 Y，也相当于制

---

① John R. Searle, *Making the Social World: The Structure of Human Civilization*, Oxford University Press, 2010, p.13.

② 制度性事实可以作为新的 X，递归式地产生新的制度性的 Y。从这种意义上讲，无情性事实 X、无情性事实 Y 又都可以称为对象。

度性事实，其成立的明显标志是宣告式的言语行为。①Y 代表的地位功能有两个重要方面：首先，所有的地位功能或制度性事实都是"施事功能"（agentive functions），这种功能依赖于我们的直接目的或活动方式。一块石头之所以为镇尺，因为我们有把石头作为镇尺的目的。类似的，某种纸张成为交换中介，这种功能只有凭借我们如此这般地反复使用得以维持。其次，施事功能是潜在性功能，表现为一定的权利或义务。这些权利与义务并不必然现实地发生。例如，一个人一旦成为美国总统，就具有像签署法令、否决议会提案以及发动核战争等一系列施事功能。镇尺、纸币以及总统等产生功能的方式，在心脏的泵血功能的方式中不会出现，因为心脏不具备施事功能。

需要注意的，镇尺、纸币和总统具有施事功能，但只有纸币和总统才是制度性事实。究竟是什么区分了制度性施事功能和非制度性的施事功能？是什么使得纸币成为制度性事实而镇尺不是制度性事实呢？塞尔认为，制度性施事功能源于人类的有意赋予，和对象的物理结构与性质无关。纸币与总统之所以不同于镇尺，是因为前者的功能是集体有意赋予的，"只能凭借共同体赋予物体、人或其他东西一种地位这一事实它才能发挥其功能"②。后者虽然也含有人的意图，但这种功能却不全是人类有意赋予的，而是由事物的物理性质所导致。塞尔指出，制度性施事功能以语言作为构成成分，而非制度性施事功能不需要使用语言作为构成成分。③"石头线 X 现在拥有边界 Y 的地位，但只有制度参与者具有足够丰富的语言来表征这种地位时，该地位得以存在。"笔者认为，塞尔的这个要求对于制度性施事功能是必要的，但对于制度性事实却是不必要的。制度性施事功能与制度性事实不是两个完全相同的重叠概念，如果前者是语言表征、集体认可的结果，后者则可以不需要语言性表征，通过其他一些可观察的客观现象以遵守制度性施事功能的方式表现出来。例如，通货膨胀和经济衰退。

在《社会实在的建构》后半部分，塞尔对于施事功能的阐发更加明晰。塞尔说，地位功能的"内容"和"基本结构"涉及两个"权力约定模

---

① John R. Searle, *Making The Social World: The Structure of Human Civilization*, Oxford University Press, 2010, p.100.

② 约翰·塞尔著，文学平、盈俐译. 人类文明的结构 [M]. 北京：中国人民大学出版社，2015, p.101.

③ John R. Searle, *The Construction of Social Reality*, New York: A Division of Simon & Schuster Inc, 1995, p.23.

式"中的一个，即允许条件 (enablements) 和需要条件 (requirements)①，塞尔又把它们称为权利 (rights) 和义务 (obligations)②。首先，地位功能是施事功能，其次，地位功能的内容是权利和义务。分析这两者之间的关系最有助于让我们区分出制度性施事功能和非制度性施事功能。前者直接蕴含权利和义务，后者则不然，不管怎样，镇尺都不曾被赋予执行某种行为的新权利。相比而言，纸币的功能可能崩溃瓦解（breakdown），但作为镇尺或锤子的功能不会崩溃瓦解。

如果一颗心脏不再泵血，它会出现功能失败 (dysfunction)，一根羽毛如果用作镇尺，也会出现功能失败，但在相同的意义上，一块石头作为镇尺却不会出现。总统具有签署和否决议会法案的功能，但是，在必要的时候他不用这项功能，并不是功能失败而是失职 (remiss)。制度性施事功能与非制度性施事功能的重要区别在于，前者牵涉到失职的可能性。例如，关于制度中的守信，塞尔说："所有这些情况涉及的错误，不同于一个人走路跌倒时出现的错误。也就是说，在制度性结构中，社会上已经建立的规范成分，只能通过制度性结构是规则结构来解释。正是因为做出一种承诺被视为承担一种义务这种规则，我们才认识到在承诺的制度下某种行为是可接受的，其他某种行为是失职。"③

人的心脏不再泵血或人走路或许会脚步紊乱，因此出现功能失败，但只有在制度性施事功能中才会涉及权利和义务并因此产生失职的可能。制度性事实依赖于对规则的集体接受，这一条件凸现了规范性成分对制度性事实的标志作用。制度性事实与集体接受的关联，使得我们需要在理解制度性事实（或地位功能 Y）时，把握住两层意思：(1) 制度性事实产生于施事功能；(2) 施事功能牵涉到权利和义务，所以不仅会出现功能失败，还会出现失职。对塞尔来说，制度性事实是集体意向性加在 X 上的施事功能，施事功能仅仅凭借 X 的结构无法完成。

关于制度性事实与社会事实，塞尔认为，任何涉及集体意向性的事实都是社会事实④，因此所有的制度性事实都属于社会事实。尽管制度性事实

---

① John R. Searle, *The Construction of Social Reality*, New York: A Division of Simon & Schuster Inc, 1995, p.104.

② John R. Searle, *The Construction of Social Reality*, New York: A Division of Simon & Schuster Inc, 1995, p.83,100,103,109.

③ John R. Searle, *The Construction of Social Reality*, New York: A Division of Simon & Schuster Inc, 1995, p.146.

④ John R. Searle, *The Construction of Social Reality*, New York: A Division of Simon & Schuster Inc, 1995, pp.26,38.

与社会事实都牵涉到施事功能的集体使用，但制度性事实的要旨在于，被赋予的施事功能不可能仅仅是 X 的物理性质的结果，而是依赖于人类的不断合作以及人们对 X 被视为 Y 的承认。一堵环绕城邦的筑墙是社会事实，因为它在发挥阻止入侵者功能时使用了 X 的物理结构，由于墙经年失修而坍塌，剩下被人们认为是边界线的残垣断壁的石线，就成了制度性事实。从某种意义上讲，制度性事实是象征性的，不单独依靠 X 的物理结构。

有无可能失职不仅可用于区分制度性施事功能与非制度性施事功能，也可以用于区分社会事实与制度性事实。将新功能施加在对象上的能力，可以通过功能崩溃 (functional breakdown) 现象更为明显地表现出来。塞尔认为，地位功能的"内容"由分配给参与者的权利和义务来说明。[1] 一个跨过石线标记的外来者相对于曾经爬过筑墙的异族成员，前者是失职 (remiss)，后者不是。如果后者属于失职，那么筑墙就具有了一种超出其物理结构的功能，这种功能是我们单从 X 的结构中觉察不出来的。如今，一个国家通常用小树桩来标识他们偏僻的边界，这些类似于石头的树桩具有标记边界的地位功能。不过，为了阻止非法移民，当今世界也有国家建墙。在这种情况下，那些翻墙的移民不是失职。地位功能不是单凭通过观察具有地位功能对象的物理结构而发现的。

尽管以上关于社会事实与制度性事实的区别明显，但 X 的结构似乎并不是制度性事实与社会事实的重要区别。我们应当借用构成 Y 的规范性成分来进一步认识两者之间的差别。事实上，在对比制度性事实与社会事实时，塞尔明显使用了道义论中的权利和义务作为两者的定义性标记。"成群奔跑的动物都有它们必需的意识和集体意向性，它们甚至有层级和统治者，它们在围猎时可以合作，分享食物，甚至有伴侣关系。"[2] 这些活动都是社会事实，不是制度性事实。为什么不是？因为它们不能表征出相关的道义现象。塞尔说："可以存在没有制度性事实的道义，但没有道义形式的存在就没有制度性事实。"[3] 权利与义务的可能性才是认识制度性事实的重要手段。从社会事实与制度性事实的划分结果看，塞尔的裁断似乎契合了人们的常识。问题在于，塞尔将二者的划分直接建立在道义上，进

---

[1] John R. Searle, *The Construction of Social Reality*, New York: A Division of Simon & Schuster Inc, 1995, p.104.

[2] John R. Searle, *The Construction of Social Reality*, New York: A Division of Simon & Schuster Inc, 1995, p70.

[3] John R. Searle, *Making the Social World: The Structure of Human Civilization*, Oxford University Press, 2010, p.91.

而又以权利与义务解说道义，还是显得过于曲折。在第四章"从功能的角度看"一节，笔者曾分析指出，施事功能分为物理性施事功能与非物理性施事功能，用这种划分以区分社会事实与制度性事实，较之塞尔的方法更加清楚简单。例如，结群的动物在生活中出现一系列的上述社会现象，之所以不是制度性事实，是因为其活动虽然有意向参与，属于施事功能，但这些施事功能只是凭借它们的生物自然属性实现的，属于"物理性施事功能"，而非"非物理性施事功能"。它们就像镇尺、锤子一样，只能归为社会事实。

尽管塞尔关于制度的构成性规则强调了社会实在（social reality）的以上重要特点，但它并没有为这种理论的形上基础做过多说明。塞尔关心"在社会科学基础中视为难题的问题"①，目的是找出制度性事实的逻辑结构，兴趣在于根据"基础本体论"刻画出社会实在。塞尔明确宣称自己的研究是"本体论的，即关于社会事实如何存在的"②。他尝试"创造出一种社会事实和社会制度本体论的一般性理论"③。早在言语行为论中，他就表达"'在背景 C 下 X 被视为 Y'的形式规则构成了制度性事实"的思想。④ 他自称正在对我们的制度进行分析，而分析表明，制度性事实在逻辑上依赖于无情性事实。

德雷福斯（Dreyfus H L）说："当塞尔分析命题表征在构成行动和制度性事实中的作用的时候，他正在进行逻辑分析而不是从事现象学。"⑤ 德雷福斯认为塞尔可能是要找出逻辑实证主义和原子论者之间的相似性。哈金（Ian Hacking）认为，建构社会实在的砖块（block）表明塞尔正在使用罗素与卡尔纳普（Rudolf Carnap）的方法从事研究。⑥ 卡尔纳普和罗素使用"砖块"分析无情性事实，塞尔用它们分析制度性事实。所以，我们将塞尔的理论与原子论做比较，有可能对塞尔的理论做出更深入理解与更详

①　John R. Searle, *The Construction of Social Reality*, New York: A Division of Simon & Schuster Inc, 1995, p.xii.

②　John R. Searle, *The Construction of Social Reality*, New York: A Division of Simon & Schuster Inc, 1995, p.5.

③　John R. Searle, *The Construction of Social Reality*, New York: A Division of Simon & Schuster Inc, 1995, p.xii.

④　John R. Searle, *Speech Acts: An Essay in the Philosophy of Language*, Cambridge: Cambridge University Press. 1969, pp.51-52.

⑤　Dreyfus H L. The Primacy of Phenomenology over Logical Analysis [J]. *Philosophical Topics*, 1999, 27(2), p.5.

⑥　Ian Hacking. Searle, Reality and the Socialc. *History of the Human Sciences*, 1997,10,no.4, p.85.

细的说明。

哈金认为，塞尔的建构不仅仅包括"在 C 中 X 被视为 Y"的逻辑规则，集体意向性和功能赋予也是社会建构的组成部分。哈金说，塞尔的思想有三点："(1) 将功能赋予实体（entities）；(2) 集体意向性；(3) 构成规则与范导性规则之间的区别。构成性规则使活动（activity）成为可能，一旦这种活动得到认识或执行，范导性规则指导执行它的方式。对塞尔来说构成性规则是重要的，因为他关心使制度存在得以可能的规则，而不是规则是如何去调节的。"[①]

受哈金和德雷福斯启发，我们尝试找出哲学分析和塞尔的工作之间存在的相似处。如同原子论者对无情性实在的说明感兴趣一样，塞尔想找出社会与制度性实在的组成成分。而塞尔的建构公式给出了一种制度分析的概貌。

将塞尔同原子论者比较，相对于同逻辑实证论者比较，更能说明问题。原子论并不避讳谈论形而上学，而卡尔纳普与实证论者更多谈及语言的意义。同罗素一样，塞尔大胆地称呼他的工作是"本体论的"。"由于我们的研究是本体论的，即关于社会事实是如何存在的，我们需要找到社会实在是如何适应整个本体论的，即社会实在是如何关联其他存在事物的。为了能够提出我们正在尽力解答的问题，我们将不得不对事实上世界如何组织的做出预设。"[②]

塞尔既没有从根本上处理"制度""规则"等语词的意义（或它们的所指），也没有关注指称具体制度诸如"婚姻""货币"等语词的意义，除非这些概念本身与本体论相关。笔者认为，虽然塞尔的工作并不必然以同原子论做类比的方式考查，但使用同原子论相比较的方法或许更能说明，塞尔在社会实在的建构中所包含的元哲学问题。

逻辑原子论与逻辑分析

在《哲学分析》中，厄尔姆森 (J.O.Urmson) 考查了逻辑原子论以及原子论运用的分析程序指出，分析是以一种较少争议的方式重述那些误导人们的、无用词项的技术。例如，"当今法国国王"不存在所指，仅仅用于描述；而"当今法国国王是秃子"可以分析为，"有且只有一个对象，它

---

① Ian Hacking. Searle, Reality and the Social[M]. *History of the Human Sciences*,1997,10,no.4, p.88.

② John R. Searle, *The Construction of Social Reality*[M]. New York: A division of simon & Schuster Inc, 1995, pp.5-6.

是当今法国国王，并且它是秃子"。罗素的任务是找出，在没有假定世界充满臆想的动物、地方或人等时，我们是否能理解这个句子有意义的方式。罗素关于摹状词的新表述具有一种更适用于事实的形式。

逻辑原子论是罗素的形上（形而上学简写）原则，罗素的本体论相对简单：实在由个体、个体特征及个体间的相互关系构成。原子事实由具有某个特征或与其他个体有某种关系的个体构成，为了描述实在，我们需要代表个体的专名、描述个体的性质或个体相互间关系的谓词。因此，任何有关无情性事实的陈述都应当有 R(s) 形式，其中 s 指某个要素或个体的专名，R 为某些性质或关系。如果 R 意指关系，则至少存在两个指称对象。

问题的关键在于如果接受罗素《论指称》中给出的分析步骤，我们是否清楚逻辑原子论的形上承诺。如果考虑那些具有误导性的错误表达式，我们就会发现在逻辑原子论与逻辑分析中存在间隙。罗素在《论指称》中考虑了独角兽与当今法国国王，在《逻辑原子论哲学》中考虑了"书桌"，但是，对于假定法国国王不存在的那些人而言，他们并不刻意关心书桌是否存在。分析书桌是否存在，在紧迫性上不同于分析独角兽。事实上，"此书桌是旧的"被认为是完全无问题的正常陈述，而"当今法国国王是秃子"却表现得令人费解。以这两例为基础，厄尔姆森区分了两类不同的分析，即同层次分析与新层次分析。

厄尔姆森认为，尽管摹状词（description）理论澄清了表达式"当今法国国王"，但它并不是以澄清"书桌"的方式做到的。一方面，摹状词"当今法国国王"是"同层次分析，这种分析仅有逻辑上的推进而没有形而上学上的推进"。[①] 由于命题的逻辑形式处于被误导的语法背后，被掩盖了，同层次分析意在将它揭示出来。同层次分析虽然解决了逻辑难题但没有给出形而上学的见解。[②] 另一方面，将桌子解释为简单要素及其关系，依据的不是逻辑建构而是基本实在，以至于在形而上学上表现出推进。逻辑原子论依赖这种分析，不仅提供语言指导，还给出了形上认识和形上推进。厄尔姆森称后一种分析为"新层次分析"（new-level analysis）。相对于"同层次分析"（same-level analysis），"新层次分析"纠正了误导性的句法。

厄尔姆森的两类区分是有益的，但也有误导性。他认为，同层次的分

---

① Cerf W. Urmson J. O. Warnock G J. Philosophical Analysis: Its Development between the two World Wars[J]. *Philosophy & Phenomenological Research*, 1956, 20(1), p.40.

② Cerf W. Urmson J. O. Warnock G J. Philosophical Analysis: Its Development between the two World Wars[J]. *Philosophy & Phenomenological Research*, 1956, 20(1), pp.39-41.

析没有说出关于世界的任何东西，这不可能正确。释释"当今法国国王"的意义在于，指出实在世界中有些对象不算实体。这种改进陈述与关于世界的信念有关。我们用语词"形上"来标记那种想当然地将世界认为是某种方式的分析。例如"当今法国国王"不指称任何实体。如果新层次分析保证了没有超自然的实体，同层次分析也拥有了形而上学的权利。换言之，新层次分析和同层次分析在形上认识上并没有明显区分。但是，尽管没有明显区分，两者也不尽相同，新层次分析较同层次分析做出了更大胆的断言。虽然名词一般指称对象，但同层次分析保证，我们并没有被促使去相信"当今法国国王""独角兽""方的圆"也有所指。罗素的同层次分析，阻止我们引出某个实体，成功否定了当今法国国王，证明了当今法国国王不指称任何事物的方式，但这并不是一个形而上学洞见。尽管如此，较之于实证论者宣称的宇宙是由无穷多的细小的、短暂的、以感知形式存在的个体构成的，多数人更倾向于赞同罗素。所以，在同层次分析与新层次分析之间仍然存在区别，尽管同层次分析对形而上学并不关心。当然，我们虽然收窄了这种区别，仍然有理由为逻辑原子论与逻辑分析的区别给出合理解释。

形而上学与方法论的区分

清楚了同层次分析与新层次区别之后，我们可以继续说明逻辑原子论和逻辑分析之间的间隙。假如厄尔姆森错误刻画了同层次与新层次之间的区分，我们可以在两种情况中区分出形而上学（逻辑原子论）成分和方法论（分析）成分。形而上学或本体论成分建立了研究条件，即什么是不变的或固定存在的。而方法论成分则侧重于表达，即依据这些条件世界事实上是什么样的。

在形而上学与方法论之间做出区别是相当有益的，因为它开启了一种对哲学工作的自然划分（分析世界的哲学家以及那些为分析提供辩护或本体论基础的哲学家）。不过总的来说：虽然事实上，两种任务在表现上没有明显的分界，在原子论的哲学家中存在着形而上学与方法论的区分。例如，罗素在《逻辑原子论哲学》第八章《形而上学考察：何物存在》中表明，他既关心方法论问题，也关心形而上学问题。文章一方面直面形而上学，另一方面用大量的篇幅对桌子、椅子甚至幽灵和幻觉等对象，依据感觉材料给出方法论建议。这种进行分析的方法论建议是超形而上学的。在罗素看来，形而上学包括个体以及个体之间的关系，如果想说明世界，我们必须使用这样的词项进行说明。只有依赖这些不同的、能够辨别的研究，我们才能找出这些个体及个体之间的关系事实上是什么。罗素分析的目的似乎很大程度上是解释性的或教育性的。其兴趣主要是方法论但不完全是方法论的，如果完全是方法论的，对摹状词的分析特别是"当今法国国王"的分析就无法进行。罗素在使用方法论从事研究时，已经预设了他的形而上学（当今法国国王不指称任何事物）。

方法论努力是要描绘出我们世界的具体特征，而形而上学是要努力解释、证明这种描述的局限性或合理性。方法论关心世界的偶然特征，而形而上学关心世界的必然特征。分析的时候，我们了解这个世界是如何构成的，接着应用这种分析，以世界被如此给予的方式接受世界。例如，我们最终发现，这个世界不仅包括处于一定相互关系中的个体，而且包括感觉材料，如颜色，甚至包括桌子、人民和国家。特定的形而上学为人们提供了特定的经验研究形式。形而上学与方法论的区分契合了洛克所说的哲学上的哲学小工概念（under-labourer conception）①，根据这种观点，方法论任务可以轻易地求诸一些原理，形而上学却不能像方法论那样有效地促进认识论进展，但是，它可以扫清研究道路上的许多障碍。尽管如此，形而上学与方法论之间也有很多重要的交叉点。不可使用的方法论总是拒斥形而上学的重要来源。

方法论与形而上学任务：塞尔与原子论

区分了原子论的方法论任务与形而上学任务，我们接下来尝试对塞尔方法论任务与形而上学任务做出区分。塞尔的建构公式给出的社会科学研究显然是方法论的。如果制度可以依据建构公式的迭代加以表述，我们就可以把这种方法论步骤称为"制度分析"。制度分析是方法论的，因为它概括了一种社会科学家用以遵循的方法（用于描述制度性实在结构的方法），目的在于找出像婚姻、货币等制度的形式结构。

制度分析是建立在哲学或本体论研究步骤上的。在原子论者看来，成功的哲学任务授权给制度分析者，这些制度分析者应当试着按照这种建构公式为我们的制度编码，而这种建构公式已预设了所持本体论观点的正确性。如同对本体论的说明，制度分析类似于罗素使用的经验研究步骤。像罗素尝试根据一套相关具体系统描述桌子一样，制度分析给出了如下婚姻仪式的简化描述：如此这般的声音凭借某种集体接受被视为婚姻成立。建构公式暗含的方法论步骤，不必视为同没有明确使用公式的货币或婚姻的

---

① Peter Winch. *The Idea of a Social Science and its Relation to Philosophy*. London: Routledge.1990, pp.3-7.

说明形成竞争。罗素认为，当我们指称"当今法国国王"时，已经澄清了我们意味的东西，同样的，塞尔表明进行社会科学研究时，我们已经暗含了预设。同罗素一样，塞尔认为，明确使用构成性公式的制度性实在说明，避免了潜在的混乱。研究者不可能不清楚货币和货币依赖的无情性事实。例如，与大众和金融媒体专栏上的文章作者令我们相信的事情相比，"无现金社会"运动是不重要的，我们仅仅把一种无情性事实（纸片）换成了比特数据（data bits）。除此之外，货币自身没有多么重要的区别。

　　罗素没有认真分析桌子，塞尔也没有去认真分析货币制度。在方法论上，塞尔似乎诉诸哲学上的"哲学小工"概念。奥斯本（Thomas Osborne）把塞尔的建构说成"糟糕的哲学工作"，"像社会学一样，完全是无关紧要的"①，奥斯本想让塞尔解释他影响社会科学日常实践方式的地方在哪儿。在回应中，塞尔隐晦地提到了方法论与形而上学之间的原子论区分："事实上，我没有任何期望。我发现此问题如此困难，解决起来如此有趣，以至于没有想到我的书会对社会科学家的实际实践产生何种结果。"②

　　按照"哲学小工"概念，社会科学家只要根据逻辑原子论的构成进行分析就够了，不再需要哲学家。但事实上，塞尔与奥斯本基本上倾向于，社会实在的建构任务不同于社会科学家。从理论的目的看，塞尔认为，给出经验或制度的描述就足够了。

形而上学：塞尔的建构材料

　　塞尔的建构细节是：世界由包含集体意向性在内的无情性现象构成。为了根据两类无情性现象分析建构规则，塞尔考察了意向性与地位功能（Y）之间的因果关系，因为意向性存在的具体性质，推导出了地位功能（Y）。"像河流和森林，自然现象都可以被指派功能。依赖于我们指派给它的功能以及它所起作用的好坏，它们被评价为好的或坏的，这就是我称之为指派或地位功能赋予的意向性特征。"③

　　因为制度性事实是被指派的功能，意向性具有能够赋予此种功能的具体特征，所以塞尔说，制度由无情性事实和集体意向性构成。这一点回答了制度建构的动力问题，即在一个完全由无情性事实组成的世界中，制度

---

① Thomas Osborne, "The Limits of Ontology," *History of the Human Sciences 10*, no. 4 (1997), p.98.

② John R. Searle, "Reply to Thomas Osborne," *History of the Human Sciences 10*, no. 4 (1997), p.109.

③ John R. Searle, *The Construction of Social Reality*, New York: A Division of Simon & Schuster Inc, 1995, p14.

是如何存在的。在制度性事实的问题上，塞尔是还原论者吗？在《社会实在的建构》中，塞尔的还原论表现出矛盾性。哈金 (Ian Hacking) 在 "Searle, Reality and the Social" 中不无不满地说："卡尔那普常被称为物理主义者，与卡尔那普的对比和比较是有益的。他想将关于经验之类的命题还原为关于物理世界的命题。无论'还原'在逻辑上或自然科学的哲学著作中意味什么，塞尔非常不愿将社会学的（命题）还原为物理学的……。他（塞尔）认为，诚实的哲学家应当证明，某些用基础本体论描述的事实对于社会实在的存在而言，如何既是充分的又是必要的。"[①]

诚然，塞尔认为满足 X 词项的"如此这般的纸片"自身，不是成为货币的充分条件，更进一步说，塞尔断言，"我们没有试图将'货币'的概念还原为非制度性的概念"。地位功能或道义现象不可还原为更为基础的、简单的对象。然而，塞尔说道："这本书的目的之一是证明……，制度的世界是如何是'物理'世界的一部分的。"事实上，塞尔有时给人一种强烈的还原论印象，"使用我们最强的形而上学语气，我们想问'X 真的是 Y 吗？'例如，这沓纸真的是货币吗？……当然，在你处理这些具体问题时，它们并不是真正的事实"。[②]在谈及到这种建构时，塞尔说："我从我们对世界的了解开始，世界是由物理和化学描述的实体构成；我从我们是生物进化的产物开始，从我们是生物学上的动物开始，然后我要问，在一个由无情性事实、物理粒子和力场构成的世界中，意识、意向性、货币、财产、婚姻等是如何可能的？"[③]

从某种意义上讲，塞尔既是还原论者，又是反还原论者 (anti-reductionist)。塞尔需要以集体赋予的方式将建构规则施加在无情性现象 (brute phenomena) 上，以获得像货币等制度的一般制度的逻辑条件。如此这般的纸张对于货币而言是不充分的，但以交换介质为目的的如此这般纸张对于货币是充分的。由于塞尔认为 Y 词项不能单独还原为词项 X（货币不仅仅是某种颜色的纸张），故他是非还原论者。但塞尔又认为由词项 Y 指派的地位—功能 (status-function) 仅仅是集体有意赋予无情性事实的，从这点看，他又是还原论者。制度性事实根据两类无情性事实得以说明——词项 X 的指派以及建立地位—功能的集体意向性。塞尔能够利

---

① Ian Hacking, "Searle, Reality and the Social," *History of the Human Sciences 10*, no. 4 (1997), p.89.

② John R. Searle, *The Construction of Social Reality*, New York: A Division of Simon & Schuster Inc, 1995, p.45.

③ Faigenbaum in Barry Smith, John Searle, Cambridge; New York: Cambridge University Press, 2003, pp.16-17.

用功能与意向性之间的因果联系，将地位—功能 Y 进一步还原为意向性。制度性实在可以依据完全由无情性事实和有意识的生物构成的世界加以理解。

如同原子论者将无情性对象分析成个体及其关系一样，塞尔将制度性事实分析成无情性事实和意向的赋予。显然，塞尔关于制度的构造材料或原子事实不同于罗素，从罗素的观点看，塞尔的构造材料是分析的结果，不是分析的基础。塞尔是否具有与罗素相同的看法不得而知，虽然塞尔没有看到那些物理微粒可进一步还原为感知数据，但他的语气表明他对原子论者的观点持同情态度。

不管塞尔的原子事实由高阶现象，像人民、意向性、集体意向性、行动和言语行为等原子事实构成，还是由像原子、力场或感觉数据等低阶现象构成，将塞尔的观点与逻辑原子论相比较，能够较为清晰地保留、强调并澄清许多出现在建构论中的观点。仅这一点就足以将原子论作为透镜工具，帮助我们找出公式"在 C 中 X 被视为 Y"的意义。

塞尔的关于社会实在的建构，试图根据建构公式概括出制度性实在的逻辑结构，这与原子论者试图用集合论结构概括无情性实在非常相似。塞尔为制度性事实给出了两个必要条件：1. 无情性事实 X；2. 由集体意向性赋予无情性事实的施事功能。

塞尔的这两个条件存在着由史密斯（Barry Smith）指出的困难，这种困难使得我们需要弱化塞尔同原子论之间的相似性。史密斯认为他找出了塞尔建构公式下的反例以及该反例所蕴含的本体论。有些 Y 似乎并没有相应的 X 与之对应，与建构性规则相反，存在着"独立的 Y 词项"。并非"人类文化所有的制度形式……总有'在 C 中 X 被视为 Y'的结构"。[1]

塞尔对这一问题的回答略显奇怪，一方面，他把先前给出的"在背景 C 下 X 被视为 Y"的逻辑形式弱化为"地位功能宣告"（具有与地位功能宣告相同逻辑形式的表征），然后进一步将"对象 X 现在在 C 中具有地位功能 Y，对此，我们通过宣告式言语行为使其成为事实"弱化为，"地位功能 Y 在背景 C 中存在，对此，我们通过宣告式言语行为使其成为事实"。[2] 由此可以看出，塞尔既力图回避词项 X，又坚持存在对象 X，强

---

① Smith, Barry, "John Searle: From Speech Acts to Social Reality," in John Searle, Barry Smith (ed.), Cambridge: Cambridge University Press, 2003, pp.1–33.

② 约翰·塞尔著，文学平、盈俐译．人类文明的结构 [M]．北京：中国人民大学出版社，2015, p.105.

调"在背景 C 下 X 被视为 Y"规则是常设的言语行为宣告式。① 另一方面，他辩护说："我认为（史密斯）认为我正试图回答他对必然性的种种问题，我不是。他将该问题与古老的实证主义者的尝试对比，以此将分析命题还原为逻辑事实。"

从塞尔的解释来看，他刻意疏远同原子论的距离，但事实仍然是，罗素与塞尔都把自己看作正在做哲学的本体论工作。与罗素不同，塞尔认为，自己并没有为制度性实在表述一套先决条件。所以，X 与意向性赋予，并非必然成为制度性事实的必然成分。

塞尔在近作《人类文明的结构》中，进一步加强地位—功能或词项 Y 是公式的重要组分，并把问题的重点集中在 Y 词项而非公式表述上。塞尔的做法是对他目标的进一步接近吗？很难说是这样的。塞尔宣称，制度性实在与一个完全由无情性事实构成的世界是相容的，正如我们所看到的，史密斯与哈金都把塞尔看作正在用罗素、卡尔那普的方式进行制度的逻辑建构（如果塞尔正在概括社会实在的本体论）。而他是否认为，自己在依据低阶现象为高阶的社会实在提供条件，不得而知。但塞尔不止一次宣称，他在为制度性实在勾画逻辑结构，说明"无情性事实对制度性事实的逻辑优先性"。② 对制度性事实结构分析表明，它们在逻辑上依赖于无情性事实。

地位—功能可以施加在人、对象或命题上，从赋予对象的地位功能只对相关的人起作用来讲，人的因素是最基本的。"社会对象总是由社会行为构成的，某种意义上，社会对象完全是持续可能的人类活动。例如，一张 20 美元的美钞，就是长期的支付可能"③，"我们认为的社会对象，如政府、货币和大学，事实上是活动方式的占位符"。人的活动是具身性（embodied）的，严格符合"在背景 C 中 X 被视为 Y"。④ 由 Y 指定的权利与义务无法必然还原为生物体，但都是将地位—功能需要赋予人这一事实的派生。

由此，我们看到，如果塞尔的建构性规则是梯子，那么地位功能的赋

---

① 约翰·塞尔著，文学平、盈俐译. 人类文明的结构 [M]. 北京：中国人民大学出版社，2015, pp.11-12.

② John R. Searle, *The Construction of Social Reality*, New York: A Division of Simon & Schuster Inc, 1995, p.34.

③ John R. Searle, *The Construction of Social Reality*, New York: A Division of Simon & Schuster Inc, 1995, p.36.

④ John R. Searle, *The Construction of Social Reality*, New York: A Division of Simon & Schuster Inc, 1995, p.57.

予就相当于梯子上的磴子。也许为了回避在说明社会实在中存在的种种反例，使塞尔偏离了自己原有的想法，但他确以这种类似于原子论的方式，向我们说明了制度性实在的逻辑结构，抑或是本体论说明。

第二节　对塞尔的方法论批判

之所以说塞尔具有原子论倾向，是因为塞尔用建构公式描述制度性实在的方式同原子论用哲学分析的方式解析无情性实在的方式具有类似性。塞尔认为他的建构公式表征了制度性实在的逻辑结构，但他可以合理地假定建构性公式同制度性实在是同构的吗？塞尔似乎认为，因为制度性实在包含了"在 C 下 X 被视为 Y"的语言表征形式，建构公式的真实性得到了合理证明。但制度性实在具有建构公式所假定的结构能否像塞尔认为的那样，在他的理论系统内具有相容性，仍需要我们做仔细分析。

如上节所述，原子论的形而上学观为其方法论提供依据，两者之间具有直接关系。原子论的形而上学把高阶对象描述为逻辑的建构物——原子事实或建构材料的组成，令人疑惑的命题可以通过没有问题的解释消解掉。例如"当今法国国王"。原子论者秉持的世界对象需要以感觉材料为基础，进而充实我们关于世界的先验框架。相对于日常语言对世界的描述而言，为什么原子论对世界的描述更好呢？因为他们使用的哲学分析在结构上更类似于世界的结构。从这个意义上说，形而上学为哲学分析提供了辩护依据。没有世界实际上是什么样的概念，我们就不能说我们的分析与世界相符合。

从真理符合论说起

塞尔用制度性实在的结构为他的哲学分析提供辩护。评价塞尔对其制度性事实的说明，从塞尔的真理符合论入手也许更有助于说明问题。在《社会实在的建构》第九章，塞尔辩护了真理符合论。他之所以这样做，是因为"事实上，我赞成的整个描述，由符合论到社会实在结构，都是凭借外部实在论的方式进行的"①。

塞尔的实在论思想开始于斯特劳森（P. Strawson）与奥斯汀（J. L. Austin）的一场争论——自此，真理的问题产生了斯特劳森式的去引号派

---

① John R. Searle, *The Construction of Social Reality*[M]. New York: A Division of Simon & Schuster Inc, 1995, p.200.

和奥斯汀式的真理符合论派。斯特劳森的去引号方法赞同真理冗余论，如"'水杯是满的'是真的"仅仅是"水杯是满的"的一种表达方式。由于"真"没有表达任何新的性质或关系，所以较之前种种表达而言，更受欢迎。在此意义上，斯特劳森认为"是真的"是多余的。与此相反，奥斯汀认为，"'水杯是满的'是真的"中的"真"，不仅告诉了我们世界的情景，而且述说了一个陈述"水杯是满的"。从命题"p"对事实的"反映""一致"等语词看，奥斯汀并不必然赞成原子论，因而他使用了语词"约定"以标记这种原子论关于语词同世界同构的明显区别。

乔治·皮彻（Pitcher，George）在《真理》中说："唯一的意义是：语句同情况、事件的关联绝对、纯粹是抽象的……。不管多么间接，无论如何，用于做出真陈述的语句反映了情况或事件的特征，都是不必要的。为了是真的，一个语句不需要去复制'多样性'，例如实在的'结构'或形式，一个语词也不需要是拟声的或象形的。假如这样的话，一个陈述就再一次犯了将语言特征理解成世界的错误。"[①]斯特劳森接受这个观点，把它与真理的冗余论一块，看成放弃真理符合论的原因。但是，斯特劳森并没有说，我们的陈述有没有对世界说出任何东西。

塞尔赞同奥斯汀的真理符合论，就陈述 p 而言，塞尔赞同奥斯汀主张的，从符合无情性实在的角度讲，我们的语句基本上是"约定的"，塞尔在著作中也明确表示："这个世界以我们划分它的方式进行划分，如果我们总是倾向于认为，我们目前划分它的方法是正确的，或方式上是必然的，我们总是能想象出其他替代的分类体系。"[②]正是基于这种思想，使得塞尔以拒斥的口吻说："这种关于事实是复杂的对象或事件的描述，或真理包含一类陈述成分与事实成分间的匹配或同构的描述，是荒谬的。"[③]换言之，塞尔认为，只要我们不倾向于认为：不存在外在世界，没有什么被给予，这种描述就是正确的——我们的语词在奥斯汀的意义上是约定的。所以，塞尔并没有因为奥斯汀的"一致""反映"而拒绝真理符合论。

以上反映出塞尔的建构论与实在论之间存在的矛盾。如果依靠"反映"和"同构"的原子论模型来刻画塞尔的建构公式的意义，塞尔就要像罗素那样，根据个体和个体间的关系来分析世界。正是因为建构公式反映、符

① Pitcher, George. *Truth*. Englewood Cliffs, N.J., Prentice-Hall. 1964. p.24.
② John R. Searle, *The Construction of Social Reality*[M]. New York: A Division of Simon & Schuster Inc, 1995. p.106.
③ John R. Searle, *The Construction of Social Reality*[M]. New York: A Division of Simon & Schuster Inc, 1995. p.205.

合事实的形式，制度分析才得到辩护。但是，如果赞同奥斯汀的观点，塞尔又明显支持了一种与罗素相反的概念相对论。

就描述无情性实在的陈述而言，塞尔关于语句凭借约定的指派意义，而非凭借无情性事实的方式表意是完整的。塞尔可能认为，在建构公式和制度性实在下对制度的分析描述，同原子论者用"反映"与"同构"描述无情性实在时一样，表现出相同关系。建构公式不仅描述了制度性实在的结构，而且在结构上同这种实在同构。塞尔认为，建构公式描述了有序社会的逻辑结构。他不仅表明制度公式在结构上与制度性实在同构，而且它本身就是这种实在的特征。在塞尔看来，制度性事实是依赖语言的事实，"两个条件的满足是事实依赖语言的充分条件。首先，某种程度上心理表征——例如思想——一定要构成事实；其次讨论的表征一定是依赖语言的"①。很容易看出，塞尔觉得，建构公式的制度分析，以符合实在的方式描述了制度性实在。

从依赖的角度看

同原子论者一样，对于像塞尔这样的制度分析者而言，真正的符合论是可能的，因为制度公式旨在描述的公式自身是语言的。奥斯汀担心人们可能将对语言结构的理解，加入世界的结构中去，因而建议了一种较弱的符合论，其中语句的意义被认为"绝对且纯粹"是约定性的。就无情性事实而言，塞尔同意奥斯汀，但制度性事实却没有受这种担心的干扰，因为制度性事实自身是约定的。所以这种"依赖语言"的强符合论受到了塞尔的青睐，也使得他对奥斯汀约定论的支持没有威胁到自己的原子论倾向，前提是只要我们稍加限制，将这种原子论思想限定在制度性事实的描述上。

塞尔赞同"在 C 下 X 被视为 Y"的形式表述，与构成我们制度的建构规则之间的强符合。在语词与世界之间可能的强符合，不是塞尔把心理表征与语言表征嵌入制度性实在结构中的唯一原因。制度性事实是依赖语言的，虽然语言表征构成制度性实在的痕迹在塞尔的著作中随处可见，但这种观点的强表述集中体现在如下论述：

"由于我正在力图描述有组织的社会的逻辑结构，因此最好在这里解释一下所涉及的问题，并至少弄清楚一部分相关问题。'有组织的社会'怎么可能有'逻辑结构'的呢？归根到底，社会并不是一套命题或者一

---

① John R. Searle, *The Construction of Social Reality*[M]. New York: A Division of Simon & Schuster Inc, 1995, p.62.

种理论，这里说的逻辑结构是什么呢？根据我的解释，社会实在和制度性实在都包含着表征——不仅包含心理的表征，而且甚至包含着语言的表征——作为其构成要素。这些表征的确具有逻辑结构。我试图揭示出那些逻辑结构的最根本的东西。"① "如果所有的制度性事实都是由宣告式言语行为创立的，那么打了个安打和犯有一级谋杀罪这样的事件就不是言语行为，对这个事实，我们作何解释呢？答案是：所谈物理事件构成打了个安打和犯有一级谋杀罪的制度性事实，只是因为有常设的宣告式言语行为将地位功能赋予这些物理事件。这规则宣告，满足如此这般的条件算作某种制度性事实。"②

塞尔的以上论述面临一个事实上的困难，即有些典型的制度性事实，例如塞尔经常列举的战争，在没有宣告式的言语行为下，也有可能存在。小到鲁里塔尼亚和卢西塔尼亚之间的边界冲突，大到 20 世纪韩国朝鲜之间发生的战争，都没有任何宣告，但人们普遍认为它们是战争。有的制度性事实，就连塞尔所说的规则宣告都不存在，例如，经济衰退。经济是否衰退甚至不依赖于人们对它的认识与态度。哈利德曾敏锐地告诉我们，制度性事实中存在着如下情况，"当它实际上是一场战争时，我们可能都缺少它是一场战争的态度，但它实际上不是一场鸡尾酒会时，我们可能都有它是一场鸡尾酒会的态度"③。

如果塞尔的目的是回答"什么是制度性实在的逻辑结构"，他需要首先说出制度性实在是如何可能具有这种结构的。只有命题才有逻辑结构，像货币、总统职位这种制度性对象，某种程度上都是由心理表征和语言表征构成的具体对象，它们是如何具有逻辑结构的呢？这也许就是塞尔把语言表征和心理表征嵌入分析中的主要原因。塞尔在《社会实在的建构》中提到驱动性问题："一个由货币、财产、婚姻、政府、选举、足球赛、鸡尾酒会和法庭等构成的客观世界——在这个世界中有一些粒子结合成像我们自己这样的有意识的生物系统——怎么可能在一个完全由力场中的物质粒子组成的世界中存在？"④回答这个问题的方式是诉诸意向性。为了根据无情性事实和集体意向性两个基本前提分析制度，塞尔转向了对制度性事实与意向性之间的因果联系的考察。

---

① 约翰·塞尔著，李步楼译.社会实在的建构（M）.上海：上海人民出版社，2008, p.78.
② 约翰·塞尔著，文学平、盈俐译.人类文明的建构（M）.北京：中国人民大学出版社，2015, p.104.
③ Muhammad Ali Khalidi. Three Kinds of Social Kinds, *Philosophy and Phenomenological Research*, Vol. XC No. 1, January 2015, p.102.
④ 约翰·塞尔著，李步楼译.社会实在的建构（M）.上海：上海人民出版社，2008, p.1.

但是，正如上文所举，有些战争，抑或还有种族歧视，它们的存在并不取决于人们是否有意向性接受或承认它，接受不接受，承认不承认，它都是人类社会中的一种客观现象。人们或许可以想象出一种不包括集体意向性或任何东西导致 Y 的条件，这种方法外观上非常类似塞尔对制度性实在的解释。在《现象学描述与合理性重构》中，德雷福斯（Hubert Dreyfus）认为塞尔为制度性的创立，提供了一种现象学的因果解释，其中的制度性事实是被有意识的观察者指派或施加给无情性事实的。如果逻辑解释与因果解释如此密切相关，这就是一个"糟糕的现象学"。

有清楚的证据表明塞尔并不认为每个建构规则都包含心理表征或语言表征。例如，塞尔说："照字面意义的话语，'雪是白的'这个句子算作做出一个陈述，即雪是白的，这完全是凭借它的意义。不必有进一步的言语行为。"① 但是，是什么激发了塞尔在《社会实在的建构》第 90 页以最强的语气宣称，心理表征与语言表征构成了制度呢？事实上，塞尔将背景（能力）引进来已经削弱了这个结论。贝里·斯特劳德（Barry Stroud）在《思想的背景》② 中指出，塞尔认识到心灵并不总能充分解释我们从事的规则支配的行为。塞尔在《意向性》中也说，情况不是"所有意向心理活动及所有认知能力都能完全地化归为表征"③，意向性状态或表征的构成基础与允许条件，是"技巧，能力，前意向性假设、前意向性命题，立场和非表征性态度"的背景。④ 只要制度性实在依赖于地位—功能的意向性赋予，情况就不是所有的这种赋予必然涉及显性表征。

塞尔多次谈到制度的逻辑结构，在《社会实在的建构》第 31 页，塞尔说："我从较为简单的社会形式，描述社会性事实的基本建构和制度性事实形成的基本结构"（也见该书 22、90、112 页）。"制度性的结构就是公式'在背景 C 下，X 被视为 Y 的结构'"，"可以毫不夸张地讲，（在 C 中 X 被视为 Y 形式的）这种迭代提供了复杂社会的逻辑结构）"。⑤ 立足于此，塞尔问道："一个有组织的社会如何可能具有'逻辑结构'呢？毕竟，

---

① 约翰·塞尔著，文学平、盈俐译．人类文明的建构（M）．北京：中国人民大学出版社，2015，p.108.

② Barry Stroud, "The Background of Thought, " in *John Searle and His Critics*, eds E. LePore and R. van Gulick. Mass: Basil Blackwell, 1991.

③ John R. Searle, *Intentionality*. Cambridge: Cambridge University Press,1983, p.152.

④ John R. Searle, *Intentionality*. Cambridge: Cambridge University Press,1983, p.151.

⑤ John R. Searle, *The Construction of Social Reality*[M]. New York: A Division of Simon & Schuster Inc, 1995, p.55,p.56.

社会不是一套命题或理论,这里的逻辑结构说的是什么呢?"① 塞尔对这个问题的回答并不令人满意。由于"背景"被定义为"使意向性状态开始的那套非意向性或前意向性的能力"②,或一类神经生理原因,又因为只有命题、理论和心理表征才有逻辑结构,所以背景并没有逻辑结构。鉴于这一点,塞尔应当清楚,心理表征特别是语言表征并没有构成所有的制度性事实,尽管我们的心理表征和语言表征具有"在 C 下 X 被视为 Y"的形式,这也只能说明那些可以追溯到这种表征的制度结构。

事实上,有些无情性事实的成立条件,社会性事实或制度性事实也可能具备。没有理由认为因果属性与因果关系在社会领域中不存在。作为制度性事实的战争在某种程度上就依赖了对象的物理因果属性。在谈到钱的时候,瓜拉(Guala)说道:"被视为钱的东西不但依赖于某事物是钱的集体接受,而且依赖于起到像钱这种功能的因果性质。"③ 例如,经济衰退,在经济史上一段时期的衰退依赖于经济运转、商品需求、贸易量、产业活动、失业水平等,所列这些现象涉及人类活动的客观现象和表现出人类参与过程的因果性质,而这些因果性质与它们履行某些职能的能力有关。社会事实中存在的因果性质既有别于物理力量,又随附于物理力量。正如生物上的因果力量和物理力量一样。考虑一下生物的适应性,这种适应性并不是纯粹来自有机体一方的因果作用力,还有来自有机体与环境之类的关系性质。如果环境变了,曾经适应的有机体不再保持原来状态。

此时,我们可以回头将塞尔对概念相对论的辩护用于他对社会实在的建构。在普特南、古德曼之后,塞尔赞成概念相对论表明,"不同的概念系统将会产生对同一实在的明显不一致描述"④。从原子论的角度看,塞尔这种观点仅适用于无情性事实,由于制度性实在某种程度上只能由语言表征构成,所以人们只可以说,制度性实在具有逻辑结构。但是,如我们所见,制度性事实也并非总由语言表征构成,这就破坏了塞尔关于制度性实在都有逻辑结构的主张(只有命题、理论或表征才能逻辑结构),因此,这也消除了制度描述与制度性对象之间的强符合论。如果我们开始时将塞

① John R. Searle, *The Construction of Social Reality*[M]. New York. A Division of Simon & Schuster Inc, 1995, p.90.
② John R. Searle, *The Construction of Social Reality*[M]. New York: A Division of Simon & Schuster Inc, 1995, p.129.
③ Guala, F. (2010), "Infallibilism and Human Kinds," *Philosophy of the Social Sciences* 40:2, 244–264, p.260.
④ John R. Searle, *The Construction of Social Reality*[M]. New York: A Division of Simon & Schuster Inc, 1995, p.163.

尔与原子论者的比较是正确的，塞尔就落入人们对原子论者的传统批评：不诉诸语言表征，塞尔似乎无法合理地证明，制度性实在具有"在 C 下 X 被视为 Y"的结构。这种思路促使我们将塞尔的概念相对论应用到制度性实在自身，即不同的概念系统将产生对制度性实在的明显不一致描述。塞尔是位实在论者吗？如果他是制度的实在论者，他应当承认，制度性实在的理论与范式，某种程度上构成了社会性对象或事件的因果力量，不管是以约定的方式还是以自然性质本身固有的方式。从塞尔的真理符合论的强观点看，建构公式"在 C 下 X 被视为 Y"不仅仅是制度在表征中的逻辑结构，而且还是社会实在的结构本身。

在《社会实在的建构》中，塞尔把事物分为四种，即，本体论上主观的和客观的，认识论上主观的和客观的。一个判断是认识论上主观的，当且仅当它的真依赖于人的某些心理状态或情感。认识论上是客观的，仅当它的真没有这种依赖。类似的，主观性实体的存在依赖了主体的感觉，客观性实体的存在却没有对主体的这种依赖。塞尔认为社会性事实，在本体论上是主观的，在认识论上是客观的。但是，塞尔并没有具体地说明，它是如何从两方面得出这一结论的。哈利德指出，是否依赖于心灵不能成为本体论与认识论的基础。"存在就是被感知"，有不依赖于主体心灵的本体吗？从认识论上说，有许多依赖于心灵的现象并不是不真实的，如果像塞尔那样，以是否依赖于心灵作为判断认识论上是否客观的标准，难道不是所有的社会性事实都是主观的吗？

我们可以跳过实在论问题，大胆地想象，塞尔的建构公式仅仅是制度性实在概念系统中的一个。马克斯·韦伯曾指出："每件事物包含对象的多样性的那种无穷性与绝对的非理性，从方法论上真实地说明了，试图通过任何类型的科学去复制实在，都是绝对无意义的。"[①] 韦伯认为，由于社会实在包括了"无穷的多样性"，我们不应当指望在一种模式下去理解它，不管这种理解多么具有一般性。韦伯的观点也以不同的形式出现在塞尔、普特南、古德曼以及后来诸多学者那里，尽管我们不能否认存在着一个可以被描述的实在，我们也不应当混淆实在的结构以及描述它的结构。记住这一点，让我们再次回到奥斯汀。他的弱符合论告诉我们，对建构公式的原子论理解可能是不正确的，因为这又一次犯了将我们谈论世界的方式理解成为制度性世界自身。

---

① Weber in Thomas Burger, *Max Weber's Theory of Concept Formation*. New York:Duke University Press,1987, p.58.

参考文献

[1] Nick Fotion, *John Searle*, Teddington: Acumen Publishing Limited, 2002.

[2] A. Burkhardt, ed., Speech Acts, Meanings and Intentions. *Critical Approaches to the Philosophy of John R. Searle*, Berlin/New York: de Gruyter (1990)。

[3] Alfred Tarski, The Concept of Truth in Formalized Languages, in Logic, Semantics and Metamathematics, Oxford: Oxford University Press, 1956.

[4] Barry Stroud, "The Background of Thought, " in *John Searle and His Critics*, eds E. LePore and R. van Gulick. Mass: Basil Blackwell, 1991.

[5] Christine Kenneally, *The First Word: The Search for the Origins of Language*, New York: Viking, 2007.

[6] Cerf W, Urmson J O, Warnock G J. Philosophical Analysis: Its Development between the two World Wars[J]. *Philosophy & Phenomenological Research*, 1956, 20(1).

[7] Davidson, Donald. , "Intending." In *Essays on Actions and Events*, Oxford, New York: Clarendon Press, Oxford University Press, 2001

[8] Donald Davidson, "Actions, Reasons, and Causes," in *Essays on Actions and Events* (Oxford; New York: Clarendon Press; Oxford University Press, 2001).

[9] Dreyfus H L. The Primacy of Phenomenology over Logical Analysis[J]. *Philosophical Topics*, 1999, 27(2).

[10] F. Brentano, *Psychology from an Empirical Standpoint*, London: Routledge, 1995.

[11] François Recanati, *Literal Meaning*, Cambridge: Cambridge University Press, 2004.

[12] Fred Dretske, *Naturalizing the Mind*, Cambridge, Mass.: MIT Press, 1995.

[13] Frege,G., Thoughts, in The *Frege Reader*, ED by Michael Beaney, Oxford: Blackwell publishing Ltd,1997.

[14] G. E. M. Anscombe, *Intention*, Ithaca, N.Y.: Cornell University Press, 1957.

[15] G. E. M. Anscombe, *Intention*, Cambridge: Harvard University Press, 1957.

[16] G. Evans, *The Causal Theory of Names, Proceedings of the Aristotelian Society*, vol. 47, January, 1973.

[17] Gonzalo Rodriguez-Pereyra, Searle's Correspondence Theory of Truth and the Slingshot, *The Philosophical Quarterly*, Vol. 48, No. 193 (Oct., 1998).

[18] Gottlob Frege, On Concept and Object, in *Translations from the Philosophical Writings of Gottlob Frege*, Peter Geach and Max black ed, Basil blackwell oxford, 1960.

[19] Gottlob Frege, On Sinn and Bedeutung, in Michael Beaney(ed), *The Frege reader*, Blackwell publishing,1997.

[20] Gottlob Frege, The Thought: A Logical Inquiry, Mind, *New Series*, Vol. 65, No. 259 (Jul., 1956).

[21] Guala, F. (2010), "Infallibilism and Human Kinds," *Philosophy of the Social Sciences 40:2*, 244–264.

[22] H. P.Grice, Meaning, *The Philosophical Review 66*, no. 3 (1957).

[23] H. P. Grice, *Studies in the Way of Words*, Cambridge, Mass: Harvard University Press, 1989.

[24] H. P. Grice, Utterer's Meaning and Intention, *The Philosophical Review*, Vol. 78, No. 2 (Apr., 1969), pp. 147-177.

[25] Hilary Putnam, *Mind, Language and Reality*, Cambridge: Cambridge University Press, 1975.

[26] Hilary Putnam, The Meaning of "Meaning", in *Mind, Language and reality*, Cambridge: Cambridge University Press, 1975.

[27] Hubert L. Dreyfus, *Being-in-the-World: A Commentary on Heidegger's Being and Time*, Division I, Cambridge, Mass.: MIT Press, 1991.

[28] Ian Hacking, "Searle, Reality and the Social, " *History of the Human*

Sciences 10, no. 4 (1997).

[29] J. L. Austin, How to Do Things with Words, *The William James Lectures*; 1955 Cambridge, Mass.: Harvard University Press, 1962.

[30] J. L. Austin, *Truth, Proceedings of the Aristotelian Society*, Supplementary Volumes, Vol. 24, PhysicalResearch, Ethics and Logic (1950),

[31] Jerrold J. Katz, Literal Meaning and Logical Theory, *The Journal of Philosophy*, Vol.78, No.4(Apr., 1981)

[32] John R. Searle, "The Limits of Phenomenology," in *Essays in Honor of Hubert L. Dreyfus*, ed. Hubert L. Dreyfus, Mark A. Wrathall, and J. E. Malpas , Cambridge, Mass.: MIT Press, 2000.

[33] John R. Searle, Austin on Locutionary and Illocutionary Acts, *The Philosophical Review*, Vol. 77, No. 4 (Oct., 1968).

[34] John R. Searle, "Reply to Thomas Osborne, " *History of the Human Sciences 10*, no. 4 (1997).

[35] John R. Searle, Daniel Vanderveken, *Foundations of Illocutionary Logic*, Cambridge, Cambridge university press,1985.

[36] John R. Searle, How Performatives Work, *Linguistics and Philosophy*, Vol. 12, No. 5 (Oct., 1989).

[37] John R. Searle, *Intentionality: An Essay in the Philosophy of Mind*, New York: Cambridge University Press,1983.

[38] John R. Searle, J.L. Austin, from *A Companion to Analytic Philosophy* Ed by A.P. Martinich, David Sosa, Blackwell,2001.

[39] John R. Searle, Literary Theory and its Discontents, *New Literary History*, Vol.25, No. 3, 25th Anniversary Issue (part1) (summer, 1994).

[40] John R. Searle, Meaning and Speech Acts, *The Philosophical Review*, Vol.71, No.4.

[41] John R. Searle, Meaning, Communication, and Representation, in Richard E. Grandy and Richard Warner ed, *Philosophical Grounds of Rationality*, Clarendon Press, Oxford, Reprinted, 2004.

[42] John R. Searle, Proper Names, Mind, *New Series*, Vol. 67, No. 266 (Apr., 1958).

[43] John R. Searle, Rationality in Action, *Massachusetts institute of Technology*, 2001.

[44] John R. Searle, Response: Meaning, Intentionality and Speech Acts, in

John Searle and his Critic, (Ed) Ernest Lepore and Robert Van Gulick, Oxford: Basil Blackwell, 1991.

[45] John R. Searle, Response: Reference and Intentionality, in *John Searle and his Critics*, Ernest Lepore and Robert Van Gulick (ed), Oxford: Basil blackwell Ltd, 1991.

[46] John R. Searle, Russell's Objections to Frege's Theory of Sense and Reference, *Analysis*, Vol. 18, No.6(Jun., 1958).

[47] John R. Searle, *Speech Acts: An Essay in the Philosophy of Language*, Cambridge University Press,1969.

[48] John R. Searle, *Speech Acts: An Essay in the Philosophy of Language*, Foreign Language Teaching and Research Press, Cambridge University Press,2001.

[49] John R. Searle, Structure and Intention in Language: A Reply to Knapp and Michaels, *New Literary History*, Vol.25, No.3,25[th], Anniversary Issue(part 1) (summer, 1994).

[50] John R. Searle,   *The Construction of Social Reality*, New York: A Division of Simon & Schuster Inc, 1995.

[51] John R. Searle, The Intentionality of Intention and Action, *Cognitive Science 4*, 1980.

[52] John R. Searle, Truth: A Reconsideration of Strawson's Views, in *the philosophy of P.F. Strawson*, ed by Lewis Edwin Hahn, Illinois: The Library of Living Philosopher, 1998.

[53] John R. Searle, What is Intentional State, Mind, *New Series*, Vol. 88, No. 349 (Jan., 1979).

[54] John R.Searle, *Mind, Language, and Society: Philosophy in the Real World*, New York: Basic Books, 1998.

[55] John R.Searle, Response: Meaning, Intentionality, and Speech Acts, in *John Searle and his Critics*, ed, by Ernest Lepore and Robert Van Gulick, Oxford: Basil Blackwell, 1991.

[56] John R. Searle, *Making the Social World: The Structure of Human Civilization*, Oxford University Press, 2010.

[57] John R.Searle, *Seeing Things as They Are: A Theory of Perception*, Oxford University Press, 2010.

[58] John Stuart Mill, *A System of Logic*, book1, Toronto: University of

Toronto Press, 1974.

[59] Keith S. Donnellan, Putting Humpty Dumpty Together Again, *The Philosophical Review*, Vol. 77, No. 2 (Apr., 1968).

[60] Keith S. Donnellan, Reference and Definite Descriptions, *The Philosophical Review*, Vol. 75, No. 3 (Jul., 1966).

[61] Keith S. Donnellan, Speaking of nothing, *The Philosophical Review*, Vol.83, January, 1974.

[62] Kent Bach, Speech Acts and Pragmatics, in *The Blackwell Guide to the Philosophy of Language*, edited by Michael Devitt and Richard Hanley, Blackwell, 2006.

[63] Dirk Franken, Michel, Jan G. Karakus , Attila. *John R. Searle : Thinking about the Real World*, Berlin : De Gruyter. 2010

[64] Kripke S. , Speaker's Reference and Semantic Reference. *Midwest Studies in Philosophy*, 1977 , 2 (1).

[65] Louise Antony, "What it's Like to Smell a Gardenia'" *Times Literary Supplement*, February 7, 1997.

[66] Ludwig Wittgenstein, *Philosophical Investigations*, Translated by G. E. M. Anscombe, Oxford: Basic Blackwell, 1958.

[67] Ludwig Wittgenstein, *Tractatus Logico-Philosophicus*, Translated by D. F. Pears and B. F. McGuinness, London: Routledge & Kegan Paul, 1974.

[68] Ludwig Wittgenstein, *Tractatus Logico-Philosophicus*, ed. David Francis Pears and Brian McGuinness, Routledge Classics, London; New York: Routledge, 2001.

[69] Marcelo Dascal, Defend Literal Meaning, *Cognitive Science 11*, 259-281 (1987).

[70] Michael Clark, Truth and Success: Searle's Attack on Minimalism, *Analysis*, Vol. 57, No. 3 (Jul., 1997).

[71] M.Polanyi, *The Tacit Dimension*, London:Routledge & Kegan Paul,1966.

[72] Michael J. Shaffer, "Bayesian Confirmation of Theories that Incorporate Idealizations," *Philosophy of Science 68*, no. 3 (2001).

[73] P. F. Strawson, Reply to John R. Searle, in *the philosopher* of P. F. Strawson, ed by Lewis Edwin Hahn, ILLINOIS: The Library of Living Philosopher, 1998.

[74] P. F. Strawson, Truth: A Reconsideration of Austin's Views, *The Philosophical Quarterly*, Vol. 15, No. 61, Oct., 1965.

[75] P. F. Strawson, Truth, *Analysis*, Vol. 9, No. 6 (Jun., 1949),

[76] P. F. Strawson, Truth, *Proceedings of the Aristotelian Society*, Supplementary Volumes, Vol. 24, PhysicalResearch, Ethics and Logic 1950.

[77] P. F. Strawson, "Meaning and Truth," in *Logico-Linguistic Papers*, London: Methuen, 1971.

[78] Peter Winch. *The Idea of a Social Science and its Relation to Philosophy*. London: Routledge.1990.

[79] Pitcher, George . *Truth*. Englewood Cliffs, N.J., Prentice-Hall. 1964.

[80] R. M. Chisholm, "Freedom in Action," in *Freedom and Determinism*, ed. Keith Lehrer (New York: Random House, 1966).

[81] R.M.Hare, The *Language of Morals*, New York ,Oxford University Press Inc.,1952.

[82] Rescher, N., *The Coherence Theory of Truth*, Oxford: Oxford university press, 1963.

[83] Rolando M. Gripaldo , Meaning, Proposition, And Speech Acts, *International Journal of Philosophy 30 (1):.*

[84] Saul A. Kripke, *Naming and Necessity*, Cambridge: Harvard University Press, 1980.

[85] Stalnaker, "Assertion," In   *Context and Content: Essays on Intentionality in Speech and Thought*, Oxford; New York: Oxford University Press, 1999.

[86] Steven Knapp and Walter Benn Michaels, Reply to John Searle, *New Literary History*, Vol. 25, No.3, 25th , Anniversary Issue(part 1) (summer, 1994).

[87] Strawson, P. F, Meaning and Truth, in *Logico-Linguistic Papers*, London: Methuen, 1971.

[88] John R. Searle, "A Philosophical Self-Portrait," in *The Penguin Dictionary of Philosophy*, ed. Thomas Mautner, London; New York: Penguin Books, 1997.

[89] Susan Haack,   *Philosophy of Logics*, Cambridge: Cambridge University Press, 1978.

[90] Smith, Barry, "John Searle: From Speech Acts to Social Reality," in *John Searle*, Barry Smith (ed.), Cambridge: Cambridge University Press, 2003.

[91] Tyler Burge, Belief De Re, *The Journal of Philosophy*, Vol. 74, No. 6 Jun, 1977.

[92] Thomas Osborne, "The Limits of Ontology, " *History of the Human Sciences 10*, no. 4 (1997).

[93] W. V. Quine, Quantifiers and Propositional Attitudes, *The Journal of Philosophy*, Vol. 53, No. 5 Mar. 1, 1956.

[94] Wright, Larry. *Critical Thinking.* Oxford: Oxford University Press, 2001.

[95] Joshua Rust, John Searle, *Continuum International Publishing Group*, 2009.

[96] https://mp.weixin.qq.com/s/Ysig9T-ouxV4A9RwXx9rYQ

[97] http://www.cpra.com.cn/Html/Article/55320070729042529.html

[98] http://socrates.berkeley.edu/~jsearle/biblio-2009.pdf

[99] 约翰　　·塞尔.表述和意义：言语行为研究.外语教学和研究出版社，剑桥大学出版社，2001.

[100] 约翰·塞尔著，文学平、盈俐译.人类文明的结构 [M].北京：中国人民大学出版社, 2015.

[101] 约翰·塞尔著，刘叶涛译.意向性：论心灵哲学.上海：上海人民出版社，2007.

[102] 约翰·塞尔著，李步楼译.心灵、语言与社会：实在世界中的哲学.上海：上海译文出版社，2006.

[103] 约翰·塞尔著，李步楼译.社会实在的建构.上海：上海人民出版社，2008.

[104] 约翰·塞尔著，王巍译.心灵的再发现.北京：中国人民大学出版社，2012.

[105] 约翰·塞尔著，杨音莱译.心、脑与科学.上海：上海译文出版社，2006.

[106] 约翰·塞尔著，刘敏译.自由与神经生物学.北京：人民大学出版社，2005.

[107] 约翰·塞尔著，徐英瑾译.心灵导论.上海：上海人民出版社，2008.

[108] 约翰·塞尔著，冯庆译.虚构话语的逻辑地位.南京社会科学，第 6 期，141—156.

[109] 约翰·塞尔著，崔树义译.当代美国哲学.哲学译丛，2001，第

2 期，3—10.

[110] 铭洲．现代西方语言哲学．成都：四川人民出版社，1989.

[111] 周昌忠．西方现代语言哲学．上海：上海人民出版社，1992.

[112] 周礼全．逻辑——正确思维和有效交际的理论．北京：人民出版社，1994.

[113] 奥斯汀（Austin, J.L.）．如何以言行事．北京：外语教学与研究出版社，2011.

[114] 陈波．逻辑哲学．北京：北京大学出版社，2005.

[115] 弗雷格．论涵义和所指．载语言哲学名著选辑．上海：三联书店，1988.

[116] 亚里士多德著，苗力田译．形而上学．北京：中国人民大学出版社，2003.

[117] 孔慧．塞尔言语行为理论探要．博士学位论文．复旦大学，2012.

[118] 赵亮英．塞尔的意向性语言哲学研究．博士学位论论．华南师范大学，2013.

[119] 文学平．集体意向性与制度性事实．博士学位论文．复旦大学，2009.

[120] 雷卡纳蒂著，刘龙根、胡开宝译．字面意义．北京：外语教学与研究出版社，2010.

[121] 刘叶涛．专名的意向性理论探析．世界哲学，2012 年，第 4 期，140-148.

[122] 塞尔著，梁骏译．隐喻．A.P. 马蒂尼奇编．语言哲学．北京：商务印书馆，1998.

[123] 涂纪亮．英美语言哲学概论．北京：人民出版社，1988.

[124] 维特根斯坦著，贺绍甲译．逻辑哲学论．北京：商务印书馆，2010.

[125] 维特根斯坦著，陈嘉映译．哲学研究．上海：上海世纪出版社，2005.

[126] 维特根斯坦著，贺绍甲译．逻辑哲学论．北京：商务印书馆，2010.

[127] 张高荣，张建军，评普特南和塞尔关于意义理论的论争．南京社会科学，2009 年，第 2 期，20—27.

[128] 张建军．逻辑行动主义方法论构图．学术月刊，2008 年，第 8 期，53—62.

[129] 张韧弦.形式语用学导论.上海：复旦大学出版社，2008.

[130] 冯棉.可能世界与逻辑研究.上海：华东师范大学出版社，1996。

[131] A.P. 马蒂尼奇编，牟博，杨音莱，韩林合等译，语言哲学，商务印书馆，2006.

[132] 胡光远，塞尔言语行动和意义关系理论的批判，中南大学学报，2014 年第 1 期，41—45.

[133] 成素梅，赵峰芳译，塞尔著，现象学的局限性，哲学分析，2015，第 5 期，3—19.

[134] 孔慧，言语行动：言语行为理论的一种续写，科学技术哲学研究，2016 年第 4 期，46—51.

[135] 尹维坤，胡塞尔与塞尔的意向性与意识观点之比较，武汉理工大学学报（社会科学版），2018 年第 3 期，117—123.